세계를 품다
2022

GLOBAL
LEADERS

세계를 품다
2022

글로벌 리더 선정자 20인

매일경제신문사

매경미디어그룹 회장 **장대환**

　먼저 '2022 대한민국 글로벌 리더' 수상자로 선정되신 대표자 여러분들께 진심으로 축하의 말씀 드립니다.

　매경미디어는 자유시장경제의 주춧돌로서 그 역할을 하기 위해 최선을 다하고 있습니다. 저희는 훌륭한 기업들을 발굴하고, 일으켜 세우고, 키워서, 대한민국이 더욱 부강해지도록 하는 것을 사명으로 하고 있습니다. 이러한 노력의 일환으로 매년 '대한민국 글로벌 리더'를 선정하고 있습니다. 이를 통해 대한민국 경제 발전을 위해 기여하고 계신 우리나라 최고의 리더들을 세상에 알리고 그분들의 살아 있는 경영 스토리를 널리 전파하려 합니다.

　올해 2022년 임인년(辛丑年)은 나쁜 기운을 물리치고 복을 가져다 준다는 검은 호랑이의 해입니다. 전 세계는 지난 수년간 겪은 코로나19 사태를 극복하고 새로운 도약을 꿈꾸고 있습니다. 매일경제신문이 올해 슬로건으로 제시한 '이젠 선진국이다'라는 팬데믹 이후 대한민국이 정치, 경제, 문화 등 모든 분야에서 명실상부한 선진국으로 도약해야 한다는 의미를 담고 있습니다. 복의 상징인 검은 호랑이의 해인 만큼 올해는 우리 사회가 일상을 회복하고 더 나아가 진정한 선진국으로 가는 발판을 마련하는 해가 될 것으로 기대합니다.

'2022 대한민국 글로벌리더'로 선정된 수상자 여러분은 대한민국 경제를 뛰어넘어 세계경제를 책임질 기업 및 단체의 경영자입니다. 여러분의 업적을 널리 알릴 수 있다는 것에 큰 자부심을 느낍니다. 여러분들은 힘들었던 지난 한 해를 혁신적이고 창조적인 방법으로 꿋꿋이 이겨냈습니다. 또 조직을 계속 성장, 발전시켜 글로벌 리더의 자격을 갖추셨습니다. 여러분들은 남들보다 한발 앞서 미래를 내다보는 혜안과 냉철한 판단력으로 새로운 시장을 만들고 끊임없이 일자리를 창출하고 있습니다. 이 같은 리더가 늘어나야만 지금 대한민국이 처한 위기를 헤쳐나갈 수 있습니다.

글로벌리더 여러분들께서는 앞으로도 창조적인 마인드와 미래를 꿰뚫는 통찰력으로 우리 기업을 세계 속에 우뚝 세워주시길 당부 드립니다. 대한민국을 지금보다 더 나은 국가, 국민이 행복한 국가로 만드는 데 앞장서주시길 바랍니다. 다시 한 번 2022 글로벌리더로 선정되신 여러분들께 축하의 말씀 드립니다.

2022 대한민국 글로벌 리더 선정위원장 **홍석우**

대한민국을 글로벌 경제대국으로 이끄는 리더들을 발굴하자는 취지에서 2013년 처음 시작한 글로벌 리더가 올해로 10회째를 맞이했습니다.

매년 선정된 글로벌 리더 여러분들을 보면 급변하는 경영환경과 무한경쟁 속에서 뛰어난 리더십으로 흔들림 없이 조직과 국가의 발전을 이끌어오셨구나 하는 깊은 감회를 갖게 되며, 코로나19라는 예상하지 못한 어려운 상황에서도 위기를 극복하기 위하여 더 많은 노력과 희생으로 잘 이겨내셨음에 특히 더 큰 응원과 박수를 보내드립니다.

최근 우리나라 경제는 우울한 소식들뿐입니다. 믿었던 수출이 침체에 빠졌고 일자리 창출능력도 급감하고 있습니다. 내수도 살아나지 않고 있으니 참으로 어렵다고 하겠습니다. 그러나 이제 새로운 정부가 들어서고 새롭게 시작하는 마음으로 큰 기대도 되고 있습니다.

또한 인구 감소와 초고령 사회 진입은 경제의 전반적인 활력을 떨어뜨릴 수 있는 심각한 사태입니다. 통계청에 따르면 지금처럼 초저출산이 지속되면 2100년에는 총인구가 지금의 절반으로 줄어든다고 합니다. 인구 감소는 국가의 성장잠재력을 갉아먹으며 늘어난 고령인구는 막대한 재정 지출이 요구됩니다. 그 후폭풍은 상상할 수도 없을 정도입니다.

이 같은 어려움 속에서 유일한 해법은 창조적인 기업과 기관들이 나서서 경제 활력을 제고하는 것뿐입니다. 특히 여기 계신 글로벌 리더들이 손수 길을 개척해 새로운 희망을 보여주셔야 합니다. 우리는 이미 여러 차례 리더의 힘을 경험했습니다. IMF사태로 잘 알려진 1990년대 외환위기나 2008년 글로벌 금융위기 등 경제가 휘청일 때마다 리더들은 솔선수범의 자세로 우리 경제를 정상으로 돌리는 데 일조했습니다. 지금 대한민국 경제는 다시 한 번 리더의 역할을 요구하고 있습니다.

'2022 대한민국 글로벌 리더'는 서비스, 환경, 사회공헌, 기술혁신, 브랜드, 인재양성, 경영혁신, 품질 및 R&D 등 8개 분야로 나눠 각 분야에서 혁혁한 성과를 일궈낸 기업 20곳을 최종적으로 선정했습니다.

글로벌 리더에 부합하는 분을 찾고자 해외에서 성공하신 한상 경영인들과 수출성과, 경영성과나 재무구조는 물론, 기업의 사회적 공헌도, 고객만족도, 고용창출, 노사관계 등 지표를 고루 반영해 평가했습니다. 특히 지금보다 내일이 더 기대되는 우수한 기업 및 기관을 발굴하기 위해 노력하였습니다.

선정된 글로벌 리더 여러분들이 많은 기업과 청년들에게 희망이 되어주시기를 부탁드립니다. 다시 한 번 선정된 대표자분들에게 축하와 감사의 말씀을 전합니다.

차례

김우재 회장

| 무궁화유통

MU GUNG HWA
무 궁 화 유 통

● 학력

1961   성남고등학교 졸업
1965   한국항공대학교 졸업

● 경력

1981   (주)무궁화유통(인도네시아) 대표이사 회장
1989   (주)코인부미무역(인도네시아) 대표이사 회장
1990   자카르타 한인국제학고 초대 이사역임
1993   사단법인 인도네시아 무궁화재단 이사장
             인도네시아 심장병 어린이 수술돕기 후원회장
1994   (주)부미관광(인도네시아) 대표이사 회장
1995   자카르타 한인 가톨릭 초대평신도협의회장
1996   (주)푸리마무다건설(인도네시아) 대표이사 회장
2000   (주)부미인다 막물 레스따리(인도네시아) 대표이사 회장
2002~2004   한국항공대학교 17대 총동창회장 역임
2010   인도네시아 국회상원의장 Taufik kiemas 개인고문
2010~2012   사단법인 세계해외한인무역협회 이사장
2012   사단법인 세계해외한인무역협회 제17대 회장
2012   국립공주대학교 객원교수 역임
2013~2015   세계한상대회 공동대회장
2015~2016   대통령직속 민주평화통일자문회의 상임위원 역임
2017   (사)대한민국 카투사 연합회고문
2020   한국문인협회 회원 . 한국문협회인니 회원
2021   매경춘추 필진

● 상훈

2008   자랑스런 해외경영인상(월간중앙)
2008   후생복지부문 훈장 수상(인도네시아 보건부)
2009   대한민국 고객감동 그랑프리대상수상(한국일보)
        한국항공대학교 명예의전당 헌액
2013   대한민국 국민훈장 동백장 수훈
2019   원간문학바탕 신인상(시인등단)
2021   월간문학바탕 글로벌 문학상

인도네시아에
무궁화 꽃이 피다

김우재 회장이 1977년 칼리마탄 정글에서 원목개발상업에 뛰어들면서 인도네시아와의 깊은 인연이 시작되었다. 한국항공대학교를 졸업하고 첫 직장이던 대한항공사에 취업한 그는 일본 오사카지점 근무경력 3년을 포함하여 10년 넘게 쌓은 경력을 바탕으로 30대의 젊은 나이에 글로벌 세계로 나아가 꿈을 펼치기 위해 낯선 이국땅 인도네시아로 왔다.

김우재 회장은 올해로 45년의 인도네시아 사업과 삶에 대해 "고난은 인생의 양념이다"라는 철학으로 수많은 고난과 좌절의 순간을 극복하고 이 자리까지 오게 되었다. 무모한 도전과 시행착오로 후회와 절망감도 느꼈지만 돌이켜보니 현 시대의 젊은 청춘들에게 선구자로서 올바른 길을 솔선수범하여 보여줬다고 생각한다며 더 많은 한국의 뛰어난 인재들이 해외로 세계로 나와 꿈을 펼치길 강조하고 싶다고 그는 말한다.

인도네시아에 뿌리내린
무궁화유통

1920년 조선인 장윤원 선생이 인도네시아에 첫 발을 내디디며 인도네시아 한인 진출사의 첫 장을 연 것이 벌써 100년도 더 된 지난 세기의 일이다. 이후 태평양전쟁이 한창이던 1942년 하반기 일본군의 연합군 포로감시원으로 조선인 군무원 1,400여 명이 인도네시아에 들어왔고 1970년대 이후 인도네시아 오지의 대규모 공사나 단기 프로젝트를 위해 수백에서 수천 명 규모로 입국한 일이 있지만 1980년만 해도 자카르타를 중심으로 우리 교민 수는 불과 300명 전후였다. 그랬던 우리 교민 수가 수만 명 대로 급격히 늘어나기 시작한 것은 봉제, 신발산업을 중심으로 한국기업들이 대거 진출하던 1980년대 중반이었다.

주재원들은 주로 남부 자카르타 주택을 임대해 살았는데 특히 요즘 한국식당들이 많이 몰려 있는 세노파티Senopati, 월터르 몽인시디Wolter Monginsidi 거리 일대에 특히 집중되면서 그 지역이 일견 한인타운 성격을 띠게 되었다. 그건 누가 뭐래도 한국 슈퍼마켓 '무궁화유통'이 지근거리에 있다는 이유 때문이었다. 세노파티 거리의 이면 도로인 스나얀 거리Jl. Senayan에 소재한 무궁화유통은 당시 한국산 수입식품을 구할 수 있는 거의 유일한 장소였고 최근까지도 지방에

2010년 대통령 관저 방문 때 이부 메가와티IBU MEGAWATI 대통령과 대통령 남편이며 인도네시아 국회상원의장인 타우픽 키에마스Taufiq Kiemas, 김종헌 사장 부부와 함께 한 김우재회장.

사는 한국인들이 자카르타에 오면 한국 식료품을 대량으로 구매해 가는 곳이기도 하다.

　무궁화라는 브랜드를 올해로 42년째 인도네시아에 장수기업으로 이끌어온 창업자인 김우재 회장과 부인 박은주 여사는 중간에 국내 굴지의 대기업에서 브랜드를 넘겨달라고 했을 시에도 전혀 움직임 없이 처음부터 지금까지 굳건하게 무궁화 브랜드를 지켜오며 성장시키고 있다. 현지 한국식품 수입유통사업의 선구자 무궁화유통 김우재 회장은 1978년부터 그 동네 24번지에 집을 얻어 살았고 1980년 일곱 평 남짓한 그곳에서 '한국종합식품'이란 상호명으로 식품사업을 시작한 후 같은 블록의 43번지로 옮겨 현재의 '무궁화'로 상호를 바꾸어 달았다. '무궁화'라는 이름에는 당시 이미 상당한 규모를 이루고 있던 현지 일본인 사회에서 일본 국화 이름을 따 성업 중이던 '사쿠라' 슈퍼마켓과 경쟁하며 한국의 정체성과 애국심을 고취, 강조하려는 김우재 회장 부부의 민족사랑, 조국사랑 마음이 바탕에 깔려 있다.

1977년 칼리만탄 벌목사업으로 인도네시아 생활을 시작한 김우재 회장의 사업이력과, 그가 교민 사회와 현지인 사회는 물론 한국-인도네시아 국가 간의 사회 · 경제 · 문화적 관계에서 개인적으로나 사업적으로 크게 기여해온 바를 잘 모르는 사람들에게도 '무궁화유통'이 오랜 세월 동안 대표적인 한국식품 수입유통회사로서 현지 한인사회의 구심점이 되어 왔다는 것은 대체로 잘 알려진 사실이다. 현지 교민들 중 무궁화유통을 모르는 사람은 거의 없었지만 1998년 5월 자카르타 폭동 속에서 무궁화유통은 일종의 전기를 맞으며 교민들에게 더 강렬한 인상을 남겼다.

자카르타 폭동

1997년부터 아시아 외환위기가 터지면서 우리가 이른바 'IMF

사태'라 부르는 세계경제 위기가 발생하자 1998년 5월, 자카르타에서는 수하르토 정권 퇴진을 요구하는 민주화 시위대에 경찰이 발포하면서 대학생들이 다수 사망하는 사건이 벌어졌다. 이에 반발해 반정부 시위가 격렬해지자 흉흉한 사회 분위기에 편승한 도시빈민들이 자카르타 전역에서 광란의 폭동과 약탈행위를 자행했다.

자카르타 폭동은 1998년 5월 중순 절정을 이루며 자카르타는 마치 전쟁터를 방불케 하는 폭력과 약탈의 온상이 되었고 마침내 5월 21일 수하르토 대통령 하야로 이어졌다. 자카르타 주요도로와 대학교들 앞에 장갑차를 앞세운 무장병력이 배치되었지만 군인들 코앞에서조차 약탈과 방화, 소요사태가 줄을 이었고 그 과정에서 1,200명 넘는 사망자가 나왔다. 특히 화교에 대한 린치, 화교 여성들에 대한 겁탈, 살인이 공공연히 자행되었다. 이후 자카르타에선 흉흉한 분위기가 이어지고 참혹한 종교-종족분쟁이 1년 넘게 전국을 휩쓸며 수많은 희생자가 발생했다. 현지 한인사회도 피해를 면치 못했다.

당시 한인들 중엔 노상에서 폭도들을 만나 직접적인 폭력피해를 당한 이들도 있었고 시내 몰은 물론 주택단지 안까지 트럭을 몰고 들어와 가구와 집기들을 약탈하고 방화하는 폭도들로 인해 당시 대부분 일반 주택에 살고 있던 교민들은 실체적 위협과 공포를 느꼈다. 그래서 이 자카르타 폭동은 이후 체계적인 경비 시스템이 비교적 잘 구축되어 상대적으로 안전하다고 평가되는 시내 곳곳의 아파트 단지로 우리 교민들 대부분이 입주하게 되는 계기가 되었다.

당시 포격이라도 맞은 듯 도시 곳곳에서 방화로 인한 검은 연기가 솟아오르던 자카르타에서 외국인들은 물론 화교를 비롯한 많은 현지인들도 외국으로 탈출을 시도했다. 그들 중엔 아예 돌아오지 않을 요량으로 공항까지 몰고 간 고급 승용차를 공항에서 헐값으로 팔고 가는 이들도 적지 않았다.

아직 인터넷 발권이 되지 않던 당시 비행기표를 손에 넣는 것도, 폭도들이 시내고속도로까지 장악한 상황에서 가족들과 함께 공항까지 가는 것도 모두 교민 개개인에게는 너무 큰 위험부담을 안아야 하는 행위였다. 마침 김우재 회장은 1996년부터 무궁화유통 1층에 부미관광을 설립해 항공권 발권영업을 하고 있었는데 그 난리를 피해 안전한 한국행을 택하는 대신 위험을 무릅쓰고서라도 그간 다져 두었던 현지 기반을 통해 교민사회에 실질적인 도움을 줘야 한다는 사명감을 느꼈다.

그가 그동안 현지 유력인사들과 구축한 우호적인 관계가 이때 빛을 발했다. 김 회장은 특전사령관 시절부터 연을 맺어 육군 중장으로 전역, 자카르타 폭동 당시 대통령 군사자문으로 있던 타룹Tarub 장군의 도움으로 무장군인들을 지원받아 무궁화유통 앞에 군 텐트를 치고 혹시라도 몰려올지 모를 폭도들을 경계할 수 있었다. 폭동이 한창이던 5월 17일에는 노상에서 우여곡절을 겪으며 꾸역꾸역 무궁화로 모여든 교민들을 군인 두 명과 함께 임대 버스에 태워 공항으로 실어 날랐고 이튿날엔 비축해 둔 비상식량을 대피 중인 교민들을 위해 한인회 사무실에 전달하기도 했다. 인근 주민들 역시 무궁화유통과 교민 차량 등 재산보호를 위해 적극 협조해 주었다.

그는 자스리 마린Djasri Marin 당시 헌병사령관을 찾아가 한국교민 안전을 위한 협조를 요구하기도 했다. 당시 김 회장의 활약은 우리 대사관에 근무했던 외교관의 저서 《아빠까바르 인도네시아(김상술 저, 그린누리, 2010)》에도 기술되어 있다.

김우재 회장은 그 이후로도 더욱 승승장구하며 교민사회를 넘어 한국-인도네시아 교류와 세계 속 한인기업 커뮤니티의 위상을 높이기 위해 더욱 많은 일을 하게 된다. 무엇보다도 1998년 자카르타 폭동 당시 위기에 처한 교민사회에 어떤 식으로든 도움이 되기 위해 동분서주하며 노력했던 것이 가장 뜻깊은 일이었다고 회고하고 있다. 당시 무궁화유통이 폭도들 손에 떨어지지 않았던 것에는 군인들 도움뿐 아니라 그 지역에서 줄곧 40년 넘게 살면서 지역주민들과 맺어온 돈독한 관계도 큰 역할을 했다.

김 회장은 아침마다 집 앞과 동네를 빗자루로 쓸고 청소하면서 현지인 이웃들과 인사하며 교류했고 경조사 참여는 물론 동네에 물난리가 나면 적극적으로 구호품을 지원하는 등 현지인 사회와 조화롭게 지내려 노력해왔다. 지금은 자카르타에서 완전히 모습을 감췄지만 당시만 해도 자전거 앞에 사람 두 명이 앉을 수 있는 좁은 인력거 좌석을 붙이고 돌아다니던 베짝_{becak} 운전사들이 무궁화 앞에서 비를 피할 공간도 허락해 주었다.

그러다가 자카르타 폭동이 터지자 폭도들이 일반 주택지로 들어와 현지인 집인지 화교나 외국인 집인지 물감 스프레이로 표시해 타깃을 정한다는 흉흉한 소문이 퍼졌고 무궁화유통도 폭도들 공격을 받거나 화재가 발생할 경우를 대비해 지붕을 통해 대피하는 등의 비상대책을 세워야 했다. 그때 동네 젊은이들과 베짝 운전사들이 자발적으로 회사 앞을 지켜주고 골목 뒤쪽에 사는 이웃들이 만약의 경우를 대비해 회사 차량들을 자기들 집에 대피시켜 놓는 등 협조를 아끼지 않았고 결국 우려했던 최악의 상황은 벌어지지 않았다. 한결 같은 진심은 반드시 통하기 마련이다.

한국항공대학교와
칼리만탄 정글

앞서 언급한 것처럼 김우재 회장이 처음부터 식품사업에 투신한 것은 아니다. 1943년 충남 홍성에서 태어난 그는 광천중학교와 성남고등학교를 거쳐 한국항공대학을 졸업하고 카투사에서 군복무를 한 후 1967년 대한항공공사에 취직했다. 그는 원래 하늘에 속한 사람이었다.

대한항공 오사카 지점 근무 경력과 함께 전도양양한 항공업계에서 근무하던 그가 10년간 잘 다니던 대한항공의 날개를 접고 1977년 원목사업가가 되어 사뿐히 내려앉은 곳은 칼리만탄 정글 속이었다. 이미 인도네시아에서 산림개발 전문회사를 운영하고 있던 동서의 도움이 컸다. 그는 동부 칼리만탄 타라칸Tarakan에 벌목현장을 두고 원목개발사업을 시작했다.

그렇게 남아대장부 나이 서른 넷에 청운의 꿈을 품고 해외에서 시작한 사업은 순탄하지 않았다. 현장에서 수많은 우여곡절을 겪으며 1980년 인도네시아 정부의 원목수출금지 시책이 발효되면서 그의 사업체 트리부디 위스누PT. Tribudi Wisnu도 결국 좌초하고 말았다. 원목을 수출하려면 일정 부분 가공과정을 거쳐야 하는 조건이 붙었는데 실상 원목가공공장을 세울 대규모 자금 동원력이 없는 업체들은 어쩔 수 없이 밀려나는 메커니즘이었다. 사실 자원사업 관련해 인도네시아 정부가 수출제품의 부가가치 제고라는 기치를 내걸고 특정 물품 수출금지를 결정하는 경우가 지금도 종종 벌어진다. 2014년 1월에는 니켈원석 수출금지 시책이 발효되면서 일정 품위 이상으로 순도를 올리기 위한 제련소 건설에 대규모 자금을 투입할 여력이 없는 업체들이 대량으로 도태되기도 했다. 김우재 회장 역시 1980년 그런 일을 당한 것이다. 손쓸 방법이 없었다.

　서울집도 팔고 가족들까지 모두 인도네시아에 불러들인 상황에서 원목사업의 파국으로 김 회장은 큰 빚을 떠안고 수많은 채권자들에게 수모를 당해야 했다. 직원들은 밀린 월급을 독촉했고 한 화교 채권자는 가짜 형사를 보내 수갑을 휘두르며 행패를 부리기도 했다. 심지어 어떤 이는 김 회장의 아내와 아이들에게 3년가량 찰거머리처럼 들러붙어 괴롭혔다.

　와신상담하며 분루를 삼켰지만 그렇다고 넋 놓고 아무것도 하지 않은 것은 아니다. 채무를 조정하기 위해 채권자들을 찾아다니며 설득하고 양해를 구하면서 다른 한편으로는 가용한 모든 대안들을 시도해 보았다. 기꺼이 도움을 주는 사람도, 냉담하게 거절하는 사람들도 있었다. 하지만 그 과정에서 그는 원목사업과 전혀 다른 방향으로 접어들게 된다. 수제 고추장과 된장을 만들고 '스나얀 떡집'을 열어 가래떡도 팔기 시작하면서 식품사업에 진입한 것이다. 반신반의하던 그 사업에 완전히 발을 담그게 된 것은 김치 때문이었다. 이 과정에서 지나치게 무리했던 아내 박은주 여사는 지문이 다 닳아 없어지고 젊은 나이에 돋보기 안경을 써야 할 정도로 급격한 시력저하를 겪기도 했다.

김치맨 정신

본격적으로 김치를 공급한 곳은 칼리만탄 본땅Botang 지역의 가스전 하라판 인사니Harapan Insani였다. 그곳 현장에 한국인 기술자 800여명이 일하고 있었는데 간곡한 영업 끝에 마침내 식품 납품권을 따낼 수 있었다. 김치가 대부분을 차지했다. 뿐짝Puncak 고산지대의 무, 배추 공급선과 계약하고 매일 수 톤의 김치를 담아 비행기로 수백 킬로미터 떨어진 목적지로 공수했다. 자카르타에서 F27 비행기를 임대해 좌석을 모두 뜯어내고 김치 수백 통을 실어 칼리만탄 발릭파판Balikpapan에서 경비행기에 옮겨 싣고 본땅 현장까지 옮겼다.

대대적인 원목사업을 하던 사람이 이제 가내수공업으로 김치를 담가 조달하는 모습이 어떤 이들에게는 비웃음을 살 만한 것이었는지도 모른다. 하지만 이에 아랑곳하지 않고 김우재 회장은 아내와 함께 김치통이 터지거나 새지 않도록 관리하며 전 과정을 꼼꼼히 관리했고 언젠가부터 사람들은 그를 가리켜 '김치맨'이라 부르기 시작했다.

1984년 중반 그는 대림건설이 남부 수마트라 두마이Dumai 항구에 정유공장을 건설하는데 한국인 기술자들이 대거 참여한다는 정보를 듣고 뻐르타미나 게스트하우스 식당을 한국식당으로 합병 운영하는 방식의 운영권을 따냈다. 처음엔 1,500명이던 공사판 인원이

나중엔 3,000명을 넘으면서 주, 부식 공급에 적잖은 고충이 있었지만 결과적으로 식품사업을 위한 탄탄한 기반을 닦는 데에 큰 도움이 되었다. 하찮아 보이는 사업에도 품질과 신의가 중요하고 그래야만 중국인들과의 경쟁에서 이길 수 있다는 확신을 갖던 시기였다.

무궁화유통의 진화

그간 한국식품업체들이 속속 인도네시아에 진출하면서 현지에서 구할 수 있는 한국음식의 종류가 더욱 다양해지고 유통경로도 다변화되었지만 지난 세기까지만 해도 대부분의 한국식품이나 식자재들은 처음엔 무궁화유통을 통해 현지에 소개되는 것이 일반적이었다. 말하자면 무궁화유통은 한국식품들의 인도네시아 교두보였던 셈이다.

1981년 협소한 공간에서 직원 10명을 데리고 처음 문을 연 '한국종합식품'은 그 후 확장을 거듭해 무궁화유통으로 거듭났고 1996년 자체 물류창고를 짓고 여러 지점들을 내면서 종업원 숫자도 300명을 넘겼다. 식료품 유통회사 코인부미PT. Koin Bumi Holding Company를 세워 이를 통해 인도네시아 전국에 한국산 식품을 공급하게 된 김 회장은 오늘날 인도네시아 사람들 중 무궁화유통이 수입하거

무궁화 창립 30주년 기념식. 앞줄 왼쪽부터 정영수 CJ글로벌경영 고문, 아굼 구멜라르 교통부장관, 김호영 대사, 따우픽 키에마스 국회자문의회 의장, 김호영 대사 부인, 린다 구맬라르 여성권익부 장관, 박은주 여사, 김우재 회장.

나 판매한 식품을 먹어 보지 않은 사람은 거의 없다고 장담한다. 현재 여러 종류의 무궁화유통 자체 브랜드 제품들이 탄생해 유통되고 있고 온라인에도 진출해 무궁화유통의 브랜드인 mu gung hwa 브랜드는 2022년 K-brand award를 받아 인도네세아에서 제일의 K-brand로 각광을 받고 있다.

사업을 키워가면서 김 회장이 주목한 것들 중 하나는 화교와의 피할 수 없는 경쟁이었다. 동남아 대부분 국가에서 막강한 경제적 영향력을 행사하는 화교들은 인도네시아에서 그 인구는 전체인구 대비 5% 정도를 차지하지만 민간경제 분야 총생산의 90% 이상을 점유하고 있다. 현지 민간자산의 70~75%, 25개 대기업 중 17개가 화교 소유다. 김 회장은 그런 경제환경 속에서 화교 자본이 운영하는 대형 식품회사들과 경쟁해야 했다.

그는 한국식품의 제품차별화에 방점을 두었고 전통과 건강에 방점을 둔 제품홍보가 주효했다. 처음엔 방관하거나 적대적이던 화교 유통업체들이 얼마간 시간이 지나자 독립적인 한국식품 부스를 만들어 입점해줄 것을 요구하기 시작했다. 경쟁상대들을 싸워 눌러야 하는 적으로 대하는 대신 현지 유통 부문 크고 작은 회사들과 손잡고 서로 돕는 동료로서 협력관계를 맺으면서 사업기반을 더욱 공고하게 다져나간 것이다.

거기엔 모든 것을 원칙대로 하겠다는 김 회장의 소신과 넓은 인맥도 큰 몫을 했다. 계속 성장해 가는 무궁화유통을 중심으로 많은 한국업체들이 속속 주변에 들어서며 한인 커뮤니티의 구심점이 되자 이를 시기하거나 오해한 현지 경쟁사들과 관공서의 예기치 않은 공격이 잇달았는데 특히 한국인 직원의 비자문제나 진열된 제품들의 수입 및 유통 관련 식약청 허가취득 여부를 문제 삼으며 심심찮게 불시에 들이닥치곤 했다.

특히 식품 분야에서 그런 식의 고압적인 행정이 가능했던 건 인도네시아가 세계에서도 식품수입이 가장 까다롭고 어려운 나라에 속하기 때문이다. 이슬람 문화권이라는 점, 그리고 지나칠 정도로

2013 국회해외동포무역경제포럼(김정훈 회장과 김우재 회장 공동주최).

강력하게 자국제품 보호경향이 심하다는 점이 엄격한 수입규제로 쉽게 이어지기 때문이다. 한국식품 수입을 위해서는 먼저 ML~Makanan Luar~(식품수입) 허가변호를 식약청에서 받아 6개월 단위의 점검해야 하며 상품포장의 단위와 디자인이 조금만 달라져도 ML허가를 새로 받아야 하는 등 까다로운 규정이 적용된다. 종교적 정결함을 뜻하는 '할랄~halal~' 인증 역시 무슬림들이 전체 인구의 87%를 차지하는 인도네시아에서 정상적인 식품판매를 위해 반드시 받아야 하는 허가다.

다행히 김 회장은 사람이나 제품에 대한 모든 허가를 늘 정상적으로 처리하였으므로 큰 문제로 비화되는 경우가 적었고 설령 악

현역 장성 시절의 수실로 밤방 유도요노 전 대통령(왼쪽), 자스리 마린 현병사령관(가운데)과 함께 찍은 사진이다. 김 우재 회장은 군의 입김이 강한 인도네시아 사회에서 군 주요인사들과 활발하게 교류하며 입지를 다졌다.

의적으로 일을 키우려는 상대가 있더라도 오랫동안 구축해 놓은 탄탄한 현지 인맥이 그와 그의 사업을 보호해 주었다.

　인도네시아 사회는 아직도 군의 입김이 강하지만 나는 새도 떨어뜨릴 만큼 군 서슬이 시퍼렇던 수하르토 전 대통령 시절부터 김 회장은 군 주요인사들과 활발하게 교류했는데 그의 집무실에 진열된 많은 사진들 속에서 앞서 언급했던 타룹 중장을 위시해 전 통합군 사령관 출신인 트리 수트리스노 전 부통령, 현역 대장 시절의 수실로 밤방 유도요노 전 대통령 등을 찾아볼 수 있다. 그중 위기 때마다 가장 많은 도움을 준 사람은 중위 시절부터 알고 지낸 아굼 구멜라르Agum Gumelar 특전사령관이었다. 아굼 장군은 훗날 대장으로 예편한 후 교통부 장관 등 정부요직을 거쳤고 인도네시아 체육회 장, 재향군인회장, 대통령 자문위원을 역임했다. 그는 특전사령관 으로 있던 1993년에서 1994년은 물론 1997년 무궁화유통이 뿌리 마무다 건설회사를 세우고 건설사업에 뛰어든 후에도 든든한 지원 군이 되어 주었다.

한편 무궁화유통은 aT(농수산물유통공사)와도 협력해 한국 농수 산물의 인도네시아 진출에 공헌하는 등 한국식품들을 인도네시아 에 소개하는 데에 힘썼다. 2013년 한국식품전 행사 후 당시 메가와 티 대통령 관저에 김치를 선물하여 호의적인 반응을 얻으며 한국 식품 이미지 홍보에 좋은 기회를 얻었다. 그해 작고한 타우픽 키에 마스Taufik Kiemas(메가와티 전 대통령 남편) 전 국민평의회의장과 오랜 기 간 막역한 관계가 있었기 때문이었다.

당시 한국식품전시회에 참석한 aT 윤장배 사장과 김재수 사장 은 현지 식약청과 만나 많은 성과를 일궜고 예의 전시회는 매년 열 리는 연중행사로 자리잡았다. 이 전시회와는 별도로 aT한국농수산 식품유통공사의 지원을 받아 자카르타에서 가장 효율적으로 특히 현지인들에게 한국식품을 홍보, 판매할 수 있는 지역에 안테나숍을 설치해 한국농수산물을 홍보하고 있다.

무궁화 유통은 지난 2010년 창립 30주년 기념행사를 가졌다. 이 행사에는 앞서 소개한 타우픽 키에마스, 아굼 구멜라르 당시 교통부 장관, 린다 아굼 전 여성권익부 장관(아굼 장관 부인), 주한 인도네시아 대사 등 친분 두터운 유력인사들과 기타 현지 정관계 인사 등 1,000여 명이 참석해 자리를 빛내 주었다. 그로부터 10년 후 2020년 3월 인도네시아에 코로나 바이러스가 상륙하면서 더 크게 성장한 무궁화유통의 창립 40주년 행사를 성대히 갖지 못한 것은 참으로 애석한 일이다.

현재 무궁화 유통은 4,000여 개 슈퍼마켓과 상점에 한국상품 1,800여 종을 공급하고 인도네시아 전국에 35개의 가맹점 및 지점을 거느리고 있다. 그간 줄곧 무궁화유통을 경영해온 김우재, 박은주 부부에 이어 장남 김종헌 사장이 경업수업을 받고 있다.

월드옥타

월드옥타World-OKTA라고 흔히 줄여 부르는 세계한인무역협회는 세계 곳곳에 포진한 한인 경제인들이 모여 1981년 설립한 단체로 당시 16개국 101명의 회원으로 시작해 2020년에는 68개국, 7,000여

2014년 북미주 뉴저지에서 경제인대회를 주관한 김우재 회장 주최 만찬.

명의 정회원과 2만 1,000여 명의 차세대 회원을 보유한, 명실상부 재외동포 중심의 경제단체다.

다른 나라에 비해 비교적 늦은 2007년 2월 설립된 월드옥타 자카르타 지회에서 김우재 회장의 활약이 돋보였다. 그는 이후 중앙무대로 진출해 2010년 경선을 통해 월드옥타 이사장으로 선출되었고 2012년에는 월드옥타 제17대 회장으로 선출되었다. 김우재 회장은 임기 중인 2013년에 발리에서 열린 제18차 세계한인경제인대회를 성공리에 개최했다. 이 행사에는 67개국 700여 명의 회원이 참가했고 이를 주관한 월드옥타 자카르타 지회는 한국-인도네시아 협력관계 증진에 기여했을 뿐 아니라 한인 경제인과 한국 자체의 위상을 드높였다.

2007년 7월 김 회장은 각 분야 유수의 전문가들을 초빙해 자카르타에서 '차세대를 위한 제1차 무역스쿨'을 운영했다. 기성세대가 해외현장에서 얻은 경험과 지식을 신세대에게 전수할 목적이었다. 2008년 7월에도 50명을 대상으로 3일간에 걸친 제2차 차세대 무역스쿨을 진행했다. 그는 이후에도 줄곧 이 프로그램을 진행해 인도네시아에서만 600여 명의 경제사관을 배출하는 등 차세대 한인 무역인 육성에 힘썼다.[*]

김 회장은 일본이 오래 전부터 동남아에서 재패니제이션Japanization 작업을 해온 것에 필적하는 코리아나이즈Koreanize 작업이 필요하다는 생각을 늘 가지고 있었다. 이를 위해 현지 한인 차세대 교육과 인적 네트워크 구축의 중요성에 주목하고 월드옥타가 주관하여 차세대 교육과 한국중소기업 해외진출을 돕는다는 차세대 무역스쿨의 목표를 세운다.

한국상품 해외판로개척은 물론 중소기업의 해외수출 확대에 기여하고 있는 차세대 무역스쿨은 전 세계적으로 매년 3,700여 명의 수료자를 배출하여 현재 약 23,000여 명이 이 과정을 마쳤다.

---

[*] 인도네시아 한인 100년사 편찬위원회(2020). 《인도네시아 한인 100년사》. 순정아이북스.

이웃과 함께 하는 삶

"폭우가 쏟아지던 날 베짝 인력거꾼들이 그 비를 다 맞으며 떨고 있는 걸 보고 마음이 아파 우비 네 벌을 사다 준 게 시작이었어요" 라며 박은주 여사는 사회봉사활동의 시작을 그렇게 기억했다. 무궁화유통 초창기 아직 모든 것이 부족하고 어렵기만 하던 1980년, 그렇게 마음을 열고 내민 도움의 손길을 마주잡은 그 베짝 운전사들이 자카르타 폭동 당시 동네사람들과 함께 무궁화유통 건물을 지켜 주었다는 이야기는 앞서 기술한 바 있다.

무궁화유통의 사업적 성공 뒤엔 김우재 회장과 박은주 여사의 현지사회에 대한 기여와 봉사의 이야기도 많이 담겨 있다. 그들 부부는 1981년부터 매년 1,000명씩 불우이웃을 대상으로 나눔의 행사를 가졌고 1984년 이후 줄곧 탕그랑 시타날라 나환자병원^{RS Khusus Kusta Sitanala}을 후원했다. 성나자로 마을 고 이경재 신부가 처음 현지 한센인 재활원에 자금을 지원한 것이 시초가 되어 김우재, 박은주 부부가 그 일을 개인적으로 이어받아 매년 한센인 병원과 마르파티 한센인 재활원 지원을 줄곧 계속하는 중이다.

1995년 한국부인회가 주최하여 가수 이미자 님을 초청한 공연 수익금으로 인도네시아 심장병 어린이 10명을 수술해준 지원사업을 물려받아 무궁화재단을 설립하고 현지 심장병 어린이 50명의

김수환 추기경님과 김우재 회장. 인도네시아에서 한국 가톨릭은 1980년
소규모 교우모임 공소로 시작하여 1991년 무허가로 성모 유치원을 개원
하였으나 성당 허가가 나오지 않았다. 김우재 회장은 자카르타 가톨릭교
구청의 도움을 받아 한국 신부 주재허가를 받아냈고 1995년 처음으로 한
국 신부가 인도네시아에 주재하기 시작하면서 한국 가톨릭이 활성화되었
다. 김우재 회장은 공소회장부터 자카르타 가톨릭평신도공동체 초대 회
장 역임하면서 역사적인 초석을 만들었다.

꺼져가던 생명을 지켜 주었다. 홍수나 지진이 나거나 화산이 폭발
해 피해가 발생할 때마다 그들은 지갑을 열고 창고를 열었다. '남을
돕는 것이 바로 나를 돕는 것'이라는 당시 그들 부부가 가졌던 그
생각은 지금도 변함이 없다.

　그들 부부는 장학사업에도 주저하지 않았다. 나쇼날 대학 UNAS 한
국학과 학생들에 대한 지원은 물론 박은주 회장의 고향인 충주에서
1994년부터 줄곧 중고등학생 300여 명에게 전액 장학금을 지원했

불우이웃돕기에 나선 김우재 회장의 장남 김종헌 사장의 모습이다. 2020년 3월 이후 코로나 팬데믹 2년 동안 무궁화유통은 지속적으로 한국 교민들은 물론 현지인 코로나 확진자들을 위해 비상식량 등 구호품을 무료로 제공했다.

다. 특히 박은주 여사는 불우한 처지의 독거노인, 다문화가정, 농아학교 등에 쌀과 연탄을 나누는 지역봉사활동도 계속해 아너 소사이어티Honor Society 기증자 충주 1호로 등록되었다. 경기도 도청과 제휴해 반둥의 한사모(한국을 사랑하는 모임) 회원들에게 한국연수의 기회를 제공해 사물놀이, 부채춤 등을 배우게 하는 일에도 동참했다.

현지 한인사회에 대한 김우재 회장 부부와 무궁화유통의 봉사와 기여는 더욱 빛을 발했다. 2020년 3월 2일 인도네시아에 첫 코로나 환자가 발생하면서 사회경제활동이 급브레이크를 밟으며 멈추었고 자카르타에서 마스크 가격이 급등하여 물량을 구하기 어려워지자 무궁화유통은 마스크 3만 장을 확보해 6개 지점에서 교민들에게 무상으로 배포하기 시작했다. 그러다가 델타 변이종이 대유행하면서 한인사회에서도 확진자가 발생하기 시작하던 2021년 7월부터 비상식품 등으로 알차게 구성한 구호품 키트를 교민 확진자들에게 제공하기도 했다. 이러한 확진자 구호 및 지원활동은 2022년 초 오미크론 확진자들이 대량 발생하는 상황까지도 계속되었고 교민사회의 큰 호응을 이끌어냈다.

지나온 흔적들

김우재 회장 부부는 살아오는 동안 인도네시아와 한국 양국에 많은 흔적을 남겼는데 꼭 사업적인 것만은 아니었다. 김 회장은 자카르타 한국국제학교JIKS 재단 이사를 역임했고 1993년 교사신축 프로젝트에 무궁화유통도 참여했다. 교사신축 프로젝트는 3백만 불 모금을 목표로 대기업 31개, 현지진출 중소기업 및 현지법인, 단체 49개, 본국 정부의 지원을 받았다. 1992년 7월 16일 푸트라 한국PT. Putra Hankuk이 첫 삽을 뜬 지 8개월 후인 1993년 3월 2일 현재의 타만미니 인근 신축교사가 완공되어 이전을 마쳤다. 대지 21,173㎡, 건평 7,800㎡, 36개 교실, 15개 부속실 및 강당, 경비실, 교직원 사택과 넓은 잔디운동장으로 이루어진 신축교사엔 당시 지원을 아끼지

김우재 회장의 이름은 모교인 한국항공대학교 본관 명예의 전당에 헌액되었고 후배양성을 위한 김우재 101호 강의실이 마련되었다(김우재 회장과 이강웅 총장).

않은 코린도그룹, 선경그룹 등 40개 기업 및 단체들 명단이 새겨진 기록문이 설치되어 있는데 거기 '무궁화식품'의 이름도 보인다. 한인학교, 한국학교 등으로 불리던 학교 정식명칭이 자카르타 한국국제학교JIKS로 확립된 것도 이때의 일이다. 김 회장의 이름은 모교인 한국항공대학교 본관 명예의 전당에 헌액되었고 후배 양성을 위한 김우재 101호 강의실이 마련되어 있다.

한편 충주 월악산 계곡 초입에는 '박은주 동문길'이 만들어져 있다. 김 회장 부부의 흔적은 자카르타의 한 박물관에도 남아 있다. 일찍이 1994년 11월 인도네시아를 방문한 김영삼 대통령이 당시

수하르토 대통령 영부인 띠엔 여사에게 기증한 한복이 자카르타 소재 민속촌 성격의 타만미니Tama Mini Indonesia Indah-TMII 초입 푸르나 박티 페리위 박물관Museum Purna Bhakti Periwi 2층에 보관되어 있었다. 시간이 조금 흐른 후 전시된 이 한복이 낡고 때가 낀 것을 안타깝게 여긴 김 회장 부부는 어렵사리 관련수속을 밟아 1996년 새 한복(관복) 두 벌을 박물관에 새로 기증해 우리 한복문화를 영구 보존토록 하였고 2004년에도 습기로 손상된 한복을 또 한 차례 새 한복으로 교체했다. 이 전시물에는 기증자인 김 회장 부부의 이름이 오롯이 새겨져 있다.

김 회장은 자녀들의 세대에도 전시된 한복이 또다시 훼손될 경우 기꺼이 새것으로 교체할 계획임을 밝혔다. 전액 자비를 들여 고가의 한복을 본국 유명 디자이너를 통해 새로 제작하고 관련 기관 협의와 로비 등 끝없는 노력을 통해, 내방객들이 많은 현지 주요 박물관의 전시 한복을 주기적으로 교체해 최상의 상태로 유지하는 것은 장기적이고도 지속적인 관심을 요하는 일이다.

김우재 회장은 홍성신문에서 2022년 1월 발간한《홍성의 현대인물》에 이헌재 전 국무총리를 비롯한 181명의 각계인사들과 함께 '세계한인무역협회 회장의 도전과 성공'이란 제목으로 등재되었다.

평소 예술에 조예가 깊어 색소폰을 즐겨 연주하고 글쓰기 삼매에 빠지곤 하는 김 회장은 문학바탕 2019년 1월호에 〈삶의 흔적〉

외 네 편의 시를 발표하여 신인문학상을 받은 등단시인이다. 저서로는 매경춘추 필진으로 《인도네시아의 명소와 명문대학》(공저, 나산출판사 2003), 홍사 회고록 《인도네시아에 핀 무궁화》(현문미디어, 2009), 시집 《무궁화 꽃 피고》(문학바탕, 2021) 등이 있다. 특히 《무궁화 꽃 피고》 시집 발간 당시 코로나 팬데믹으로 여의치 않은 조건이었지만 일산 킨텍스에서 전 세계 지인들과 함께 온라인으로 출판기념회를 가졌다.

김 회장의 시들 중 〈내 사랑 제주여〉, 〈복사꽃 꽃비 내릴 때〉 두 편은 곡이 붙어 가곡으로 나와 있다. 김 회장은 대한항공공사 삼척 지점에 근무할 당시 평생의 배필인 박은주 여사를 만나 1968년 8월 결혼했고 슬하에 장녀 현미, 장남 종헌, 차녀 현아를 두었다. 김우재 회장 부부의 재외동포 권익신장과 국가발전을 위한 활동은 국가의 인정을 받아 박은주 여사는 일찍이 1996년 한국부인회장 재임시절 국민훈장 석류장을 받았고 김우재 회장 역시 2013년 국민훈장 동백장을 가슴에 달았다.

김우재 회장의 《무궁화 꽃 피고》
모바일 시집코드
https://toast.slug.kr/hosting/ebooks/
mugunghwa/index.html

고상구 회장

┃ K&K글로벌트레이딩

● 학력

| 1977 | 대구 성광고등학교 졸업 |
| 1995 | 고려대학교 경영대학원 1년 수료 (65기) |

● 경력

1996	(사)서울강동청년회의소 (JC) 회장
1998	(사)한국청년회의소 (JC) 중앙감사
2012	베트남 하노이한국국제학교 이사
2014	아태 한국식품 수입상연합회장
2014	제10대 재베트남 하노이 한인회장
2016	제2대 베트남 한인회 총연합회장
2019	제18차 여수 세계 한상대회 대회장
2020	중소기업중앙회 베트남 해외민간대사
현재	K&K TRADING CO., LTD. 회장

● 상훈

1995	정무장관 표창
2007	경기도지사 감사패
2010	농수산식품유통공사장 감사패
2012	한국일보 자랑스런 한국인상 대상
2013	경기도의회 의장 표창
2013	산업통상자원부장관 표창
2014	제15회 농축식품부장관상
2014	금산군수 감사패
2015	세계한인회장대회 자랑스런 한인회 최우수상(재외동포재단)
2017	국회의장 표창
2017	올해의 인물
2017	한상총연합회·아프리카중동한인회 감사패
2018	국민훈장 동백장
2019	대한민국 가치경영 대상

베트남에 홀딱 빠져든
고상구 회장

2002년에 처음 베트남에 온 고상구 회장은 그 당시 액세서리 사업을 하고 있었다. 지금 유통업에서 활동하고 있는 고 회장을 보면 사람들은 쉽게 상상하지 못할 것이다. 그의 사업은 여성들의 헤어핀이나 미용재료 등을 제조판매하는 기업이었는데 비즈니스 제안이 베트남 쪽에 들어와서 그 당시 아무것도 모르고 베트남 땅을 밟게 되었다.

월드컵 열기가 한창이던 2002년 6월 베트남에 입국하게 되었는데 그때는 베트남의 하노이와 호치민도 구분하지 못하던 시기였다. 지인이 베트남 하노이에 백화점을 짓는데 같이 가보자고 하여 백화점 현장을 방문하였는데 그 지역이 현재의 장보GiangVo거리였다. 그 당시 그곳에 트리엔 람 장 보Trien Lam GiangVo라는 명소가 있었는데 당시 유명 전시회는 다 그곳에서 할 만큼 하노이에서 유일한 큰 전시장이었다. 아무튼 장보거리 코너에 있는 백화점 공사현장을 갔는데 지인이 고 회장에게 덜컥 백화점 운영을 제안하는 게 아닌가.

백화점을 거의 짓기는 했으나 입점도 받아야 하고 운영할 사람이 없었던 것이었다.

아무것도 모르는 베트남 땅에 와서 장보거리 앞을 보는데 그때 문득 눈앞에 오토바이 물결이 파도처럼 밀려왔다. 그런데 그 모습이 정말 장관 중에 장관으로 느껴졌다. 그 모습은 바로 1990년 즈음 중국의 모습과 같았다. 천안문사태가 끝난 이듬해인 1990년에 고 회장은 중국 북경에 갈 일이 있었다. 그 당시 북경에 우리 한국 기업이 단 한 개 밖에 없을 때니까 참 옛날 일이다. 그 공장은 럭키금성(현LG)이 운영하던 완구공장(중국봉제공장과 합작)으로 기억한다. 어마어마했던 중국붐은 그 이후 개방이 본격화되면서 시작된 것이다. 그 당시 중국에서는 대형광장을 지나 자금로를 가던 어마어마한 자전거 행렬들이 물밀듯이 밀려오곤 했다.

단지 오토바이와 자전거라는 수단만 달라졌지 1990년의 중국과 2002년의 베트남은 똑같았다. 무한한 에너지와 열망이 솟구치는 것 같았다. 고 회장은 1990년 이후 중국은 단 12년이라는 기간 안에 상상도 하지 못할 정도로 발전을 거듭했었다는 것이 떠오르며 "아! 이제는 베트남이구나!"라는 생각이 들었다. 그 순간 베트남에 홀딱 빠져들고 말았다. 사람들마다 인생의 전환점이 있다고들 하는데 그 순간이 인생의 전환점이었다.

한국 백화점,
코리아타운 개점

그 당시 고 회장은 현실적으로 백화점 운영에는 아는 것이 전혀 없었다. 그래서 한국 신세계백화점에서 구매과장으로 일하던 지인을 설득해 베트남으로 같이 가자고 졸랐다. 안정된 직장을 그만두고 베트남으로 가자고 하니 그 지인의 부인은 절대반대에 나섰다. 하지만 그 지인도 베트남에 홀려서였을까? 결국은 제안을 승낙하고 베트남행 비행기에 탑승했다.

베트남 운영을 맡기로 한 것이 6월인데 개장일은 10월로 이미 정해져 있었다. 4개월 만에 모든 준비를 마쳐야 하는 상황이었다. 신세계백화점 출신 지인이 베트남 현지에서 개장준비를 하고 나는 한국에서 필요한 물건을 소싱하는 업무를 하였는데 나도 곧 베트남으로 들어오게 되었다.

백화점 건물은 아주 넓은 2층짜리 매장이었고 이름은 '코리아타운'으로 정했다. 말 그대로 한국제품 전용쇼핑몰인 한국촌을 만들고 싶었다. 4개월 동안 모든 직원들은 정말 바쁘게 준비했다. 나름대로의 판매 계획도 세웠다. 주변의 제안을 고려해 먼저 한국의 이월상품을 가지고 와서 팔기로 했다. 베트남의 구매력을 감안한 선택이었다. 상품의 종류는 아주 다양했다. 신사복, 숙녀복, 캐쥬얼

복, 란제리, 아동복, 유아복, 생활용품, 침구류, 소형가전, 신발, 인삼 등으로 구성되어 있었다. 인삼이 포함된 이유는 한국식품을 모두 다루기는 어려우니 단 하나의 대표상품으로 승부해보자는 생각 때문이었다.

그 넓은 백화점 매장을 채우기 위해 전국을 많이도 돌았다. 그당시 한국은 홈쇼핑 비즈니스가 무르익지 않았을 때라 지금과는 다르게 판매재고가 많을 때였다. 이런 홈쇼핑 재고나 이월상품을 찾기 위해 곤지암, 대구(침구류), 하남(양복) 등을 바쁘게 돌아다니며 창고에 있는 남은 재고들을 구해서 베트남으로 가져왔다.

그렇게 6월에 백화점 운영 제안을 받고, 번갯불에 콩 구워먹듯 준비를 한 끝에 10월 17일에 드디어 개장을 하게 되었다. 그래서 어떻게 되었을까? 고 회장은 이 사업을 시작한 후 딱 6개월 만에 사업을 정리하게 된다. 쉽게 생각하면 파산이라고 생각할 수도 있겠지만 파산은 절대 아니다. 그의 결정으로 정리한 것이다. 요즘 말로 하면 '손절'이다. 그 당시 투자액이 23억 원 가량이었는데 그렇게 3억 원 가량을 건지게 되었다.

"성공한 실패"

이렇게 파격세일을 통한 정리로 3억 원가량 그러니까 약 30만 불의 현금을 남길 수 있었다. 총 23억 원을 투자해서 3억 원 남짓 남았으니 20억 원을 손해 본 것이다. 참담한 실패라고도 볼 수 있을 것이다. 하지만 이를 "성공한 실패"라고 말한다.

손해 본 금액도 크지만 그래도 30만 불이 남았지 않는가? 20여 년 전이니 그 금액은 절대 적은 금액이 아니었고 고 회장이 다시 심기일전하여 재기할 수 있기에 충분히 큰 자금이었다. 날린 건 날린 거고 다시 한 번 재도전할 수 있는 기회를 얻은 것만으로도 실패한 것이 아니었다.

또한 백화점 사업을 통해 그가 얻게 된 아주 귀중한 자산이 있었다. 바로 새로운 사업아이템을 찾은 것이었다. 사실 정보가 부족한 베트남의 특성을 감안하면 현지의 시장동향이나 특성, 인력관리 방법, 운영노하우 등 당해보지 않고서는 알 수 없는 것들이 많다. 치열하게 실패했기 때문에 더 얻은 경험이 컸다. 이를 종합해 베트남에서 뭐가 잘 되는지를 파악했다.

인삼, 양복, 이불, 문구·팬시류가
바로 돈 되는 아이템

경험으로 파악한 대박 아이템은 바로 인삼, 양복, 이불, 문구·팬시류였다. 문구·팬시류의 경우 그 당시 아주 기본적인 제품들만이 시장에 나와 있었다. 반면 한국에서 가져온 문구류는 캐릭터가 그려진 예쁘고 귀여운 물건이 대다수였다. 펜이며 노트며 어른인 고 회장 눈에도 아이들에게 사주고 싶은 예쁜 제품들이 참 많았다. 그러니 당연히 베트남 소비자들에게 큰 인기를 끌 수밖에 없었다.

주요 고객층은 매장 근처에 거주하는 부자집 아이들이었다. 침구류의 경우, 부피가 큰 상품 특성 때문에 베개피, 이불피 등은 한국에서 조달해왔고 이불솜, 베개솜 등은 현지 유명제품을 사용해서 상품을 완성했다.

당시 이런 대박제품들의 수익성이 꽤 좋았다. 양복은 한 벌에 2~3만 원대에 구입해서 200만~300만 동(약15만 원) 정도에 판매했었던 것으로 기억한다. 또 이불의 경우 1만 5,000원 정도에 구입하여 200만 동(약 10만 원)에 판매했고 문구·팬시류도 꽤 수익성이 좋았다.

인삼을 선택하다

이 같은 돈 되는 아이템 중에 내가 최종적으로 선택한 것은 바로 '인삼'이었다. 백화점 정리 이후 나와 나의 파트너(나를 믿고 베트남으로 들어온 친구)는 각자 원하는 아이템을 가지고 각자 새로 시작하기로 하였다. 파트너는 문구·팬시점을 택했고, 나는 이불과 인삼을 택하여 재기에 나섰다. 이후 나는 수익성이 더 좋은 인삼에만 올인하게 된다. 브랜드명은 '스타 코리아STAR KOREA'라고 지었다. 의미는 '한국의 인삼은 스타이다'라는 단순한 의미였다.

결론부터 얘기하면 인삼 사업은 큰 성공을 거두었다. 특히 베트남 사람들에게 인삼주가 굉장히 인기가 많았다. 인삼주 한 병의 가격이 얼마였을까? 무려 3,000달러였다. 그 당시 고가의 경우 달러 결제가 가능하던 시기였다. 3,000달러의 현금을 받고 인삼주를 팔았던 것이다. 그런데 가격이 왜 이렇게 비쌌는지 궁금하지 않은가? 그것은 바로 인삼주는 원래 팔려고 내 놓은 물건이 아니었기 때문이다.

베트남에서 한국의 인삼을 팔려고 하면 최소한 그 정도의 인테리어와 매장을 갖추어야 가치를 높일 수 있다는 것이 고 회장의 생각이었다. 이러한 노력의 결과로 베트남 내 한국 인삼의 붐이 일어날 수 있었다고 그는 지금도 자부한다. 고 회장이 인삼주를 구비한 이유는 다른 데 있었다. STAR KOREA 매장에서 다양한 인삼 제품을 구비해서 판매를 하였는데 베트남 소비자 입장에서는 홍삼정이나 분말제품 혹은 가공제품 안에 과연 정말 인삼이 들어있기는 한 건지 의구심을 가질 수밖에 없었다. 인삼 자체도 어떻게 생겼는지 생소한 데다가 당시 베트남 유통에 있어 판매자와 소비자 간의 신뢰가 높지 않은 시절이었다.

어떻게 하면 인삼 실물을 보여줄 수 있을까 고민하다가 인삼주를 착안하게 되었다. 인삼주를 통해 한국인삼의 실물을 보여주기로 한 것이다. 각 매장에 인삼이 가득 들어간 인삼주를 전면에 배치했다. 홍보효과를 위해 인삼병 아래 받침대에는 용문양 등으로 아주 화려하게 목곽장식을 하고 한국에서 가져온 예쁜 병에 담았다.

그런데 신기한 일이 생겼다. 제품 구경을 하던 손님들이 인삼주를 가리키며 "저건 얼마냐"고 묻기 시작한 것이다. 처음에는 판매용이 아니라고 안내했다. 하지만 시간이 좀 흐르자 어차피 진열을 해둔 것이니 가격표를 붙여서 가치를 만들어봐야겠다는 생각이 들었다. 판매하려고 한 것도 아니고 판매해도 많은 수량이 나갈 것 같지는 않아 그렇다면 인삼주에 아예 터무니없는 가격을 붙이기로 했다. 인삼주가 비싸야 인삼제품이 귀한 식품이라는 것을 알릴 수 있을 것 같아서 인삼주 하나에 2,000불 또는 3,000불이라고 써붙인 것이었다.

그런데 이게 대박이 났다. 그 비싼 인삼주를 그것도 달러를 현찰로 가져와서 베트남 사람들이 신나게 사갔던 것이다. 그 용도는 거의 대부분 선물용이었다. 본인이 마시기보다는 귀한 손님에게 중요한 시기에 선물하는 그런 고급용품으로 자리매김한 것이었다.

베트남에서 판매하는 인삼주는 한국에서 가져온 인삼 2채를 베트남의 40도짜리 전통주로 담가서 만들었다. 인삼은 한국 술에 담으면 베트남의 더운 기후 때문에 상하기 쉽다. 교민들에게도 잘 알려져 있는 것처럼 요즘에는 베트남에도 '루아머이LuaMoi' 같은 좋은 술이 많다.

인삼으로 재기,
'인삼왕'으로 불리다

그렇게 2003년부터 5년간 베트남 내에서 인삼주 사업을 거의 독점하다시피 했으니 고 회장은 완전히 재기할 수 있었다. 백화점 사업 실패로 날린 돈은 STAR KOREA를 시작한 후 단 2년 만에 모두 회수했다.

말로 풀어놓으니 간단해 보이지만 고 회장과 직원들은 끊임없이 개선점을 고민했고 SRAR KOREA만의 방식을 계속 고집했다. 프리미엄화와 고객편의성 제고가 그 핵심이었다. 지금은 인삼 비즈니스를 접은 지 오래됐지만 그래도 그동안 신세진 베트남 지인분들에게 가끔 인삼주를 직접 만들어 선물하곤 하는데 선물받으시는 분이 아직도 실력이 녹슬지 않았다고 말씀해 주신다.

인삼주 사업은 계속 번창하여 전국 유명 대형마트, 주요 쇼핑센터 등 베트남 전역(호치민, 하노이, 하이즈엉, 남딩, 롱비엔 등)에 STAR KOREA 매장이 들어섰고 매장수가 총 40여 개나 되었다. 새로운 쇼핑몰이 생길 때마다 고급 콘셉트를 그대로 유지하여 입점하곤 했다.

하지만 인삼사업은 점점 저물고 있었다. 2007년 무렵 인삼사업의 수익성을 노린 많은 사람들이 인삼사업에 뛰어들었다. STAR KOREA는 한국에서 컨테이너를 띄워 정식으로 통관을 하고 순도가 높은 질 좋은 인삼을 사용하고 있었는데 후발주자들은 편법으로 비용을 줄이고 가격공세에 집중하기 시작했다. 당시 인삼류에 대한 관세가 20~50%나 되었는데 베트남 사업자들은 한국을 다녀오는 보따리상 등을 통해 관세 없이 물건을 조달하곤 했다. 심지어 한국발 비행기에 탑승하는 스튜어디스도 인삼을 사온다는 말이 돌 정도였다. 업체수가 많아지고 다들 살아남기 위해 저가전략을 쓰면서 순도가 낮은 제품도 유통되기 시작하고 여러모로 시장이 혼탁해졌다.

"이제 이 시장은 베트남 현지기업 위주의 시장이 되었구나"라는 생각이 들었다. 당연한 순리일 수 있다. 하지만 아쉬운 점도 있다. 인삼사업을 접어서 아쉬운 것이 아니라 STAR KOREA가 그동안 고급화에 집중해서 간신히 조성하였던 인삼의 프리미엄 이미지가 이후 저가경쟁으로 훼손된 것이 아쉽다. 저가경쟁이 품질경쟁력 저하로 또 크게는 한국인삼에 대한 신뢰하락으로 이어진 것 같아 안타깝게 생각한다.

여담이지만 한국인삼의 효과나 효능에 대해서 더 알릴 필요가 있다. 한국의 전문가보다는 베트남 전문가가 이를 보증하는 게 더 효과적이다. 예를 들어, 호치민이나 하노이의 유명대학 연구자 등과 컨퍼런스 등을 열어 인삼의 효능을 소비자들에게 알리는 것이다. STAR KOREA는 이러한 오피니언리더들을 하노이 대우호텔 등에 초대하여 한국인삼 알리기 행사를 개최해 왔는데 그것이 한국인삼의 우수성을 알리는 데 어느 정도 역할을 했다고 생각한다. 앞으로도 이러한 노력이 계속 필요하다.

우리 상품을 이왕 팔려면
최고의 제품을 팔아야

최근 여러 기관에서 다양한 한국기업 제품을 소개하는 행사를 꾸준히 하고 있다. 매우 바람직한 활동이다. 그런데 몇몇 기관에서 개최하는 시장개척단, 판촉전 등의 행사를 가보면 순도 낮고 제대로 검증되지 않은 상품들이 꽤나 보인다. 해외에 나가 시장을 개척하는 행위는 일종의 국위선양 활동인데 좋지 않은 제품을 소개하면 오히려 국가이미지에 부정적인 영향을 끼칠 것 같아 두렵다. 외국에 수출하는 제품, 특히 건강식품류는 철저히 선별된 제품으로만 해야 한다는 생각이다.

2019년 여수에서 개최된 제18차 세계한상대회 때 이야기다. 고 회장이 세계한상대회 대회장직을 맡고 있을 때였다. 그는 당시 관련 지자체장에게 "수출 품목은 최대한 선별해야 한다. 관계로 인해서 수출지원 업체로 선정하지 말아 달라. 세계 여러 바이어들이 참석하는 행사에는 당당하고 떳떳하고 자신 있는 물건들이 나가야 하는 것 아니냐. 특히나 자격도 미달되고 품질도 미달되는 상품들은 절대 수출하면 안 된다. 이건 시장개척이 아니라 시장을 망가뜨리는 것이다"라고 강변한 적이 있다. 아마도 많은 분들이 공감하실 것이다.

문제는 몇몇의 미선정업체가 관련 정부나 기관에 민원을 넣는다는 것이다. 민원에 민감한 기관으로서는 곤혹스러울 수밖에 없다. 그럼 어떻게 해야 할까? 엄격한 기준, 즉 룰을 만들어야 한다. 예를 들어, 홍삼의 경우 성분분석표, 증명서_{Certificate}, 식품의약품안전처의 건강식품 인증허가증 등의 자료를 갖춘 업체만 참여하도록 하는 것이다.

한국농수산식품유통공사_{aT}와의 인연

많은 사람들이 고 회장이 처음부터 베트남 식품유통 부문에 진출한 것으로 생각하지만 사실 그는 당초 식품유통업에 대해서는 관심이 없었다. K-MARKET의 설립은 참 우연찮게 시작되었는데, 사실 한국농수산식품유통공사(이하 aT)의 덕을 보았다. 사람이 매사에 최선을 다하고 열심히 하다 보면 주변으로부터 인정받고 그렇게 노력을 하다 보면 도움받는 기회가 생기기도 하는 그런 경우였던 것 같다. aT의 인연은 베트남 인삼 판촉전에서부터 시작되었다. 전술했다시피 2002년에 백화점 사업이 실패하고, 2003년 그는 인삼 사업을 시작하였다. 다음해인 2004년 즈음에는 aT가 베트남에서 한국산 인삼에 대한 시장을 적극적으로 개척하고 있었다. 인삼판촉전이라는 행사를 통해 베트남 내 인삼의 저변을 넓히는 방식이었다.

당시 하노이에서는 한국 기업 P사도 한국산 인삼을 취급하고 있었고 aT는 그 업체와 인삼 판촉전행사를 개최하였다. 전해 듣기로 당시 행사 운영비는 30,000불 가량으로 제법 큰 액수였는데 실제 행사 결과는 좋지 않았다고 한다. 아마도 정해진 운영비를 행사에 모두 사용하지 않고 소홀한 점이 있었던 것 같다. 한국인삼판촉전 행사에 다소 실망한 aT담당 직원은 어느 날 당시 장보 백화점 1층에 위치한 고 회장의 인삼매장을 찾아와 본인의 명함을 두고 갔다. STAR KOREA와 새롭게 인삼판촉전을 개최하고 싶었던 것이다. 그가 운영하고 있는 STAR KOREA 인삼매장이 보다 고급스럽고 인삼의 가치가 잘 돋보이도록 진열되어 있었던 것이다.

그러나 직원을 통해 명함을 건네받은 고 회장은 연락을 취하지 않았다. 솔직히 말해 큰 관심이 없었다. 당시 aT는 농수산물유통공사로 불릴 때였고 고 회장은 그 기관이 무슨 일을 하는지도 정확히 몰랐다. 나중에 들은 이야기지만 매장에 방문했던 그 직원분은 행사 점검 차 출장 중이었고 남은 베트남 출장기간 내내 연락을 기다렸다고 한다. 그 후 그분이 aT싱가포르 지사에 고 회장의 정보를 전달하고 싱가포르에 있는 aT지사와 연결이 되어 이듬해 인삼판촉

행사를 시작하게 되었다.

aT판촉행사 지원예산으로 할 수 있는 것은 시음·시식, 인쇄물
(브로슈어) 및 쇼핑백 제작, 홍보도우미 지원 등으로 한정적이긴 했
지만 오히려 고 회장은 이를 하늘의 도우심으로 생각했다. 한국의
인삼을 알릴 수 있는 절호의 기회가 아닌가? 어찌 보면 우리가 해
야 할 일인데 기관의 지원을 받은 것 같아서 행사 개최를 수락한
이후 이를 성공시키기 위해 정말 열심히 준비했다. 지원받은 운영
비는 물론 그 외의 것들도 투입해서 준비했고 행사는 대성공으로
끝났다. aT는 이런 고 회장의 모습을 보며 신뢰하게 된 것 같았다.

2006년경 느닷없이 aT에서 고 회장에게 한국식품유통을 해보
라는 권유를 하는 게 아닌가? 당시 베트남에는 호치민에만 작은 슈
퍼마켓 수준의 한국식품점이 몇 개 있었고 하노이에는 아예 한국
식품점이 없었다. 특히 베트남 현지시장에는 아예 한국식품이 판
매되고 있지 않을 때였다. 갑작스러운 제안에 그는 자신이 없었다.
한 번도 접해보지 않은 또 다른 분야였기 때문이다. 하지만 aT담당
자는 그가 하면 무조건 잘 될 것이라고 계속 용기를 불어넣어 주었
고 결국 또 새로운 분야에 도전하게 되었다.

한국라면의 실패와
또 다른 교훈

식품 유통을 시작하려니 막막했다. 일단 대기업의 문부터 두드렸다. CJ, 미원베트남(현 대상그룹)과 같이 당시 협력관계에 있었던 기업으로부터 식품을 받아서 판매해 보았다. 실패였다. 그러다 한국라면을 베트남시장에 소개하면 어떨까 하는 생각이 들었다. 무작정 농심 본사에 찾아갔다 하지만 당시 담당자는 소량구매를 요청하는 그에게 영등포 시장에 가서 구매를 하라며 내 제안을 거절했다. 그는 한국식품의 불모지나 다름없는 베트남에 시장개척을 해보겠다고 간 것인데 그럼에도 불구하고 환영받지 못한 것이다. 당시 고 회장도 베트남에서 인삼왕 고상구로 제법 이름을 알리던 때였다. 포기하지 않고 계속 설득을 했다. 인삼 신화의 효과일까? 끈질긴 설득에 결국 농심의 동의를 얻어 소량의 라면과 스낵류를 베트남으로 가져올 수 있었다.

결과는 어땠을까? 안타깝게도 실패였다. 대표제품인 신라면조차 판매부진으로 유통기한이 지나 50박스 중 반도 못 팔고 폐기해야 했다. 여러 가지 문제가 있었지만 제일 큰 문제는 라면 섭취에 대한 문화 차이였다. 기존 베트남라면은 한국의 컵라면처럼 뜨거운 물을 부어서 바로 먹을 수 있는 라면이었고, 한국라면은 냄비에 넣고 끓는 물에 조리해서 먹는 방식의 라면이었다. 이렇게 다른 섭취 방식 때문에 베트남 시장에 거부감이 생긴 것 같았다. 가격과 중량의 차이 또한 컸다. 한국라면의 경우 베트남라면 대비 5배나 비쌌고 중량은 베트남라면의 약 2배에 달했다. 하지만 이러한 실패조차도 그가 식품유통업을 하는 데 필요한 소중한 자양분이 되었다.

K-Mart의 시작

호치민에 있던 작은 한인마트가 교민들을 상대로 하던 소매점이었던 반면 고 회장은 처음에는 B2B시장을 겨냥했다. Citimart(현재는 이온몰에서 인수), BIG C, Fivimart(현재는 빈마트에서 인수), 사이공쿱마트 등에 한국식품을 공급하는 데 주력한 것이다.

사업은 순조로운 편이었고 한국식품을 베트남 대형 유통망에 공급한다는 보람도 있었다. 하지만 문제가 있었다. 수입해온 식품은 많은데 유통기한 내 소진하지 못하여 재고가 쌓이고 처치곤란의 물건들이 생기기 시작한 것이다.

그래서 자구책으로 시작한 것이 바로 소매식품 유통마트인 K-Mart(현 K-MARKET)이다. K-Mart 1호점은 2007년에 쭝옌에 공식적으로 개장하였다. 당시 하노이에는 두 군데(C마트, S마트)의 한

K-MARKET의 준공식 모습.

인마트가 운영 중이었고 그는 그 마트의 상권을 벗어난 지역을 찾아야 했는데 마침 눈에 띈 곳이 쭝옌이었다.

　1호점이 위치한 쭝옌의 점포는 외진 곳에 위치해 그다지 좋은 자리는 아니었다. 하지만 그는 다른 마트와 차별화하기 위해서 한국스타일로 인테리어를 하였다. 실내 분수대를 설치하고 파라솔을 쳐서 야외 좌석을 만들고 한국에서 가져온 장비들로 고급 스타일의 한인마트를 만들었다.

　K-Mart는 성공이었다. 성공에는 여러 요인이 있었겠지만 가장 중요한 요소라고 그가 생각하는 점은 바로 '새로움'이었다. K-Mart는 매번 새로운 제품을 도입하는 데 주저하지 않았다. 한국에서 컨

테이너박스를 들여올 때마다 한국의 핫한 상품을 가져왔다. 처음 스타벅스 병커피를 들여왔을 때 한국 사모님들이 엄청나게 좋아했던 모습이 아직도 생생하게 기억난다. 그러한 점들이 한국 사람들 사이에 입소문이 나기 시작한 것이다.

하노이에 오래 계신 분들은 아직도 그에게 인삼은 이제 취급하지 않는지 물어본다. 사업 환경이 계속 악화되던 2009년경 K-Mart가 어느 정도 자리를 잡았고 2010년도에 인삼 장사를 사실상 접기로 마음먹었다. 식품유통사업에만 집중해도 모자랄 만큼 사업이 커진 것이다.

더 큰 위기 화재도
변화와 혁신으로 돌파한다

2014년 2월 물류창고 대형화재로 또 한 번 좌절했으나 전력을 기울여 복구하고, 이후 본격적으로 성장해 '일등이 아닌 일류기업'을 목표로 본격적으로 성장 가도를 달리고 있다. 이후 전 임직원에게 'WE ARE ONE'이란 모토를 강조하고, 본격적으로 핵심역량을 강화하고 변화와 혁신을 추진해 비전 있는 회사 만들기에 매진했다. 80여 개 매장에서 일하는 현장 직원들에게 직원주도적 워크숍

을 통해 주인의식과 책임감을 부여하고 참여의식을 높였다. 이제
는 단순한 매출 증대를 넘어서서 K-마켓을 차별화된 복합문화공간
으로 만들어 고객들과 공유하고자 노력하고, 나눔문화와 다각적인
사회공헌을 실천하는 것으로 회사 성장의 궁극적 목표를 삼고 있
다. 2019년 건립한 K-MARKET 복합 물류센터는 2ha규모이며 베
트남 북부 최대 규모의 냉동 · 냉장 창고를 보유하고 있다. 복합 물
류센터는 하노이 시내에서 약 30분 떨어진 푸응이어$_{Phú Nghĩa}$ 공단에
위치해 있다.

글로벌 브랜드 편의점에도
밀리지 않는 K-MARKET

　K-MARKET 사업을 본격적으로 시작한 2007년 이후 지금까지
기껏해야 13년 정도 남짓인데 K-MARKET 매장개수는 벌써 100
개를 넘어섰다. 그것도 코로나 이전 110개 이상이던 것에서 코로
나로 타격을 입은 매장을 정리하고 남은 매장개수만 따진 것이다.
K-MARKET의 매장은 모두 직영점이며 총 고용인원은 1,500명가
량이다. K-MARKET이 만들어진 이후 우리는 항상 공격적으로 매
장을 확장했다. 물론 코로나 기간만은 예외이다. 이렇게 공격적으

K-MARKET 사옥 전경.

로 매장을 확장한 이유는 단 한 가지였다.

바로 베트남의 급속한 도시화에 발맞추기 위한 것이다. 지금 이 순간에도 인구가 도시로 몰리고 신축 건물과 아파트들이 들어서고 있다. 이처럼 도시화가 급속히 진행되면서 신규상권들이 계속 생겨나고 있는데 이러한 지역에 K-MARKET이 거점을 선점하기 위해서이다. 새로운 타운십이 들어서고 아파트단지가 들어서면 반드시 K-MARKET매장이 들어서고 있다.

하지만 거점만 많이 확보한다고 해서 성공할 수 있는 것은 아니다. 고객의 수요에 맞게 차별화를 해야 한다. 예를 들어, K-MARKET처럼 곳곳에 거점을 확보하는 방식의 영업을 하는 유통매장이 '편의점'이고 수많은 글로벌기업들이 이미 베트남에 진출해서 운영 중이지만 이들 편의점은 K-MARKET의 상대가 되지 못한다. 베트남에서 가장 많은 편의점브랜드가 활동하고 있는 호치민의 경우 세븐일레븐, GS25, 미니스탑, 써클K, 훼미리마트 등 많은 글로벌브랜드 기업들이 있지만 K-MARKET은 차별화 전략으로 우위를 점하고 있다.

왜 편의점은 K-MARKET의 상대가 안 될까? 우선 판매되는 상품 구성이 다르다. 편의점의 경우 간편식, 과자, 스낵, 음료수 정도의 상품이 구비되어 있다. 하지만 K-MARKET은 일반편의점에서 취급하지 않는 과일, 야채, 정육, 건강식품, 가정용품 등 다양한 제품군들을 판매한다.

이렇게 다양한 제품군 중 특히 신선제품이나 정육, 야채 식품류를 베트남에서 유통하는 것이 쉬운 일은 아니다. 날씨가 무척이나 더운 베트남이다. 오늘 시장에서 사온 야채도 내일이 되면 상한다. 이 같은 신선식품을 다루려면 콜드체인을 갖춰야 하고 대량의 상품소싱 능력이 있어야 한다. 많은 종류의 신선야채를 골라서 신속하게 배송하여 매장에서 판매해야 한다. 매장의 냉장고 · 냉동고로 들어가기 전까지의 시간을 최소화해야 신선도를 유지할 수 있다는 말이다. 그만큼 시스템을 잘 구축해야 하는데 우리 K-MARKET도 지금 수준까지 올라오는 데 10년이라는 긴 시간이 걸렸다. 특히나 편의점은 관리 위주의 사업이기 때문에 정육, 청과, 야채 등은 다루기 어렵다. 우리 회사가 규모는 작지만 유통 관리 시스템은 베트남 최고라 자부할 수 있으며, 상황실에서 전 매장, 물류센터를 철저히 모니터링하며 관리하고 있다.

K-MARKET의 지점 확대 속도는
도시화와 비례한다

우리의 전략은 대형마트의 길목을 차단하고 편의점과의 경쟁에서 우위를 점하는 것이다. 말 그대로 고객이 힘들게 대형마트를 가지 않고 K-MARKET에서 쇼핑을 해결할 수 있도록 만드는 것이다. 하노이나 호치민 등이 충분히 도시화되었다고 생각하는가? 우리는 그렇게 생각하지 않는다. 하노이와 호치민 등 대도시의 도시화도 아직 시작 단계일 뿐이다.

대형 빌딩들이 즐비한 대로변은 도시화가 되어 있는 것 같지만 이면의 뒷골목을 들어가 보라. 거미줄처럼 복잡한 골목길 주변에는 어김없이 재래시장이 자리 잡고 있다. 지금도 베트남 사람들은 새벽부터 아침시간대까지 잠시 열었다가 무더운 낮 시간엔 닫는 형태의 골목길 장터를 많이 이용하고 있는데 이러한 모습들을 봤을 때 아직 도시화가 덜 된 거라 말할 수 있다. 그래서 나는 K-MARKET 신규 입점 지역을 선정할 때 근방에 재래시장 상권이 형성되어 있는지, 있다면 몇 미터 내에 위치하고 있는지를 꼭 확인한다. 그런 자리에 신축 건물들이 들어서고 골목장터 문화가 없어지고 편의점과 같은 상점이 들어와야 비로소 도시화가 되었다고 말할 수 있는 것이다.

지금 하노이는 여러 제재, 규제로 인해 도시화의 속도가 더디기는 하지만 10년 뒤의 현대적 소매유통시장은 엄청날 것이다. 도시화가 진행되면서 사람들은 뒷골목 시장보다는 슈퍼마켓을 이용할 것이고 소비자의 수준 또한 높아져 청결, 위생을 중요하게 생각하게 될 것이다. 그 탄력으로 인해 시장이 크게 성장하는 것이다. 그래서 미래를 위한 거점 확보가 지금 필요하다. 어찌 보면 우리 K-MARKET도 아직 시작 단계에 서 있는 것이다.

K-MARKET의 미래는
온오프라인통합에 있다

우리가 공격적으로 신규매장 오픈을 했던 또 다른 이유는 추후 이 매장들을 온오프라인통합의 플랫폼으로 만들기 위해서였다.

K-MARKET의 복합물류센터 내부 모습.

K-MARKET의 장점은 많은 매장을 갖고 있다는 데 있는데 이를 온라인의 장점과 결합시켜 온오프라인매장의 장단점을 서로 해소하자는 것이다.

　온라인의 주요 장점은 편리성과 상품의 다양성, 즉 오프라인 매장에서 볼 수 없는 다양한 물건을 클릭 몇 번으로 구매할 수 있다는 점이다. 오프라인 매장의 경우 매장의 규모에 따라 구비할 수 있는 제품군이 제한적이기 마련인데 온라인은 그렇지 않다. 현재 K-MARKET 온라인 스토어에서는 옷, 휴대폰, 소형 가전, 중고 자동차 등 오프라인 매장에서 판매하지 않는 상품들도 다수 판매하고 있다.

반면 온라인 비즈니스의 문제점은 물류배송에 대한 손실이 상당히 많다는 점이다. 다른 개발도상국도 마찬가지이지만 베트남의 경우도 대부분의 주문은 COD_{Cash on Delivery}로 진행되고 있다. 다시 말해 결제 전 주문을 하고 물건이 도착하면 대금을 지불하는 방식이다. 당연히 단순 변심 등의 이유로 지불을 거부하는 경우가 상당하고 이를 반품받기 위해 두 배의 물류비가 든다. 베트남 내 홈쇼핑 사업이 철수를 준비하거나 제자리걸음인 이유도 이처럼 물류비 손실이 크기 때문인 것으로 알고 있다.

또한 배송시간에 대한 과도한 경쟁도 문제이다. 한국의 경우 저녁에 주문하면 다음날 아침에 배송을 해주는 방식이 많은데 이를 위해 작업자들이 야간 선별작업을 해야 하고 급하게 일을 처리하는 과정에서 배송기사들의 과로나 건강악화로 이어질 수 있다. 라이더들과 관련된 안타까운 뉴스가 전해질 때마다 고 회장 역시 왠지 마음이 편치 못하다.

그래서 우리 K-MARKET은 이러한 문제점을 극복하고자 오프라인 매장을 거점으로 활용하려는 구상을 가지고 있다. 보통 물류센터에서 각 매장으로 하루 2~3회씩 출고하는데 이를 활용하여 고객들이 직접 가까운 매장에 방문하여 온라인으로 주문한 제품을 수령할 수 있게 하는 것이다. 물론 희망할 경우 자택에서 배송을 받아도 된다. 하지만 베트남 택배사가 저녁 6~7시까지만 배송이 가능한 반면 K-MARKET은 밤 12시까지 영업을 한다. 고객이 다음 날 급히 필요한 물건일 경우 밤 12시 전까지 언제든지 매장에서 물건을 찾아갈 수가 있다는 말이다. 이렇게 되면 물류비용 부담이 줄어 경쟁력을 강화된다. 또한 소비자 입장에서는 물건을 전달받기가 편해진다는 효용이 있다.

또한 반품에 있어서도 K-MARKET매장에서 물건을 열어 확인해보고 마음에 들지 않으면 다시 매장에서 바로 반품처리를 하면 되는 것이다. 별도의 배송직원이 움직일 필요가 없다. 베트남 코로나 사태가 진정되는 대로 K-MARKET은 매장 확장에 다시 박차를 가할 것이며 매장을 플랫폼으로 활용하는 온오프라인통합도 본격적으로 추진해 나갈 예정이다.

코로나라는
복병

2020년 코로나라는 복병을 만났다. 일반 소비자들이 보았을 때 K-MARKET은 필수업종으로 분류되어 여전히 영업을 할 수 있고 오히려 소비자가 늘어서 코로나 덕을 봤다고 느꼈을 것이다. 하지만 현실은 그 반대였다. 먼저 많은 교민들이 코로나로 베트남을 떠났고, 2019년 430만 명이 방문하던 한국방문객들의 발길이 끊겼고 식당들의 영업중단으로 B2B 식자재 매출이 중단되었다.

우리 K-MARKET은 B2B사업이 당사 전체 매출의 60%를 차지한다. 베트남 대형마트에서 판매되는 한국식품은 상당 부분 K-MARKET에서 납품하는데 코로나 확산으로 인해 봉쇄가 이어지면서 B2B사업의 상당 부분이 중단되어 버렸다. 뿐만 아니라 Redsun, Golden Gate와 같은 베트남 현지 대형 F&B그룹에도 우리의 큰 거래처이지만 코로나로 납품이 중단되었다. B2B 사업손실로 많은 적자가 발생했다. 결단이 필요했다.

K-MARKET은 거의 모든 매장이 직영점으로 운영되고 있다. 나는 영업에 어려움을 겪는 직영매장의 철수를 결정했다. 철수하기로 결정된 매장 대부분은 규모가 큰 매장들이라 투자비용이 많이 들었고, 인테리어도 고급스럽게 꾸며진 매장들이라 철수를 하게 되면 투자한 비용 모두를 버리게 되는 큰 손실이 따를 수밖에 없다. 하지만 우리 회사는 100여 개 이상의 매장을 운영하고 있는 회사라 몇몇 매장 정리에 속 쓰려할 여유가 없었다.

이러한 조치를 취하고 나니 K-MARKET의 운영은 단숨에 정상화되었고 손익 실적은 오히려 그전보다 좋아지는 수치로 나타났다. K-MARKET은 매장이 많지만 무차입경영 원칙을 고수하고 있다.

하지만 하노이 물류센터 건립 당시 베트남에 보내야 할 투자자금 외환송금의 법적처리가 원활하지 않아 불가피하게 일시적으로 차입했던 일부 차입금이 있었다. 이 차입금은 코로나 위기에도 불구하고 올해 9월 말 모두 상환하였다.

"내가 지금부터
매직을 보여줄게"

앞에서 말한 매장 철수 결정은 사실 쉽게 나온 결정이 아니다. 당초 직원들이 코로나로 인한 피해에 대해 보고하러 왔을 때 당당하게 말했다. "내가 지금부터 매직을 보여줄게. 이 문제를 내가 어떻게 해결하는지 잘 봐라. 방법은 아주 간단하다. 하루 빨리 적자매장을 정리하는 게 살아남는 방법이다. 되는 것만 가져가면 된다."

건물 임대료를 선납하여 임대기간이 남아 있든 투자비용이 많이 들었든 이전에 쓴 돈은 절대 아까워해선 안 된다. 투자함으로써 이미 내 손을 떠난 돈이다. 사람들은 안 되는 걸 아까워서 붙잡아두고 또 투자금액에 연연해하며 미련을 갖는다. 이 비유가 맞는지 모르겠지만 그건 마치 죽은 자식을 붙잡고 있는 것과 같다. 영업이 힘든 매장이라도 업종의 특성상 매장에 상품은 채워야 한다. 어려운 시기에는 잘 되는 곳에만 집중을 해야 하는데 힘든 매장을 살려보고자 상품배치, 인력배치 등을 하게 되면 정작 다른 곳에 집중해야 할 에너지가 낭비되고 만다. 선납한 임대료에 연연하면 안 된다.

우리는 대책회의를 열었다. 적자매장을 골라내고 캐쉬플로우와 BEP(손익분기점)를 과거, 현재 그리고 미래 3단계로 나누어 전후 6개월의 자료를 만들었다. 오직 캐쉬플로우와 손익분기점으로 가망이 있는지를 판단했다. 답이 나왔다. 이대로 철수 매장을 정리하고 나니 영업이익이 높아지며 수익구조가 눈에 보이게 변하기 시작했다.

베트남 남부 복합 물류센터 건립

올해 우리는 그동안 추진해왔던 베트남 전역 물류 유통망 구축을 위한 두 번째 단계인 호치민 물류센터 건설에 박차를 가할 전망이다. 지난 1월 27일 우리는 동나이Dong Nai 년짝Nhơn Trạch에 위치한 힙프억Hiệp Phước 공단에 건립할 베트남 남부 복합 물류센터 부지 계약을 마무리했다. 올해 상반기 통합심의를 거쳐 승인되면, 2023년 6월 준공을 목표로 사업이 추진될 예정이다. 공단의 위치는 물류 유

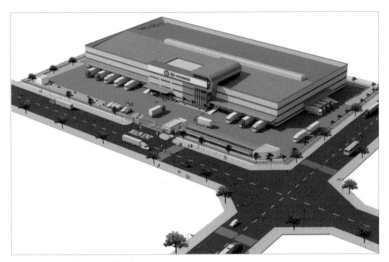

K-MARKET 복합물류센터 모습.

통의 중심지로 호치민 2군까지 약 40분 소요되며, 냐베 고속도로
완성 시 7군까지 30분 정도밖에 소요되지 않는다.

이번에 건립할 남부 복합 물류센터는 약 3ha(약 9,000평) 면적에
해당하는 부지로 K-MARKET 하노이 복합 물류센터보다 1.5배 더
큰 규모이다. 상온 · 냉동 · 냉장 물품 포장과 배송 및 보관 · 재고
관리 등 모든 과정을 담당하는 '풀필먼트 물류센터'를 비롯해 남부
지역의 풍부한 자원을 활용한 지역 상생형 공유창고, 스마트 연계
물류 시스템 등이 조성되어 미래도시형 첨단 물류 인프라 구축을
통해 고부가가치의 물류산업이 육성될 것이다. 특히, 온라인 사업

의 기반인 베트남 북부·중부·남부를 어우르는 통합 물류망을 구축함으로써 기존 판매 상품 외에도 수십만 종의 해외 직구 물류망이 확보될 것으로 기대된다.

베트남 남부 복합 물류센터 준공으로 한국 농식품의 남부지역의 유통망 확대는 물론이고 남부지역의 풍부한 농·수산물 유통 전진기지로서 역할을 할 것이며 남부 복합 물류센터에서는 3PL(삼자물류), 농수산물 PB 제품 개발 등 다양한 사업이 펼쳐질 것이다. 또한 베트남 내수시장 외 한국 및 제3국 수출 판로까지 확보할 수 있는 토대가 될 것이다. 이번 남부 복합 물류센터 준공 사업은 기존에 확보된 북부 물류 유통망에 베트남 경제 중심으로 볼 수 있는 베트남 남부지역의 물류 유통망까지 구축하겠다는 우리 K-MARKET의 비전이 담겼다.

K-MARKET의
CSR

CSR Corporate Social Responsibility(기업의 사회적 책임)은 베트남 진출 한국기업들이 당연히 해야 하는 의무라고 생각한다. 해외진출 한국기업들은 외국에서 사업을 하는 것이다. 해외에 거주하는 교민들을 상

여행업 종사자들에게 약 7,000불 상당의 코로나19 극복 후원금 지급.

대로 이익을 내든 우리는 베트남 국민들을 상대로 이익을 내든 우리는 베트남에서 사업을 하는 것이다. 이 나라에서 내 기업의 이미지가 아니라 한국기업이 베트남에 얼마나 기여를 하는지에 대한 이미지를 보여줘야 한다고 생각한다. K-MARKET은 예전부터 CSR활동에 적극적이었다. 하지만 코로나 이후에는 더욱 적극적으로 했다. 도와야 할 사람들이 너무 많았다. CSR활동에는 베트남을 위해 해야 하는 CSR이 있고 교민들을 위해 해야 하는 CSR이 있다.

베트남을 위한 CSR활동으로는 2013년부터 베트남의 불우이웃을 돕기 위해 전 임직원이 고아원과 복지원에 매년 정기적으로 방문하고 있으며 베트남 농가가 코로나로 인한 수출길이 막히자 베

격리되어 있는 교민들을 위한 구호물품 전달.

트남 농가의 농작물을 구입해 원가로 판매하는 "K-MARKET & 베트남 농가 상생 프로젝트"를 진행하였다. 또한 지난 2020년 4월 베트남 조국전선중앙위원회를 방문하여 힘든 시기를 조속히 극복해 나갈 수 있도록 약 17만 달러의 현금 및 구호물품을 기부하였다. 이외에 베트남 중부지방 홍수 피해 이재민을 위한 기금 모금, 굿네이버스와 농가 지원 협업 프로젝트 및 전체 매장에 모금함을 비치하는 등 그 외 베트남 지역 사회에 대한 공헌 및 한국과 베트남 관계를 위한 여러 활동을 해오고 있다.

교민들을 위해서는 2021년 8월 어려운 상황에 처한 호치민 교민들의 백신 조달과 확진자 구호 기금으로 활용할 수 있도록 10만 불을 호치민 한인회에 기부하였다. 또한 베트남 교민 사회의 상생 협력을 위해 여행업 종사자 코로나 극복 후원금, 베트남 국가대표 한국 코치진 주거환경 개선 후원금, 격리 교민 구호물품 지원 등의 기부 활동에 참여하였다.

앞서 말했지만 해외에서 사업을 하는 입장에서 CSR활동은 수익이 발생하는 기업이라면 당연히 해야 하는 의무이다. 베트남에서 1위가 되는 것도 중요하지만 베트남에서 제일 사랑받는 기업이 되는 것이 결국 K-MARKET의 최종 목표이다.

승은호 회장

l 코린도그룹

● 학력

1960	서울고등학교 졸업
1967	연세대학교 행정학과 졸업
2002	세종대학교 명예경영학 박사학위
2005	연세대학교 명예경영학 박사학위

● 경력

1968	동화기업주식회사 미국 L.A.지사장
1982	동화기업주식회사 사장
1987	코린도그룹 회장
1990	인도네시아 한인회 회장으로 선임
1990	인도네시아 한국국제학교 재단이사장
1991	평화통일 자문회의 위원
1999	재인도네시아 한인 상공회의소 초대 회장
2001	아태지역 한인회장협의회 회장
2002	2002 세계한인회장대회 의장
2002	세계한상대회 운영위원 고문
2002	세계한상대회 리딩 CEO
2003	아시아한상연합회 초대회장
2005	연세대학교 사회과학대학 동문회 회장
2007	세계한인회장대회 공동의장
2008	아시아한인회총연합회 초대회장
2008	제7차 세계한상대회 대회장
2008	세계한인회장대회 공동의장
2009	재외한국학교 이사장협의회의 초대 공동회장
2013	제16기 민주평통 아세안부의장
2015	글로벌한상드림 발기인
2015	민주평통 자문회의 위원
2016	월드코리안 장학회 이사장
2019	아시아한상연합회 명예회장
2019	아시아한인회총연합회 명예회장
2021	세계한인회총연합회 고문

● 상훈

1991	국민훈장 석류장
1994	인도네시아 대통령(Soeharto)으로 부터 공로훈장
1998	자랑스러운 연세 행정인상 수상
1999	자랑스러운 서울고 해외동문상
2000	KBS 제8회 해외동포상 특별상
2002	국민훈장 모란장
2003	2003년 올해의 서울인상
2005	연세를 빛낸 동문상
2019	월드코리안 '2018 올해의 인물' 대상

인도네시아의
꿈을 심는 기업

코린도그룹은 1969년 인도네시아에서 설립된 기업으로 핵심사업인 목가공 및 조림 등 자원 사업 분야와 제지 및 중공업, 금융, 부동산, 물류 등 각 사업본부 산하에 30여 개 계열사로 구성되어 있으며 약 2만여 명의 직원이 일하는, 연 매출 10억 달러 규모의 글로벌 기업이다. 인도네시아에서 가장 큰 비즈니스 그룹 중의 하나로 성장한 코린도 그룹은 인도네시아 경제 발전과 성장을 위해 헌신하는 기업이다.

코린도그룹이 생각하는 경영은 모두와 상생할 수 있는 지속 가능한 경영이다. 기업과 지역사회, 살아있는 모든 것에 대한 존중과 배려가 바탕이 된 기업가 정신이야말로 끊임없이 발전해나갈 수 있는 근본이라는 믿음으로 환경, 사회, 인권, 노동 등 모든 조건을 충족시킬 수 있는 선진 경영을 실천하는 기업이다.

코린도그룹은 천연림을 보호하고 대체할 수 있는 조림 사업, 풍력 발전기용 윈드타워 생산과 재생에너지 발전 사업에 진출해 이

코린도그룹 플랜테이션 사업본부 조림지 전경.

미 오래 전부터 친환경 비즈니스에 역량을 집중하고 있다. 또한 버려진 자원에 가치를 부여한 100% 폐지로 만든 신문 용지를 생산해온 저력으로 재생 펄프에 대한 압도적인 경쟁력을 발휘하며 티슈와 산업용지 분야에도 진출하였다. 플랜트 및 특장차 등 중공업을 통해 인도네시아의 사회적 인프라 발전을 도모하며 지속적으로 성장하면서 인도네시아의 경제 발전에 이바지하고 있다.

뿐만 아니라 인도네시아의 소외계층, 취약지구 등에 꼭 필요한 사회공헌활동에 적극적으로 참여하면서 기업의 사회적 책무를 다하기 위해 끊임없이 노력하고, 더 나아가 기업과 지역 사회가 함께 성장하기 위한 공유가치 창출 사업, 인도네시아의 환경 개선을 위한 사회적 기업에도 많은 관심을 갖고 투자하고 있다.

코린도그룹은 보다 나은 삶과 풍요로운 사회를 만들기 위해 창업 철학인 선견, 선행, 선점의 경영이념에 기반한 끊임없는 도전과 개척정신으로 고객의 신뢰를 얻기 위해 전체 구성원의 역량을 집중하고 있다. 또한 지속 가능한 경영을 통해 환경, 노동, 인권, 사회 문제를 고민하는 기업으로서 역할을 다하며, 전 세계로 그 역량을 펼쳐나가고 있다.

'한상韓商'의 상징, 코린도그룹

"우리 앞에는 길이 없었습니다. 오로지 가진 거라곤 남보다 멀리 보고, 먼저 움직이면, 빨리 성취할 수 있다는 자신감으로 가득 찬 나침반 하나가 전부였습니다."

승은호 회장

코린도그룹은 1969년 설립 이후 지난 50여 년간 인도네시아에 뿌리를 내려 정착한 대표적인 '한상韓商' 기업이다. 1969년 인류가 최초로 달에 발걸음을 내딛던 그해, 코린도그룹은 인도네시아에 첫걸음을 내딛었다. 낯선 땅, 낯선 언어, 인도네시아는 달나라만큼이나 미지의 땅이자 막막한 곳이었다. 한국과 인도네시아가 수교를 맺기도 전, 직접 자원 개발을 해보겠다는 원대한 목표로 인도네시아에 정착한 것은 코린도그룹에 깊이 새겨진 '도전'이라는 이름의 시작이었다.

코린도그룹은 창립 초기부터 누구보다 멀리 보고, 빨리 움직이며, 경쟁우위에 도달한다는 코린도그룹 정신을 충실히 수행하며 사업을 성장시켰다. 인도네시아 정책에 따라 원목 수출에서 더 나아가 합판공장 시대를 열었고 인도네시아에 없던 업종을 처음 시작해 고용촉진을 위한 노동집약 사업을 시작했다. 인도네시아 수입대체화 산업 정책에 따라 장치산업 진출 및 세계 최장 가스관 연결 사업 참여 등 인도네시아 정부의 경제 정책과 동반 성장을 도모하며 오늘날까지 끊임없이 성장했다.

'한상'을 상징하는 대표적인 인물이자 '제1세대 한상'으로 평가받는 승은호 코린도그룹 회장은, 2002년 개최되어 올해로 20주년을 맞은 세계한상대회의 운영위원이자 리딩CEO이다. 승은호 회장은 우리 기업들의 글로벌 무대 진출을 위한 든든한 교두보 역할과 더불어 해외수출을 위한 판로개척에도 힘쓰고 있다. 또한, 1998년 설립된 '인도네시아 한인상공회의소'의 초대 회장으로 14년간

코린도 그룹 본사(Wisma Korindo) 전경.

역임하며 인도네시아에 진출한 교민 기업과 현지 기업 간의 사업 협력 활성화를 위해 승은호 회장이 가진 인도네시아 비즈니스 경험과 노하우를 공유하며 한인사회 내에서 상공인의 구심체 역할을 하였다.

뿐만 아니라, 2003년 아시아지역 회원국 간 한인 경제인 네트워크 구축과 타 대륙 한상연합회 및 한인 경제단체와의 경제교류 활성화를 목적으로 '아시아한상연합회'를 설립하고 초대 회장으로 15년간 역임하며 회원 상호 간의 무역, 투자, 및 기타 상공업 등의 제반 정보교환과 투자 증진 사업을 도모하며 범세계적 한민족 경제인 네트워크를 구축하였다.

모두의 상생을 도모하는
지속 가능한 경영

"외국에서의 투자는 우선 그 나라 산업에 도움이 되는 분
야를 철저히 사전 조사한 후 이뤄져야 한다. 그 나라의 경
제발전에 도움을 준 뒤 기업의 이윤을 꾀해야지 저임금에
의한 단기적 이익만을 노린 투자는 결국 좋은 결실을 거
두지 못한다."

승은호 회장

현재의 코린도그룹에게, 그리고 승은호 회장에게 코린도그룹만
의 성공방정식이 무엇이냐고 묻는다면 답은 도전과 개척정신이다.
인도네시아 정글 속에서 불굴의 의지와 땀으로 도전했던 역사가
바로 그 방증이다. 목표 달성을 위한 인내와 집중력, 그리고 위기
앞에서 가장 잘할 수 있는 것을 찾아냈던 창의력. 이 모든 것들을
가능하게 한 원동력은 승은호 회장이 강조하는 경영철학인 삼선三先
에서 찾을 수 있다. '삼선 철학'은 크게 선견先見, 선행先行, 선점先占으로

코린도그룹 한국인 직원과 현지인 직원들의 현장 사진.

요약된다.

　'선견'은 작은 나무에서 숲을 보는 기업이라는 의미로, 급변하는 환경에서 기업이 지속적으로 성장하기 위해서는 변화의 흐름을 먼저 예측하고 미래 유망 사업 계획과 조기 시장 개척을 할 수 있는 통찰력을 뜻한다. '선행'은 앞선 기술로 세상의 변화를 이끌어가는 기업을 의미한다. 기업의 실행 능력이 경영성과를 좌우하므로, 예측된 유망사업을 먼저 실행하여 새로운 가치를 창출하는 일의 중요성을 뜻한다. 끝으로 '선점'은 고객감동과 세상의 행복을 먼저 실현하는 기업을 의미한다. 시장경쟁이 치열해지고 고객의 니즈Needs가 증가하는 상황에서 한발 앞서 고객이 요구하는 제품과 서비스로 감동을 주어야 한다는 뜻이다.

누구보다 멀리 내다보고, 빨리 움직여서 경쟁우위에 도달한다는 이 철학을 바탕으로, 코린도그룹은 변화에 따른 위기에 굴하지 않고 끊임없는 도전을 할 수 있었다. 결정적인 선택의 순간이나 고비 때마다 코린도그룹의 길잡이가 되었던 것이다. 여기에 더해, 승은호 회장은 모든 임직원들에게 인도네시아 사람들과의 관계를 소중히 여기고 그들을 먼저 존중하라고 누누이 말한다. 함께 성장하고 발전해나가는 관계로서 존중했기에 오늘날의 코린도그룹이 있는 것이다. 환경을 중시하는 그룹 비전이 더해져 코린도그룹은 더욱 선명하게 사람, 환경, 사회의 모든 것을 아우르는 그룹으로서 진화한 것이다.

인도네시아를 위한
끝없는 도전

"인도네시아에서 번 돈은 모두 이곳에 재투자한다는 것이 제 신조입니다. 제가 여기서 컸는데 이곳 사람들을 위해 도움을 줘야 하지 않습니까."

승은호 회장

코린도그룹은 지난 50여 년간 숱하게 지켜봐 왔다. 전 세계의 기업들이 인도네시아를 기회의 땅으로 여기며 진출했다가 떠나가는 모습을 묵묵히 보았다. 그리고 그들이 한결같이 던지는 질문도 받아야 했다.

"도대체 어떤 비결로 인도네시아에서 그렇게 오랫동안 건재할 수 있는가?"

인도네시아에 진출을 앞둔 기업들의 질문은 항상 똑같았다. 그리고 코린도그룹의 대답 역시 똑같았다.

"비결이라면 코린도그룹은 인도네시아에서 성실하게 사업을 했을 뿐이다."

이 대답은 어쩌면 질문을 던졌던 이들이 기대했던 답변이 아니었을지도 모른다. 계속하여 남다른 비결을 거듭 물어왔다. 보다 구체적이고 가시적인 대답을 구하고자 했던 이들에게 코린도그룹의 답변은 시원하지 못했을지도 모른다. 기업의 이윤은 정량평가할 수 있지만, 코린도그룹이 실천해온 비결은 숫자나 기록으로 표현하기 힘든 내용이었다. 기업의 가치와 방향을 숫자로 표현할 수는 없기 때문이다.

그럼에도 불구하고 비결을 꼽아보자면, 코린도그룹 임직원들은 자신들을 이방인으로 생각하지 않았다. 항상 함께하는 동료로서 인도네시아 사람들을 대했다. 초창기 열악한 생활환경 속에서 당연히 있어야 할 것을 만들고 나눠 썼다. 더 편한 방법, 더 발전된 기술이 있으면 알려주었다. 같은 시간, 같은 공간을 공유하며 살아가는 이웃이라는 생각 외엔 다른 것은 없었다. 이것은 몇 줄의 문장으로 기록할 수 없는 지난 50여 년 동안 응집된 코린도그룹의 정신이다.

승은호 회장은 항상 현지화를 주창했다. 코린도그룹이 소속돼 있는 사회와 일체감을 가지고, 인도네시아와 더불어 발전하고 윤택해지지 않으면 코린도그룹의 발전도 어느 순간, 한계에 다다를 것이란 변함없는 생각에서였다. 이러한 승은호 회장의 생각은 여지없이 행동으로 옮겨졌다. 코린도그룹은 인도네시아 인재 양성에 이바지하고자 1997년 장학재단을 설립했다. 매년 인도네시아 7개 주요 대학의 학생들에게 장학금을 지급하고 있다. 한 번 장학생으로 선발된 학생은 일정 수준 성적만 유지하면 졸업할 때까지 계속 지급되기 때문에 코린도 장학생들은 대학생들에게는 선망의 대상이 된다. 장학재단 설립 이래, 총 7개 대학 805명의 학생들에게 약 17만 2,000달러의 장학금을 지원하며 코린도그룹은 오늘도 인도네시아의 미래에 투자하고 있다.

이러한 직접 수혜를 주는 형태 외에도 승은호 회장의 선행은 멈추지 않았다. 인도네시아 전역에 위치한 코린도그룹 사업장의 특성상, 사업을 위한 공장을 짓고 나면 인적이 드물던 공장 일대에는 사람들이 모여들었다. 우선 공장에서 근무할 현지인들이 수천 명씩 몰려들었고, 그들의 가족들까지 동반하는 경우가 많아 허허벌판에 세워졌던 공장 일대가 북적이기 시작했다. 공장을 중심으로 마을이 형성되기 시작한 것이다. 인구가 유입되면서 그에 따른 상권도 형성되었다.

승은호 회장은 직원들을 위해 유치원, 초등학교, 중학교, 고등학교 등의 교육시설뿐만 아니라 의료 사각지대에 있는 이들을 위해 병원을 설립했다. 또한 하루에 다섯 번씩 기도를 하는 무슬림 직원들을 위해 사원도 설립했다. 직원들을 위해 지어진 교육, 편의 및 복지 시설은 이후 외부에서 유입된 주민들에게 이용 권한이 확대되어 결국 지역 사회의 발전으로 이어지게 됐다. 오지나 다름없던 땅에 길을 내고, 학교를 짓고, 주민들을 위한 종교시설을 지어, 일명 '코린도 마을'이라 불리는 더불어 살 수 있는 기반을 만들어낸 것이다.

누군가 코린도그룹에게 기업의 정체성을 묻는다면, 코린도그룹은 주저함 없이 인도네시아 기업이라고 대답한다. 인도네시아에서 거둔 성공과 이윤을 끊임없이 인도네시아에 재투자해 경제 발전에 이바지해온 세월이 반세기이고, 그 세월만으로도 코린도그룹이 인도네시아 기업이라는 것을 부정할 수는 없을 것이다.

한때는 앞만 바라보며 거침없이 질주했다. 하지만 이제는 속도

지역 주민 및 학생들과 소통하는 코린도그룹 로버트 승 수석부회장.

보다는 방향성이 중요한 시대다. 100년 기업을 향해 가는 코린도
그룹의 가장 중요한 나침반은 바로 '지속 가능한 경영, 지속 가능한
환경, 지속 가능한 사회'를 위한 정책이다.

　코린도그룹은 어느덧 100년 기업, 그 대장정의 반환점을 돌았다.
열린 사고와 한발 앞선 경영으로 삶의 가치를 공유하고, 인도네시
아와 공존하며 지구의 모든 희로애락에 공감하는 기업으로 코린도
그룹은 그렇게 쉼 없이, 묵묵히 걸어 나갈 것이다.

동반 성장의 경제협력 및 지역 사회와
상생협력-공유가치 창출

코린도그룹은 지역사회를 돕는 단계에서 한 걸음 더 나아가, 지역사회가 가진 더 큰 가치와 잠재력을 견인하는 데 집중하는 큰 그림을 그려가고 있다. 공장을 세워 지역 주민들에게 안정적인 일자리를 제공하고 교육, 문화, 의료, 종교 생활 등의 시설을 설립하여 지역사회를 발전시키는 형태의 사회공헌 활동을 펼쳐온 코린도그룹은, '과연 이 활동들이 기업이 할 수 있는 유일한 일일까?'라는 생각으로 사회공헌 활동의 범위를 확장시켰다. 지역 사회와 협력하여 기업과 지역 주민들 모두가 상생한다는 뜻은 그대로 두고, 지역 주민들이 스스로 경제적 자립을 성취할 수 있도록 방안을 고려하여 사회공헌 활동의 방향을 재설정한 것이다.

코린도그룹은 2011년부터 인도네시아 말루쿠Maluku 주, 부루섬 지역에서 13,643ha 규모의 고무농장을 운영하고 있다. 지역 주민들을 위한 일자리 창출과 지역 사회복지 향상에 기여하는 것을 사회공헌 활동 목표로 삼고 사업을 영위하던 코린도그룹은 지역 주민들이 직접 고무농장을 만드는 것이 더 생산성을 높이고, 지역의 산림녹화를 주민들의 손으로 직접 하는 것과 같은 효과를 가져올 수 있다는 결론을 내렸다. 기업이 기대하는 생산성을 얻기 위해선 보

코린도그룹 현지인 직원 작업 모습.

다 많은 주민들과 함께하고, 고용된 숫자보다 더 많은 주민들에게 삶의 활력을 불어넣는 기회를 만들어내야 한다는 생각에서였다.

코린도그룹은 부루섬 주민들이 소유한 유휴 부지에 고무농장을 조성할 수 있도록 지원했다. 부루 지역의 토양과 기후, 환경 등을 고려해 엄선한 고무나무 묘목을 지원하고, 육묘 과정에 필요한 기술 교육을 함께 실시하였다. 나무를 심고 최소 3년에서 5년이 지나면 고무수액 채취가 가능하다. 이렇게 채취된 수액은 코린도그룹이 주민들로부터 전량 매입한다. 2019년 첫 주민농장이 시작된 이후 현재까지 조성된 농장은 총 면적 155ha로 대략 100가구가 지원

지역 주민 고무농장 고무수액 채취 모습.

을 받고 있다. 향후 3,000ha를 목표로 하고 있으며, 현재도 부루섬
에는 주민들의 고무나무가 심어지고 있다.

　기업이 할 수 있는 일과 주민들이 책임과 의욕을 가지고 할 수
있는 일을 함께 만들어 존재하지 않았던 가치를 만들어내고 그 둘
사이의 에너지가 상승작용을 일으켜 지역 발전을 견인하는 것, 그
것이 바로 코린도그룹이 생각하는 '공유가치 창출'이다.

코린도그룹 직원과 담소를 나누는 지역 주민림 농장주(부루섬 주민림 고무농장).

도시와 사람,
그리고 자연을 아우르는 도시숲 프로젝트

코린도그룹은 50여 년간 지속적인 CSR 활동을 하였지만, 정작 '수혜 대상에게도 지속적인가?'에 대한 의문이 있었다. 인도네시아 지역 공동체에 실질적인 도움을 주는 것은 물론, 환경개선에 기여할 수 있는 방법으로 코린도그룹이 선택한 것은 바로 '도시숲'이었다.

조림과 임업에 강점을 가진 코린도그룹은 지속 가능한 환경 조성 및 유지에 끊임없는 관심을 가졌고, 그 결과 중 하나가 바로 '도시숲 프로젝트'이다. 이 프로젝트는 특별한 용도가 없거나 개발 가능성이 적어 관리가 소홀한 땅이나 쓰레기매립지 등 환경이 크게 훼손된 땅을 코린도그룹만의 조림 기술로 복원시켜 시민들이 언제든 찾아 즐길 수 있는 녹지 공간으로 재탄생시키는 사업이다.

2019년 코린도그룹은 도시숲 프로젝트를 위해 먼저 자회사의 유휴 부지 2ha에 시범림 조성을 시작했다. 조림사업의 노하우를 동원한 이 프로젝트는 '코린도 1차 도시숲-아스펙'으로 다음 프로젝트를 위한 훌륭한 테스트베드가 되었고 도시숲 조성에 대한 자신감을 얻었다. 이 소식을 들은 인도네시아 보고르 군청은 코린도그룹에게 협력을 제안했다. 보고르 빠깐사리Pakansari 지역 자투리땅에도 도시숲을 조성했으면 좋겠다는 제안이었다. 이에 2019년 11월, 생장이 빠른 유칼립투스를 심어 도시숲을 조성했으며, 현재 평균 수고 8~9m의 울창한 숲으로 성장하고 있다.

코린도그룹은 나무가 잘 자랄 수 있도록 무육작업과 모니터링을 지속적으로 한 후, 푸르고 시원한 녹생공간으로 변모한 이 도시숲을 보고르 시민들에게 온전히 돌려줄 예정이다. 코린도그룹은 여기서 만족하지 않고 2021년부터 보고르의 뽄독 라제그Pondok Rajeg 지역 쓰레기매립지에 도시숲을 조성하고 있다. 2021년 9월 1차 시범 조림을 시작으로 약 7ha에 달하는 땅에 나무가 심어졌다. 빠른 식생복구를 위해 쓰레기매립지를 밀어내는 것이 정답일지도 모른다.

보고르 빠깐사리Pakansari 2차 도시숲 전경.

그러나 코린도그룹이 추구하는 '숲 조성'이나 '환경 복원'은 빠르다기보다 서서히 주변 지역과 상호작용을 통해 적응해 가는 것이다.

'도시숲 프로젝트'는 코린도그룹이 가진 조림기술을 바탕으로 특별한 용도 없이 도시 곳곳에 버려져 무단점거 및 쓰레기 투기 등의 문제를 야기하고 지역 환경을 해치는 자투리 땅에 생장 속도가 빠른 묘목을 선별하고 식재하여 숲을 조성함으로써 환경 복원에 도움에 되는 활동이라고 요약할 수 있다. 이렇게 조성된 도시숲을 시민들의 쉼터 및 문화공간으로 활용될 수 있도록 추가 조성하여 해당 지역의 주민들에게 돌려주는 것이 궁극적 목표이다.

코린도그룹은 올해로 창립 53주년에 접어들었다. 도전하지 않으

보고르 뽄독 라제그Pondok Rajeg 3차 도시숲 시범조림 행사.

면 실패는 없지만, 앞으로 나아갈 동력 또한 사라진다는 마음가짐으로, 우리 그룹의 오랜 전통이자 최고의 자산인 '도전정신'을 멈추지 않았기에 가능한 일이라고 생각한다.

　지난 53년의 역사에서 배워야 할 것은, 우리가 이뤄낸 성공 사이에 존재했던 세심한 준비와 맡은 일에 대한 분명한 목표이다. 이제는 더 이상 이기면 끝나는 적자생존의 원리가 지배하는 시대가 아니다. 이기는 싸움을 하되, 다 같이 유익한 길을 제시하는 승자만이 살아남을 수 있다. 사업 방식과 내용이 중요해졌다는 의미이다. 이것을 요약하면 '지속 가능한 경영'이다.

　창립 이래 코린도그룹은 각 지역 사업장에서 모두가 유익한 가치에 대해 항상 고민하고 실천해왔다. 이렇게 축적된 코린도그룹의 비즈니스 마인드와 철학을 더욱 발전시켜 앞으로 나아갈 방향으로 설정하였다. 코린도그룹은 2019년 창립 50주년을 맞아 사회, 환경, 실천의 투명성 등을 경영 방침으로 천명한 바 있다. 앞으로 더욱더 존경받는 기업으로 나아가기 위해서는 반드시 해야 할 일도 많고, 또 쉽지 않은 일도 많을 것이다. 하지만 지난 50여 년간 걸어왔던 도전의 역사를 되새기며 한 걸음, 한 걸음 걸어갈 것이다.

보다 복잡하고 고도화된 경쟁 체제 속에서 코린도 그룹은 혁신의 고통을 이겨내고, 탁월한 경영성과를 올려 글로벌 기업으로서의 입지를 더욱 확장해나갈 것이다. 그 힘찬 여정에 한 발 한 발 굳게 디딜 모든 코린도그룹 구성원들과 함께, 더 성공적인 기업, 더 나은 기업의 역할과 책임을 다하기 위해 노력할 것이다.

박종범 회장

| 영산그룹

● 학력

1981	조선대학교 경영학과 졸업
1987	연세대학교 대학원 행정학 석사
2013	조선대학교 명예 경영학 박사

● 경력

1999	기아자동차 기아인터트레이드 오스트리아 법인장
2009	재오스트리아 한인회 회장(34, 35대)
2011	재유럽 한인총연합회 회장(13, 14대)
2014	13차 세계한상대회 대회장
2015	국무총리실 산하 재외동포정책위원희 의원
2017	17기 민주평화통일자문회의
	아프리카, 중동, 유럽지역회의 부의장
현재	영산그룹 회장
	주한 니제르 명예영사
	세계 한인 무역협회 상임이사 임명
	재외동포재단 제9기 자문의원
	전라남도 투자유치자문관

● 상훈

2002	상공의 날 산업자원부장관 표창
2008	상공의 날 지식경제부장관 표창
	Bank Austria 올해의 기업고객상
2009	슬로바키아 슬로박 인도주의회의상
	Slovak Humanitarian Council Award, DAR ROKA
2011	올해의 인물(한인회 부문, 재외동포신문)
	커뮤니티 대상(월드코리안신문)
2013	오스트리아정부 금장훈장
	올해의 자랑스러운 한국인 선정(재외동포언론인협회)
	대한민국 국민훈장 모란장
2014	합스부르크 왕실 평화증진협회 평화의 불꽃상
2015	자랑스러운 조선대인 선정
2017	글로벌리더 33인 선정(매일경제신문)
2018	장보고 한상어워드 "대상" 수상

세계 도전 23년,
진정성과 열정으로 문화와 인종을 뛰어넘다

박종범 회장은 오스트리아 비엔나에서 영산그룹을 창업, 글로벌 경영을 펼친 지 올해로 23주년을 맞는다. 지정학적으로 '유럽의 중심'에서 기업을 일궜지만 그의 사업장은 러시아를 포함한 유럽과 아프리카, 아시아 등 3개의 대륙의 20개국에 계열사를 두고 있다.

그의 성공 비결은 진정성을 바탕으로 신의를 생명처럼 중시한다는 점이다. 박 회장은 자신이 약속한 것은 어떤 일이 있어도 지키고 한 번 인연을 맺은 사람과는 그 인연을 절대 소홀히 하지 않는다. 다국적 기업의 회장이지만 누구를 만나더라도 소탈하고 겸손한 태도로 응대한다.

박종범 회장의 또 다른 특징은 열정이다. 창업 이후 매년 200일 이상 해외 출장을 다닌다. 그것도 수행비서 없이 혼자 다닌다. 2019년 코로나 창궐로 출장이 여의치 않을 때는 화상회의를 통해 세계 각국의 바이어 및 법인장들과 미팅을 가졌다. 그는 폭넓은 정보력을 바탕으로 새로운 사업을 접하면 빠른 판단을 내리고 실행에 옮

2018 장보고한상 어워드 대상.

긴다.

박 회장의 경영 이념을 표현한다면 '세계 경영'과 '사회 경영', '인간 경영', '예술 경영'이다. 이러한 경영 이념을 바탕으로 글로벌 비즈니스의 선봉에 서 있는 박 회장의 경영스타일은 동시에 '한국인의 정신'을 대변한다고 믿고 있다. 이 때문에 영산그룹의 경영목표는 '유럽의 심장에 소재하지만 한국인의 정신으로 경영되며 세계로 진출, 활약할 뿐만 아니라 모두에게 존경받는 글로벌 기업'을 표방한다.

그가 늘 강조하는 한국인의 정신은 한민족의 탁월한 정체성과 우수성, 공동체 의식과 애국심 등이다. 이는 박 회장이 일생을 살아오면서 치열하게 추구해왔던 '한국인의 정신'과 '모두로부터 존경을 받는 회사'를 지향하는 경영 철학과 깊게 연관되어 있다. 즉, 그의 삶을 반추해본다면 창업 후 23년 동안 세계를 무대로 도전하면서 한시도 잊지 않았던 '한국인의 정신'은 깊은 신앙심을 바탕으로 한 진정성과 한민족으로서의 자긍심과 열정을 근거로 한 민족애였다. 이런 그의 생각은 모국과 고향에 대한 남다른 애착과 자긍심에서 비롯됐다고 봐야 할 것이며 이 같은 기업 정신이 높이 평가받아 '2022 글로벌리더' 수상자로 헌정됐다.

한국제품을 세계에 알리는
제조업 한류 전도사

영산그룹의 시작은 화학제품 무역업이었다. 2004년 한국자동차를 우크라이나에 공급하는 중간무역에 뛰어들며 자동차 및 부품 유통사업에 진출하였다. 사업 초기 인연을 맺었던 우크라이나와는 지금까지 꾸준히 거래를 이어가고 있다.

2007년부터는 슬로바키아에 자동차 개조 및 분해포장, 조립, 검수 사업으로 확장하면서, 2009년에는 한국의 전주에 공장을 설립

2019 모잠비크 평화의 샘물 개수식.

하였다. 연간 10만 대 처리 능력을 가진 슬로바키아 공장을 필두로 체코와 터키, 인도 및 전주 공장을 통해 러시아, CIS, 중동 및 아프리카 지역에 반제품 차량을 공급하고 있다. 2011년에는 서아프리카 말리 등지에 자동차 조립공장을 설립했다. 이로써 미래시장인 아프리카 시장에 일찌감치 진출하게 됐다. 지금은 아프리카에서 신뢰받는 기업으로 명성을 높이고 있다.

2013년에는 터키에 자동차 부품 생산공장을 설립하며 제조업으로 본격적인 첫발을 내디뎠다. 2014년에는 러시아 차량부품 조립 사업에 박차를 가하면서 국산화 작업에 착수했고 신규 시장 개척과 확대에 주력하면서 제품 경쟁력 강화 및 탄력적인 고객 대응에 힘썼다. 이듬해 슬로바키아에 차량부품 생산공장(플라스틱 사출)을 완공하며 동유럽 인근국가로 납품처를 확대했다. 터키에서는 특장 차량 및 반제품 포장공급 등으로 사업 영역을 확대했다.

2018년 인도에서도 반제품 차량공급 및 자동차 생산 물류사업까지 전개하면서 서남아 시장과 아프리카 사장을 공략하고 있다. 2019년 전북 완주군 테크노밸리 산업단지에 전주 제2공장을 설립하여 아프리카 현지 맞춤형 트럭 기반 버스 제작을 포함하여 각종 특장 및 개조사업을 진행하고 있다. 특히 이곳에 설립된 영산기술연구소는 반제품 포장공급 기술개발과 플랜트 건설, 엔지니어링을 주관하며 전주 1, 2공장에서 생산 중인 특수차량 개발과 친환경 연료차량 관련 기술 제휴, 원천기술 확보에 주력하고 있다.

플랜트·에너지
글로벌 경영 본격화

박 회장은 기존의 영업 실적에 만족하지 않고 대대적인 투자를 통하여 끊임없이 새로운 기회를 모색하고 있다. 2018년 이후 파키스탄에서 승용차용 타이어를 연산 1백만 본 제조하는 공장의 설비 공급계약 체결 및 프로젝트를 수행 중이다. 또한 2019년에는 카자

흐스탄 거래처로부터 연간 4만 대 자동차 조립생산능력을 갖춘 공장 건설 프로젝트를 수주하여 자체, 도장 및 의장 공장을 엔지니어링하고 기계장비를 공급하여 생산운영까지 진행하는 프로젝트를 맡고 있다. 이러한 프로젝트는 방글라데시, 스리랑카, 가나, 우즈베키스탄 등지로 확대될 전망이다.

헝가리에 연산 생산량 7.5GWh 규모의 배터리 제1공장 건설, 연산 9.87Gwh 규모의 제2공장 가동에 필요한 전기를 공급하는 유틸리티 공사를 시공했다. 아울러 2021년 제3공장 이반차 지역 유틸리티 공사를 수주하여 공사가 한창이다. 전기차가 주류를 이루면서 향후 배터리 생산업체들이 신공장 건설과 확장을 계획하고 있어 앞으로 새로운 사업거리가 많을 것으로 기대되고 있다.

그는 전 세계적으로 초미의 관심사가 되고 있는 탄소배출 제로 운송수단의 개발 붐에 발맞추어 전기자동차 및 수소버스 개발 사업에도 적극 참여하고 있다. 국내 소형 전기차 제조업체와 기술협력을 통해 소형 승용차와 트럭 등의 전기자동차를 개발하고 있다. 또한 국산 수소버스의 주요 핵심부품과 섀시, 수소연료전지 시스템을 유럽 현지로 가져와 현지 로컬파트너와 공동으로 버스 내, 외관 부품을 조립한 수소버스를 제작하여 전 유럽에 판매할 계획이다.

이처럼 무역으로 시작했던 박 회장은 자동차 반제품 생산 및 조립 공장과 자동차 부품 공장에 이어 플랜트 분야로 사업을 확장했으며, 전 세계에 12개의 공장을 세웠다. 이처럼 빠르게 제조업에 진출, 전 세계적으로 확장할 수 있었던 것은 언제든지 진출할 업종에 대한 준비를 해놓은 뒤 기회가 오면 망설이지 않고 빠른 의사결정으로 과감하게 투자했던 방식이 주효했기 때문이다.

대기업 법인장에서
나홀로 개인사업자로

기아자동차 상사에 근무하던 박종범 회장이 처음 오스트리아로 간 것은 1996년이었다. 기아 인터트레이드 오스트리아 법인장으로 발령받았을 때만 해도 그곳 생활이 그리 길지 않을 것이라 생각했다. 그러나 2년이 채 지나지 않아 한국은 IMF 외환위기라는 초유의 사태에 직면했고 기아자동차는 현대자동차에 인수되었다. 박 회장은 한국으로 돌아가야 할지 오스트리아에 남아야 할지 수많은 갈등과 고민을 거듭한 끝에 오스트리아 잔류를 택했다.

하지만 유럽은 그 문화와 언어에 익숙하지 않은 동양인이 비집고 들어갈 수 있는 사회가 아니었다. 기아자동차라는 후광과 법인장이라는 지위, 그리고 대기업의 충분한 자금력이 그에게는 더 이상 없었다. 지금까지 사람들은 인간 박종범이 아니라 기아자동차

2019 빈 필하모닉 오케스트라.

법인장을 만나준 것이었다.

지금껏 누렸던 기득권이 사라진 상태에서 더 이상 과거에 얽매여 있을 수는 없었다. 박 회장은 모든 것을 버리고 새로이 시작하기로 마음먹었다. 가장 먼저 오스트리아를 비롯한 서유럽을 벗어나 러시아와 그 주변국가로 눈을 돌렸다. 당시 러시아는 공산체제가 무너진 지 얼마 되지 않았고, CIS 국가들도 러시아 연방에서 독립한 지 얼마 되지 않은 상황이었다. 사회 인프라 구축이 한창 진행되던 터라 파고들 여지가 있을 것이라 판단했다.

박 회장은 비엔나에 어린 자녀와 아내를 남겨두고 홀로 우크라이나로 향했다. 그곳에서 처음 한 일은 사탕 포장지를 공급하는 일이었다. 한국에서 비닐 포장지를 수입해 우크라이나의 사탕 공장에 납품하는 것이 전부였다. 단순한 일이지만 박 회장에겐 첫 사업이었다. 이때 접한 사탕 포장용 필름이 추후 박 회장이 석유화학 관련 제품에 관심을 갖는 데 밑거름이 됐다.

최악의 위기를
도약의 발판으로

사업 초기 박종범 회장은 거의 잠을 이루지 못했다. 잠을 자다가도 온몸이 식은땀으로 흠뻑 젖은 채 깨어나는 일이 많았다. 그 정도로 정신적 압박이 심했던 것이다. 다행히 사업을 시작한 지 1년이 지나자 어느 정도 체계가 잡히면서 안정기에 접어들었다. 초창기 겪었던 정신적 압박도 차츰 사라져가는 듯했다. 주거래처였던 우크라이나 사탕 공장의 성장과 함께 영산의 포장지 수주량도 꾸준히 늘어났다. 포장지에는 초콜릿맛, 바나나맛, 딸기맛 등의 향기에 따라 문구와 사진이 들어가는데 영산은 경기도 김포에 위치한 한 인쇄소에 포장지 인쇄를 맡겼다. 이 인쇄소는 영산의 물량만으로 인쇄기를 24시간 풀가동해야 할 정도로 영세했다. 당시 한국의 다른 인쇄소는 일감이 없어 기계 가동이 절반 이하로 떨어진 상태

2016 우크라이나 친선 음악회.

였다.

그런데 뜻밖의 사고가 터졌다. 인쇄기를 쉴 새 없이 돌리다 보니 인쇄기 실린더 동판이 닳아 인쇄 형태가 제대로 나오지 않는 사고가 발생한 것이다. 인쇄소 사장은 이 사실을 알면서도 수명이 다한 실린더를 수리하거나 교체하지 않고 인쇄기를 돌렸다. 당연히 우크라이나에 도착한 포장지의 글씨와 사진은 알아볼 수 없는 상태였다. 영산은 165만 달러, 우리 돈으로 20억 원에 이르는 엄청난 클레임을 맞았다. 김포의 인쇄소 사장은 이미 부도를 내고 도망간 뒤였다.

절망적인 상황이었지만 박 회장은 회사 문을 닫지도 도망치지도 않았다. 대신 거래처 창고를 찾아 그나마 쓸 만한 포장지를 골라냈다. 또 거래처를 설득해 165만 달러의 피해보상액을 50만 달러(약 6억 원)로 낮췄다. 하지만 이마저도 갓 사업을 시작한 영산으로서는 감당하기 어려운 금액이었다. 박종범 회장은 다시 거래처 책임자를 찾아가 2년 안에 모두 상환할 것을 약속했다.

약속보다 6개월 늦기는 했지만 기어이 보상액을 상환하는 박 회장을 보고 우크라이나 거래처는 크게 감복했다. 박 회장은 현지에서는 'JB Park'이라 불렸는데, 이 일을 계기로 "JB Park 은 믿을 수 있는 사람"이라는 평판이 생겼다. 사탕 공장 책임자는 박 회장을 자동차 회사에 소개했다. 사탕 공장의 모기업은 50개의 자회사를 거느린 그룹이었는데 자회사 가운데 자동차 관련 회사가 있었던 것이다.

JB Park의 정직과 성실함을 잘 알고 있던 자동차 회사는 박 회장을 불러 새로운 사업을 같이 해보자고 제의했다. 당시에는 한국 자동차의 동구권 진입이 본격화되던 시기였고 우크라이나의 경제 성장이 활발해지면서 자동차 수요 또한 늘어나던 상황이었다.

박 회장은 2004년부터 한국 자동차를 우크라이나에 공급하는 중간 무역을 시작했다. 특히 자금력이 약한 현지 대리점 상황을 고려해 자금을 지원했다. 박 회장이 오스트리아 금융권으로부터 금융을 확보하여 우크라이나 바이어를 위해 한국의 자동차 제조회사에 신용장을 개설해 자금을 지원하는 방식이었다.

이후 2008년부터는 자동차 부품 제조 판매와 자동차 개조로 사업 영역을 확대했다. 그러나 그해 8월 미국의 리먼 브라더스 사태를 시발로 한 글로벌 금융위기에 직면하면서 회사 설립 후 두 번째 위기를 맞게 됐다. 박 회장은 두 번의 위기를 계기로 아이템의 다양화를 꾀하는 한편, 아직 경쟁이 심하지 않은 미개척 시장을 선점해야 할 필요성을 절감했다.

추후 영산은 점진적으로 슬로바키아, 체코, 터키, 아프리카 말리, 모잠비크 지역과 전북 전주에서 자동차 개조공장을 설립했으며 2022년 현재 20개국에 30개의 사업장을 거느리게 됐다.

휴머니즘과 예술적 가치를
존중하는 기업

'영산'이라는 회사명에는 세 가지 의미가 담겨 있다. 첫 번째는 믿음이다. 카톨릭 신자인 박종범 회장의 세례명은 '카르멜로'다. 일반적으로 본명을 지을 때 성인의 이름을 따오는데 박종범 회장은 카르멜CARMEL 산에서 가져왔다. 카르멜 산은 이스라엘 북부 하이파에 위치한 성스러운 산, 즉 영산靈山인 것이다. 수없이 많은 고비를

2008 카르멜 1주년 기념식.

무사히 넘을 수 있었던 것은 신앙의 힘이었고 신뢰와 믿음이 있었기에 가능한 일이었다. 두 번째는 인간애다. 박 회장의 고향은 영산강 상류다. 그래서 영산이라는 이름을 가져왔는데 여기에는 고향에 대한 그리움과 한국에 대한 자긍심이 담겨 있다. 이것은 조국애이자 휴머니즘의 발로다. 세 번째로 '영변의 약산 진달래꽃'을 떠올리며 예술적 가치의 의미를 부여한다. 박 회장이 문화예술에 특별한 애정과 투자를 아끼지 않는 데에는 그만한 이유가 있다.

영산그룹은 한국의 정신과 문화 역시 세계에 알리고 있다. 영산그룹에서 펼치고 있는 여러 사회공헌 활동 가운데 가장 두드러진 것을 꼽으라면 Young Artist 육성 사업과 문화 교류 사업이다. 그룹

차원에서 한국 문화를 유럽에 소개하는 문화 교류 전문 에이전시 WCN World Culture Networks GmbH 을 운영하면서 매년 한국 예술가들을 초청해 크고 작은 음악회를 개최하고 다양한 행사도 개최한다.

자선음악회를 비롯하여 소외계층을 대상으로 한 재능기부, 한인 음악가 후원 및 장학사업, 클래식 음악 페스티벌 주최 및 유럽과 한국의 문화 교류 사업들을 진행하고 있으며, 이러한 나눔과 실천, 배려와 화합의 기업가 정신과 창조적 문화 활동은 영산그룹 임직원들을 움직이게 하는 정신이다.

WCN은 오스트리아를 비롯하여 슬로바키아, 우크라이나, 불가리아, 체코, 루마니아, 핀란드, 터키, 러시아, 세르비아, 크로아티아 등 등에서 문화예술을 통해 국가 간의 우정을 다지는 친선음악회를 개최하고 있으며, 한국국립오케스트라단, 대구 오케스트라단, 경기 시나위 등 국내의 유수 오케스트라단들의 유럽 순회공연을 주선하고 있다. 이와 함께 유럽 정상급 오스케스트라들이 한국에서 공연할 수 있는 기회도 마련하고 있다. 2019년, 2021년, 180년 전통을 이어오며 세계 최고를 자랑하는 '빈필하모닉오케스트라' 한국투어를 단독으로 유치하여 성황리에 공연을 마쳤고 앞으로도 그러한 공연은 지속될 것이다. 이러한 활동 등을 통해 WCN은 문화예술기획사로서 확고한 위치를 점하게 됐다.

한인문화회관 건립 등
유럽 한인사회발전에 기여

　박종범 회장은 기업을 운영하는 일 외에도 여러 공헌 활동을 하고 있다. 오스트리아한인연합회 회장(2010~2013), 유럽한인총연합회 회장(2021~2015), 2013년 세계 한인회장대회 공동의장, 2014년 세계한상대회 대회장, 민주평화통일 자문회의 유럽 부의장(2015~2021), 국무총리실 산하 재외동포정책위원회 위원(2017~2019), 현재는 한상 리딩 CEO(2013~), 니제르 명예영사(2016~), 안중근의사 숭모회 유럽본부장(2017~)를 맡고 있다. 그는 이런 크고 작은 역할을 통해 한인들의 자긍심을 고취하고 한인 차세대들이 좀 더 나은 환경에서 자기 정체성을 확인할 수 있도록 지원도 아끼지 않는다. 차세대 한상을 키우는 일은 물론, 체육대회를 통해 한인들의 단결심을 기르고 한국을 소개하는 책자 발간을 통해 이방인들의 한국에 대한 이해를 돕는다.

　그는 오스트리아 비엔나에 한인문화회관 건립에 주도적인 역할을 하여 한인동포들의 구심점을 만들었다. 2012년 한국문화회관 건립 시 박종범 회장은 오스트리아 정부와 대한민국 정부의 협조를 얻어 1년에 1유로씩을 내기로 하고 비엔나 정부로부터 50년간 장기 임차를 했으며, 건축비용 220만 유로(한화 30억 원)의 대부분

2013 대한민국 국민훈장 모란장.

은 박 회장의 몫이었다. 박 회장의 열정이 있었기에 번듯한 오스트
리아 한인문화회관이 세워질 수 있었다. 그간의 사회봉사 및 공헌
활동의 공적을 인정받아 2013년 오스트리아 정부로부터 금장훈장
을, 한국 정부로부터 국민훈장 모란장을, 그리고 2014년 오스트리
아 합스부르크 후손의 재단인 평화증진협회로부터 평화의 불꽃상
을 수훈하였다. 금년 2022년 5월, 한인문화회관 개관 10주년을 맞
아 문화회관 부지에 한국 시인의 정원을 조성하여 김소월, 한용운,
김동주, 조지훈, 정지용 시인의 시비와 흉상을 건립하는 작업을 진
행하고 있다.

지난 2018년 박 회장은 평창동계올림픽에 오스트리아 한인동포 응원단을 조직, 두 달 동안 평창에 파견하여 약 1,500여 명이 오스트리아를 응원하는 데 기여하였고 국가 대표 및 귀빈들을 초청, 환영 만찬을 베풀었다. 그는 CSR이 기업가로서 당연히 해야 할 책무로 받아들이고, 한국과 오스트리아의 가교 역할에 늘 힘쓰고 있다.

2019년에는 러시아 사할린과 오스트리아 한인회관에서 3.1운동 100주년 기념 평화통일 페스티벌을 개최하였고, 같은 해 10월 안중근의사숭모회 유럽본부 출범식과 유럽 16개 지회장 임명식 개최하였다. '파리의 독립운동가 서영해 선생과 출판사 대표들을 비엔나에 초청하여 서영해 선생 손녀들을 포함한 한인동포들과 오스트리아 현지인들을 대상으로 서영해 선생 일생과 활동을 소개하는 설명회와 출판 기념식을 한인문화회관에서 개최하며 책을 배포하였다. 또한 러시아 연해주 독립운동의 대부이며 상해임시정부 수립에 공로가 큰 최재형 선생의 생애에 주목하여 최재형 선생 후손을 돕고 러시아 우수리스트 고려인 학교 등을 지원하였으며, 그 공로로 제1회 '최재형 상' 단체상을 수상하기도 하였다.

기업인 박회장이 이와 같이 애국애족 활동에 적극적인 이유는 일제하의 숭고한 독립정신은 지속적으로 계승되어야 하고, 한국인의 자긍심이 후손들에게도 면면이 이어져야 한다는 확고한 신념 때문이다.

뛰면서 부딪히고
새로운 길을 개척하라

영산그룹 한국 법인에서는 유망한 청년들을 선발해 해외로 보내고 있다. 해외 파견을 할 때는 월급뿐 아니라 집, 차, 전화 등을 지급해야 하기 때문에 상당한 비용이 든다. 그럼에도 불구하고 한국에서 청년사원을 뽑아 내보내는 것은 그들의 성장이 회사와 대한민국의 미래이기 때문이다. 신입 직원들이 해외 업무를 통해 현지 언어와 문화를 습득하고 글로벌 경쟁력을 갖추도록, 그리고 본인의 성장이 회사에 이바지하도록 독려하는 것이다. 이처럼 영산그룹은 청년들에 대한 지원을 멈추지 않고 있으며 해외 파견을 통한 개인의 발전이 회사와 국가경쟁력 확보라고 믿고 있다.

박종범 회장이 청년들에게 해주고 싶은 첫 번째 이야기는 현장에 가서 뛰면서 부딪히라는 것이다. 남이 가는 길만 따라 가면 경쟁이 너무 심해서 성공하기 어려우니 당장은 어렵더라도 남들이 가지 않은 길, 더 험한 곳으로 뛰어들라는 것이다. 도전을 두려워하지 말고 젊었을 때 자신의 힘을 시험하고 키우라고 박 회장은 당부한다.

"모든 사람에게 좋은 기회는 반드시 찾아옵니다. 다만 그 기회를 잡을 수 있는 것은 준비된 자만이 할 수 있습니다. 저의 경우 무역업의 특성상 계속해서 새로운 아이템을 찾게 되고 시장을 확대하

2013 오스트리아 정부 금장훈장.

기 위해 노력했습니다. 그러한 과정에서 전혀 생각하지도 못했던 기회가 찾아온 것입니다. 우연치 않게 찾아온 작은 기회를 잡아보면 마치 고구마 줄기처럼 당기면 당길수록 굵직한 알맹이들이 딸려오는 경우가 있습니다. 자신에게 찾아온 가느다란 줄기를 알아차리고 재빠르게 잡을 수 있느냐 없느냐는 오로지 평소에 얼마나 준비를 했느냐에 달려 있습니다."

강성희 회장

▮ 캐리어에어컨

 캐리어에어컨

● 학력

1981   한양대학교 문과대학
1982   고려대학교 경영대학원

● 경력

2008~2012   사단법인 한국자동차제작자협회 회장
2013~2018   사단법인 표준인증안전학회 부회장
2018~2021   보치아국제스포츠연맹(BisFed) 이사
2015~현재   대한장애인보치아연맹 회장
2019~현재   사단법인 표준인증안전학회 특별자문
2020~현재   중견기업연합회 부회장
2020~현재   한국냉동공조산업협회 회장
2022~현재   보치아국제스포츠연맹(BisFed) 고문

● 상훈

2005   신기술 실용화 부문 대통령상
2008   은탑산업훈장
2010   기술 혁신 부문 자랑스런 한국인 대상
2013   산업통상자원부장관 표창장
2016   대한민국 녹색경영대상 종합대상 대통령 표창
2017   제11회 EY한영 산업 부문 최우수기업가상
2019   제22회 에너지 위너상 녹색기기 부문(산업통상자원부/소비자시민모임) 11년 연속 수상
        체육훈장 기린장
2022   2022 대한민국 글로벌리더 선정(매경미디어그룹) 10년 연속 수상

강성희 회장, 디지털 전환 시대의 혁신적인 기술 통해 글로벌 기업 도약 선포

2022년 강성희 회장은 창립 22주년을 맞이했다. 캐리어에어컨 강성희 회장은 창립일부터 지난 22년간 강조해온 창조와 혁신경영을 통해 변화하는 4차 산업혁명 시대의 환경에 선제적으로 대응하기 위해 매년 30% 신상품 개발·런칭, 30% 조직 변혁, 30% 성장을 목표로 매년 한발 한발 성장을 위한 노력을 지향하는 '30, 30, 30 전략'을 실천하고 있다.

강 회장은 지난 1월 '2022년 캐리어 신제품 설명회'에서 코로나19 팬데믹과 디지털 플랫폼으로의 전환 등 급변하는 경영 환경에서 올해 계획을 발표했다. 공기조화기술 부문에서는 전문화와 고효율화 그리고 차별화에 집중하겠다는 의지를 밝혔다. 또 도시바 캐리어 제품 라인업 강화와 빌딩 솔루션 고도화를 통해 토탈 인텔리전트 빌딩 솔루션 기업으로 성장시키겠다고 각오를 다졌다.

유통 부문에서는 오프라인을 하나의 축으로 삼되, 디지털 전환에 맞게 온라인과 병행하여 유연하게 대응하고 일등상품 전문가전

2021 대한민국 에너지대전 전시회 캐리어에어컨 부스.

라인업을 강화하고 해외 명품 프리미엄 가전 브랜드를 런칭할 계획을 밝혔다. 특히, 지속적인 상품 개발을 통해 계절성을 극복하여 일부 제품에 국한되지 않는 다양한 전문가전 제품으로 사업의 다각화 의지를 밝히기도 했다.

또 빅데이터, 인공지능 등 디지털 기술을 활용해 그룹 전체의 경영 시스템을 혁신하고 새로운 비즈니스 모델로 향후 기업의 가치를 높여갈 것이라고 말했다. 더불어 최근 디지털 플랫폼에서 모든 구매가 결정되는 지금, AI 기반의 솔루션 서비스로 신 유통의 강자로 성장할 것을 강하게 표명했다.

강성희 회장은 2025년까지 글로벌 도약의 해로 설정하고 가치

경영을 통해 매출 3조 원, 기업가치 2조 원을 이루겠다는 목표를 선포하며 캐리어에어컨이 창조해 나갈 미래를 그렸다. 강성희 회장은 혹독한 시련을 극복하고, 세상에 없던 모두가 원하는 새로운 솔루션을 만드는 '창조 경영'의 가치를 강조하며, '변하지 않으면 생존할 수 없다'는 혁신 경영 신조를 바탕으로 기업을 이끌어 왔다.

이러한 기업 철학으로 IMF 이후, 기업 운영 환경이 어렵던 시기에도 창업 2년 만에 코스닥에 상장하는 놀라운 저력을 보였다. 또한, 지난 2011년 캐리어에어컨을 가족으로 맞이한 이후 매출액 1조 3,000억 원을 달성하고 1,200명의 임직원, 3만여 명의 협력업체가 함께하는 기업으로 지속적인 성장을 이끌어 왔다.

또 강성희 회장은 장기적인 관점으로 생각하고 선택하고 성장하는 것과 미래 가치를 창조하는 데 집중하고 있다. 일례로 캐리어에어컨은 에어솔루션Air-Solution 기술을 제시하며 보다 많은 이들이 청정한 실내 환경 누릴 수 있도록 돕고 있다. 특히 미세먼지와 신종 코로나바이러스 감염증(코로나19) 문제가 심각해지자 강성희 회장은 2020년 기술연구소 산하의 공기과학연구소 내에 '바이러스 케어 연구소'를 신설했다.

캐리어에어컨의 강성희 회장은 발 빠르게 '바이러스 케어 연구소'를 설립해 코로나19를 비롯한 잠재적인 신종 바이러스의 전파 경로 차단 및 살균 관리를 위한 솔루션 연구를 진행하고 있다. 더불어 높아지는 미세먼지 · 초미세먼지로 인해 우려되는 대기 환경 속에서도 전 인류가 쾌적한 실내 생활을 영위할 수 있도록 하는 연구에 집중하고 있다.

또한, 강성희 회장은 미래를 위한 투자에 과감했다. 세상에 없던 새로운 가치를 창조하기 위해 지금까지 총 2,000억 원 이상을 연구개발에 과감하게 투자해 혁신의 속도를 높여왔다. 이와 함께 강성희 회장은 기술적인 면에서부터 대한민국을 넘어 글로벌 시장까지 빠르게 위상을 높여왔다. 가정용에서 상업용, 산업용에 이르기까지 공조 부문의 전 제품 라인업을 구축해냈다.

인류의 삶을 쾌적하게 만든 빛나는 아이디어! 120년 전 윌리스 캐리어 박사가 에어컨을 발명한 뒤, 디지털 플랫폼 공조솔루션 기업으로 급속도로 발전한 캐리어에어컨. 클라우드 빅 데이터와 인공지능이 제공하는 최신의 디지털 공조기술은 캐리어의 글로벌 경쟁력을 실현하고 있다

빠르게 진화하고 있는
스마트시티의 미래

캐리어에어컨의 디지털솔루션은 고객의 건강하고 쾌적한 생활

을 보장하고, 친환경 에너지절감을 실현한다. 언제 어디에서나 쾌적하고 깨끗한 공간을 만들어주는 인공지능 에어솔루션을 이용하면, 가정에서부터 중소형 건물, 대규모 다중이용시설까지 지속가능한 안심 생활 공간을 만들 수 있다.

친환경 태양에너지를 활용하는 하이브리드 보일러까지 캐리어에어컨은 에너지 절감을 실현하는 고효율 주거 라인업을 준비하여 인류의 삶의 질을 높이고 있다. 친환경 ESG 경영에 동참하는 글로벌 기업들의 니즈에 발 맞춰, 캐리어에어컨은 인텔리전트 빌딩솔루션 어드반텍AdvanTEC을 선보이고 있다. 냉난방, 전기, 조명, 소방, 보안, 엘리베이터 등 빌딩의 모든 설비를 건물구조에 맞게 설계해 최대한 낮은 전력으로 높은 효율을 이끌어내는 에너지 저감 시스템을 제공하고 있다.

빌딩에서 소비하는 에너지의 상당 부분을 차지하는 칠러 플랜트의 에너지 사용량을 최적의 상태로 개선해 빌딩에 가장 효과적인 에너지 솔루션을 제안한다. 어드반텍 솔루션이 적용된 빌딩은 AI 인공지능 알고리즘과 클라우드 빅데이터를 활용하여 실시간 모니터링이 가능한 토탈 솔루션을 제공하고 있다.

에너지 소비를 절반으로 줄인 IFC 서울을 비롯해, 콘래드호텔, 여의도 파크원, 인천국제공항 제1·2청사 등 주요 랜드마크는 물론 글로벌 랜드마크 빌딩들에서도 놀라운 에너지 저감효과를 증명한바 있다. 또한, 많은 전기를 필요로 하는 자동차 제조, 반도체라인, 바이오 제약, 데이터 센터 등 모든 산업분야에 최적의 빌딩솔루션을 제공해 친환경 ESG 경영의 바탕이 되고 있다.

언제 어디서든, 누구나 바이러스 걱정 없이 깨끗한 공기를 마시고 쾌적한 온도에서 사는 세상을 꿈꾸는 캐리어에어컨. 캐리어에어컨은 많은 사람들이 캐리어에어컨의 기술력을 직접 체험하고 경험할 수 있도록 프리미엄 스토어를 확대해 나가고 있으며, 온라인 판매 플랫폼을 구축해 디지털 전환에 속도를 내고 있다. 모든 제품에 고효율, 고성능, 항바이러스 시스템을 적용한 캐리어 에어컨은 컬러 가전 트렌드를 반영한 2022년형 18단 맞춤형 에어컨,' 컬러 에디션을 출시했다. 클라우드 기반의 스마트 모드를 통해 실시간 공기질을 모니터링 해 사계절 내내 쾌적한 온도로 실내 공기를 깨끗하게 관리할 수 있다.

바이러스를 99.99퍼센트 억제하는 구리섬유 헤파필터를 장착한 캐리어 공기청정기, 프리미엄 고객의 니즈에 맞춘 클라윈드 세탁기, 건조기, 음식물 처리기 등 제품을 선보이고 있다. 프리미엄 가전 라인업을 완성한 캐리어에어컨은 1인 가구 라이프스타일에 맞춰 실용성은 물론 디자인과 공간 효율까지 고려한 홈얼론HomeAlone 라인업을 구축하고 있다.

AI 인공지능 기반의 토털 냉난방 공조 시스템을 통해 에너지 솔

캐리어에어컨 엠버서더 배우 박규영.

루션을 제공하는 캐리어에어컨은 더 편리하고 쾌적한 삶을 만들어 나가고 있다.

특히 올해로 에어컨 발명 120주년을 맞이한 캐리어에어컨이 선 보이는 2022 18단 맞춤형 에어컨, 컬러에디션은 냉난방은 물론 코 로나 시대에 꼭 필요한 공기 청정과 가습 등 헬스케어 기능 구현으 로 사계절 사용 가능한 명실상부한 수준 높은 에어컨이다.

캐리어에어컨은 여름 가전으로 인식되어 왔던 에어컨에 냉방 외 에도 난방, 공기청정, 제습, 가습, 환기알람 등과 같은 다양한 기능 을 통해 사계절 내내 실내공기를 쾌적하고 안전하게 사용할 수 있는 가전제품으로 제품 활용 분야를 넓혀가고 있다.

또한, 캐리어에어컨은 고품질의 인공지능 기술도 선보이고 있다. 캐리어에어컨은 자사 공조기기 제품에 'AI 쾌적제어(PMV)' 기능을 적용해 제품 스스로 실내 환경을 감지하고 사용자의 설정에 따라 최적의 실내 환경을 제공할 수 있는 PMV 운전, 인체감지 센서를 이용한 '무활동 감지 기능'을 비롯해 '환기 알람' 등 다양한 기능을 탑재했다. 이에 캐리어에어컨은 지난해 국내 최초로 고도화된 인공지능 시스템이 품질을 인정받아 한국표준협회에서 주관하는 인공지능 품질 증명 제도인 'AI+(에이아이플러스)' 인증을 획득했다.

특히, 캐리어에어컨은 오랜 시간 에어컨을 연구하면서 축적한 냉난방 공조기술과 공기에 대한 전문 기술 노하우, 고품질의 인공지능 기술을 접목해 에어컨, 공기청정기, 의류건조기 등 에어케어 Air Care 전문가전 출시를 확대하며 공기에 차별화된 전문성을 가진 에어솔루션 전문기업은 물론 헬스케어 Health Care 전문가전 분야로 사업 영역을 확장해 나가고 있다. 이밖에도 캐리어에어컨(회장 강성희)은 배우 박규영을 2년 연속 자사 모델로 발탁하고 다양한 캠페인을 통해 소비자에게 다가갈 예정이다. 앞으로 늘어나는 1인 가구와 소비의 주체로 등장한 MZ세대를 겨냥한 맞춤형 라이프 가전도 선보이며 고객 접점을 넓혀갈 계획이다. 세계 최고의 기술력으로 고객의 신뢰를 받고 있는 캐리어에어컨은 에어컨 발명 120주년을 맞이한 올해, MZ세대와의 접점을 더 넓히는 다양한 변화를 추구하고 있다. 배우 박규영과 함께 더욱 활발한 마케팅 활동을 선보일 것이다.

캐리어에어컨은 세계 최초 에어컨 발명 120주년을 기념하여 'Change Me, Change Air' 슬로건을 공개하며 '체인지$_{Change}$' 브랜드 캠페인을 전개하고 있다. 120년 전 최초의 에어컨을 발명한 윌리스 캐리어 박사의 창조와 도전 정신을 전달하고, MZ세대 고객들이 자신과 세상을 이롭게 하는 변화의 바람을 일으킬 수 있도록 격려할 예정이다.

캠페인의 시작으로 5월 31일 공개된 'Change Me, Change Air (체인지 미, 체인지 에어)' 브랜드 필름은 캐리어의 핵심 가치인 '변화와 혁신'의 스토리를 담았다. '나의 사소한 변화를 시작으로, 세상의 공기 흐름을 나의 중심으로 바꿀 수 있다'는 메시지를 통해 브랜드 가치를 전달하고, 소비자와의 공감을 넓힌다는 계획이다.

캐리어 '체인지$_{Change}$' 팝업스토어는 1920년대 뜨거운 여름, 뉴욕의 바캉스 명소는 캐리어 에어컨이 설치된 극장이었다는 스토리에서 착안하여 극장 콘셉트로 기획되었다. 캐리어 박사의 에어컨 발명이 인류의 문화와 소비 활동을 변화시켰다는 점을 전하며 나를 바꾸는 변화의 다짐을 기록하는 체인지 레코팅 룸, 120주년 헤리티지 굿즈 판매 등 다양한 프로그램을 제공하고 있다.

개방, 협력, 상생으로
4차 산업 융·복합 시대 관통하는 사업 확대

캐리어에어컨의 강성희 회장은 신성장동력 사업인 IBS_{Intelligent} Building Solution로 사업을 확장했다. IBS_{Intelligent Building Solution}는 냉난방 · 공조 · 엘리베이터 · 보안 · 조명 등 빌딩 내 모든 설비를 건물 구조에 맞게 설계해 최대한 낮은 전력으로 높은 효율을 이끌어내 전력 통합 관리를 가능하게 하는 스마트 빌딩 솔루션이다. 이처럼 사업을 확장할 수 있었던 이유는 캐리어에어컨이 세계적인 글로벌 공조 시스템 기업인 글로벌 캐리어와 기술 공유를 통해 '어드반택_{AdvanTEC}' 알고리즘을 도입했기 때문이다.

'어드반택_{AdvanTEC}'은 IBS 실현의 핵심 기술로 건물의 종류와 특성에 따라 실내를 쾌적하게 유지하면서 에너지를 효과적으로 절감하는 스마트 기술이다. 인공 신경망 제어 알고리즘으로 운동이력, 실시간 빌딩부하, 외기, 온 · 습도 조건, 설비운전 특성 등을 종합해 학습모델을 구현하며, 솔루션 구축현장과 오텍캐리어 연구소, 글로벌 캐리어를 통신으로 연결해 실시간 모니터링도 가능하다. 또한, 인천국제공항, 여의도 IFC, 국립중앙박물관, 킨텍스 전시장, 인천공항 1, 2청사, KTX 고속열차, 원자력 발전소 등 국내 주요 랜드마크에 'IBS'를 적용한 공조 시스템을 공급한 바 있다.

출하 대기 중인 국내 1위 특수 목적차량 전문 업체 ㈜오텍의 음압특수구급차.

이러한 성공사례를 바탕으로 최근 서울 최대 규모의 백화점인 '더현대 서울'에 공조 시스템을 설치하는 등 국내 유수의 호텔 및 기업체에 비즈니스를 확대해나가고 있다. 또한, 국내 대형 엔지니어링 회사 및 건설사와 협력해 해외 현지 공장에 냉동기 등 IBS$_{Intelligent\ Building\ Solution}$ 제품을 공급하고 설치하는 형태로 중국, 중동 등 해외 시장을 개척하고 있다.

특히, 모든 산업이 융복합되는 시대를 맞아 모회사인 ㈜오텍을 비롯해 캐리어에어컨, 캐리어냉장, 오텍오티스파킹시스템 등 오텍 그룹의 그룹사 간 핵심 기술 및 우수 인력의 교류를 강화하고, 인공지능$_{AI}$, 사물인터넷$_{IoT}$ 등으로 대표되는 차세대 신기술을 전 제품 라인업에 적용해 시너지를 확대하고 있다.

강 회장은 이러한 사업 분야와 계열사 간 개방과 협력을 통해 코로나19에 대항하는 제품을 선보이기도 했다. 우선 에어솔루션$_{Air-}$

음압차 의료기기.

전문기업 '캐리어에어컨'과 국내 1위 특수목적차량 전문기업 ㈜오텍이 협력해 2020년 '이동형 음압병동'을 출시했다. 이에 코로나19 장기화와 변이 바이러스 등장으로 부족해진 음압병동을 대체할 '이동형 음압병동'을 서울시 서북병원 총 48개 병상에 납품하며 '음압병동' 가뭄 현상 해소를 돕기도 했다.

이 같은 '음압병상' 부족은 국내뿐 아니라 미국, 유럽을 포함한 전 세계적인 현상으로 미국의 CNN과 프랑스의 FRANCE24 뉴스 채널에서 소개하는 등 해외에서 높은 관심을 보이기도 했다. 이어서 강 회장은 2020년 '바이오 콜드체인 제품'을 선도적으로 개발하는 계획을 발표하면서 지난해 2월 영하 90도까지 안정적인 온도를 유지하며 코로나19 백신을 보관할 수 있는 '캐리어 초저온 냉동고'를 선보였다. 이는 영하 70도 이하로 온도 유지가 필요한 미국 화이자 코로나19 백신의 까다로운 조건에 맞는 강력하고 안전한 초저온 냉동고 생산을 위해 기업의 역량을 집중한 결과였다.

이후 3월에는 바이오 냉동·냉장 탑차 솔루션을 출시하였으며 9월에는 국내 최초 인버터 의약품 냉장고를 선보이며, 백신 안전 운송 및 보관을 위한 완벽한 콜드체인 인프라를 갖췄다. 이는 냉장 시스템이 기존의 신선식품 보관 및 운송은 물론 바이오 제품까지 포괄하는 완벽한 콜드체인 시스템을 구축하게 된 것이어서 그 의미가 깊다.

캐리어에어컨 강 회장은 이러한 모든 기술 혁신과 제품 라인업 확대와 더불어 최근 온라인 신유통 사업 확장에도 집중하고 있다. 최근 온라인과 오프라인 간의 경계가 사라지고 하나가 되는 '옴니채널Omnichannel' 시대가 도래함에 따라 온라인 유통의 급격한 성장에 맞춰 자사몰 구축 및 온라인 홍보 마케팅 활동을 통해 고객과의 접점을 늘려나가고 있다.

더불어 새로운 비즈니스 모델을 창출할 수 있는 다양한 패러다임으로의 전환을 추구하고, 디자인 혁신 및 차세대 신기술 개발에 집중해 기업 경쟁력을 강화하고 있다. 또한, 캐리어에어컨 강 회장은 2019년 국내 에어컨 제조사 BIG3 중 최초로 자체 렌탈 서비스 사업을 시작했다. 캐리어에어컨은 인버터 에어컨과 냉난방기, 공기청정기, 의류건조기 등 전문가전 렌탈을 시작으로 비즈니스의 영역을 확대해 나가고 있다.

'글로벌 일류 모범 기업' 푯대 향한
"위기를 이기는 '함께'하는 힘"

강성희 회장은 '글로벌 일류 모범 기업'이 가져야 할 덕목으로 맹목적인 성장보다는 전 인류가 함께 상생하고, 소외된 이웃에게는 따뜻한 희망을 주는 기업 활동에 중점을 두고 있다. 이에 강성희 회장은 사회복지공동모금회를 통해서 대구·경북의 의료진과 환자를 위해 음압병동, 응급실 308곳에 1억 5,000만 원 상당의 '캐리어 공기청정기'를 후원한 바 있다. 이 지역의 캐리어에어컨 전문점에는 한 달간 대금 결제 유예를 확정하는 등 도움의 손길도 내밀었다. 특히 이동이 자유롭지 못한 장애인과 캐리어에어컨 전문점 직원들을 위해 마스크 9,000장을 긴급 지원하기도 했다.

또한 캐리어에어컨은 2020년 10월에 '2020 오텍캐리어 챔피언십'을 개최하였다. 이는 상생경영의 일환으로 "위기를 이기는 '함

2020 도쿄 패럴림픽 보치아 국가대표 선수단 출정식.

께'하는 힘"이라는 기치(슬로건) 아래 코로나19로 개최가 어려워진 한국 여자 프로 골프 대회를 오텍그룹이 후원하며 개최되었다. 또한, 올해로 9번째 '2022 캐리어에어컨 MTN 루키 챔피언십'을 개최하고 있다. 이는 한국 여자 프로 골프 저변 확대 및 신인 선수 발굴을 위해 KLPGA 최정예 루키 선수 12명이 출전하는 대회이다.

한편, 모회사 ㈜오텍은 장애인의 이동 편의 증진을 위한 특수목적 차량을 생산하는 만큼 오랜 시간 장애인에 관심을 두고 후원해오고 있다. 2018년에는 평창동계올림픽 및 패럴림픽 조직위원회와 '교통약자의 안전하고 편리한 수송을 위한 MOU'를 체결하고, 대회 유치부터 폐막까지 장애인 등 교통약자의 수송 역할을 자처하며 국제 행사의 성공적인 진행을 도왔다.

개막 전 열린 성화봉송 기간 총 108일 동안 300여 명의 성화봉

강성희 회장이 오텍그룹 회장 9회 연속 금메달 대한민국 보치아 국가대표의 입국을 환영하고 있다.

송 주자에게 이동 편의를 지원했으며, 대회 기간 중 300여 명의 운전원에게 차량 점검 및 교육을 지원하는 등 안전 수송을 위한 다양한 서비스를 제공했다. 그 결과 강성희 회장은 2019년 9월, '2018년 평창동계올림픽 및 패럴림픽' 성공 개최의 공로를 인정받아 유공자 포상에서 대통령 훈장인 기린장을 수상하기도 했다.

강성희 회장은 뇌성마비 장애인을 위해 고안된 특수 구기 종목인 '보치아'와 보치아 국가대표팀도 2009년부터 14년째 후원하고 있다. 한국 보치아는 1988년 서울 패럴림픽부터 2020년 도쿄 패럴림픽까지 9회 연속 금메달의 신화를 쓰게 되었다.

강성희 회장은 보치아 발전에 기여한 공로를 인정받아 2015년부터 제4대 회장에 추대된 데 이어 제6대 대한장애인보치아연맹 회장을 역임하고 있다. 또한 장애인과 비장애인이 함께 참여할 수 있는 국내 대회를 다수 개최한 바 있으며, 국내 선수들에게 다양한 기회를 제공하기 위해 국제 대회 유치에도 힘쓰고 있다.

오텍그룹은 그동안 아시아 최초의 보치아 세계대회인 2015 서울 국제오픈대회, 2019 서울 아시아–오세아니아 지역선수권대회를 개최함으로써 대한민국 보치아의 위상을 재정립한 바 있다. 이에 더해, 그동안 오텍그룹은 선수들이 국제대회에서 탁월한 기량을 발휘할 수 있도록 국제대회에 적극적으로 참여하였고 다양한 우수선수 육성에 전력을 다하였다.

또한 2018 평창동계올림픽 및 패럴림픽의 전 과정에서 오텍그룹이 참가 선수들의 수송 역할을 하며 성공적으로 대회를 치루는 데 역할을 하였다. 강성희 회장은 캐리어에어컨이 글로벌 기업으로 도약하고 있는 만큼 사회 공헌 활동의 규모와 분야도 점차 키워나간다는 계획이다.

권순기 총장

| 경상국립대학교

경상국립대학교

● 학력

1975   진주고등학교
1978   서울대학교 학사
1982   한국과학기술원 석사
1983   한국과학기술원 박사

● 경력

1995   MIT화학과 연구원
1987   경상대학교 공과대학 나노신소재공학부 교수
1997   경상대학교 항공공학특성화사업단 실무추진위원장
1999   경상대학교 생산기술연구소 산학협동센터장
2000   경상대학교 기획연구부처장
2003   산업자원부 산업기술개발5개년계획 석유정밀화학분과 기획단장
2006   경상대학교 i-큐브소재·부품인력양성사업단장(BK21)
2008   한국연구재단 기초연구기획평가 자문위원회 위원
2008   지식경제부 디스플레이산업 전략기획위원회 OLED분과 위원장
2009   경상대학교 공과대학장
2011   경상대학교 삼성OLED센터장(삼성모바일디스플레이 지정)
2011   제9대 경상대학교 총장
2012   한국대학교육협의회 한국대학평가원 대학평가인증위원회 위원장
2012~2019   산업통상자원부 WPM(세계최고소재)사업 총괄심사위원회 위원장
2012~2020   산업통상자원부 '소재·부품전략위원회' 위원장
2020   한국공학한림원 정회원
2020   제11대 경상대학교 총장
2021   초대 경상국립대학교 총장
2020~현재   산업통상자원부 2020 소재부품개발사업 심의회 위원장

미래를 개척하고
가치를 공유하는 대학

경상국립대학교GNU는 경남 진주시에 위치한 경상대학교와 경남과학기술대학교가 통합하여 2021년 3월 출범한 대학으로 대한민국을 대표하는 10개 국가거점국립대학 가운데 경남을 대표하는 대학이다. 전임교원 975명을 포함해 교원이 2,040여 명이고 직원은 720여 명이다. 학부 재적생은 2만 4,070여 명이고 대학원생(석사과정, 박사과정, 특수대학원)은 1,250여 명이다. 입학정원은 4,555명(2022년 3월 기준, 정원외 포함)이다.

캠퍼스는 경남 진주시에 가좌캠퍼스, 칠암캠퍼스(칠암동과 주약동), 내동캠퍼스가 있고, 통영시에 통영캠퍼스가 있으며, 창원시에 창원산학캠퍼스 등 6개가 있다. 진주시에 경상국립대학교병원이 있고 창원시에 창원경상국립대학교병원과 마산의료원(위탁경영)이 있다. 경남을 대표하는 국가거점국립대학이라는 위상에 걸맞게 경남지역 여러 지역에 캠퍼스와 교육시설을 보유하고 있다.

경상국립대학교는 1926년 개교한 경남간호전문대학을 1984년

가좌캠퍼스.

통합하여 간호대학을 설립했고, 1917년 개교한 통영수산전문대학을 1995년 통합하여 해양과학대학을 설립했다. 여기에다 1910년 개교하여 한강 이남에서 가장 오랜 역사를 간직한 경남과기대를 통합함으로써 경상국립대학교의 역사는 110년을 훌쩍 넘어섰다. 오랜 역사적 전통과 국가거점국립대학 상위권 규모를 갖춘 메가유니버시티가 탄생한 것이다.

우리나라 국립대학
통합 모범 사례

경상국립대학교의 출범은 인구 감소로 인한 학령인구 부족과 인구소멸, 4차 산업혁명 시대에 따른 사회의 변화에 선제적으로 대응한 모범 사례로 평가받는다. 다른 국립대학 통합 사례가 정부의 대학 구조개혁 정책에 따라 이뤄진 반면 경상국립대학교는 구성원의 자율적 · 자발적 의지에 따라 통합한 대학이다.

통합 당시 유은혜 사회부총리 겸 교육부장관은 "경상국립대학교의 탄생은 운영 효율성 제고와 특성화를 통해 국립대 경쟁력을 강화하는 데 의미가 있다. 교육부도 양 대학이 마련한 통합 이행 계획이 차질 없이 추진될 수 있도록 행정적 · 재정적 지원을 아끼지 않겠다"라고 의미를 부여했다.

권순기 총장은 "경상국립대학교는 입학자원 감소로 심각한 위기에 직면한 대학들이 어떻게 스스로 돌파구를 찾아야 하는지를 보여준 모범 사례로서, 앞으로 우리나라 대학들의 통합을 이끄는 견인차 역할을 할 것이다"라고 말했다. 경상국립대학교 출범 이후 전국 각 지역 국립대의 통합 움직임이 활발해졌다.

옛 경상대의 9대 총장을 지낸 권순기 총장은 경상대 11대 총장이자 통합 경상국립대학교의 초대 총장이다. 권순기 총장은 통합

경상국립대학교 출범식.

첫해인 2021년에는 통합과 도약, 상생과 협력, 소통과 화합의 정신으로 양 대학 구성원 간의 화학적 통합을 이루기 위해 노력해왔다. 특히 민감한 사안인 유사·중복 학과와 단과대학의 통폐합은 실질적이고 화학적인 통합을 이루기 위해서 반드시 필요한 것으로, 통합 이후 1년 동안 순조롭게 진행되었다는 평가를 받는다.

권순기 총장은 이와 관련하여 "유사·중복 학과와 단과대학의 통폐합은 선공후사先公後私의 원칙에 따라 진행한다"라고 전제하고 "개인보다는 학과, 학과보다는 단과대학, 단과대학보다는 대학 전체의 발전을 먼저 고려하여 합리적이고 효율적으로 통합을 추진할 것이다"라고 선언한 바 있다. 이에 따라 경상국립대학교는 유사·중복 학과 통폐합 기준을 마련한 뒤 학내 공론화 과정과 심의 절차를 거쳤고 이에 따른 학칙도 개정했다. 통합 이전에 경상대 92개, 경남과기대 34개였던 모집 단위를 통합 후 109개로, 17개 모집 단위를 감축하는 성과를 거두었으며 현재도 진행 중이다.

경상국립대학교는 통합 이후 가좌캠퍼스의 교양학관을 리모델링하고 인문·사회·경영대학 복합강의동을 신축하기 위한 2022년 예산을 확보했다. 권순기 총장은 "실질적인 대학통합의 완성은 유사·중복 학과 및 단과대학의 통폐합과 그에 따른 학생들의 캠퍼스 이동, 그리고 필수적인 시설의 증·개축 등을 완료함으로써 이뤄진다"라고 말하고 "경상국립대학교의 학과통합 및 학습환경 개선을 위한 복합강의동 신축 관련 예산은 반드시 필요한 사업이었다"라고 강조했다.

해외에서 먼저 알아주는
경상국립대학교의 경쟁력

경상국립대학교의 경쟁력은 해외 대학평가기관에서 먼저 인정하고 있다. 경상국립대학교는 네덜란드 라이덴대학 과학기술연구

통영캠퍼스.

센터에서 발표한 '2021 라이덴 랭킹-상위 10% 논문 비율' 부문에서 국가거점국립대학 중 2위를 기록했다. 라이덴 랭킹 순위는 대학의 평판이나 규모가 아니라 각 연구 논문의 영향력을 평가하는 것으로, '전체 논문 중 피인용 수 상위 10% 비율'로 순위를 매긴다. 경상국립대학교(옛 경상대)는 평가 기간에 모두 2064편의 논문을 발표했으며 이 가운데 상위 10%에 해당하는 논문은 5.9%(121편)로 나타났다.

중국 상하이자오통대학上海交通大學이 2021년 8월 발표한 세계대학평가ARWU: Academic Ranking of World Universities에서도 자연과학(수학) 분야는 국가

거점국립대학 공동 1위(국내 대학 6위)로 나타났으며 농업과학 분야와 식품과학 및 기술 분야 역시 국가거점국립대학 공동 1위에 이름을 올렸다. 수의과학 분야는 3위이다.

경상국립대학교는 영국의 세계적 대학평가기관인 '타임즈 고등교육 THE_{Times Higher Educations}'에 2020년 처음 참여했는데, 국내 23위를 차지하며 순위권에 진입했다. 타임즈 고등교육 THE는 세계 93개 국가 1,527개 대학을 대상으로 교육여건, 연구실적, 논문 피인용도, 국제화, 산학협력 등 5개 지표로 평가하여 순위를 매긴다. 국내 대학 중에서는 모두 35개 대학이 순위권에 들어갔다.

우수 유학생
유치를 위한 전략

경상국립대학교 권순기 총장은 인구 감소에 적극적으로 대응하기 위해서는 대학이 4개의 한계를 극복해야 한다고 강조한다. 4개의 한계란 학문 분야의 한계, 지역의 한계, 나이의 한계, 국가의 한계이다. 그중 국가의 한계를 뛰어넘기 위해서는 해외 우수한 유학생을 유치하여 내국인 학령인구 감소에 대비해야 한다는 것이다.

이 같은 경상국립대학교의 전략은 다양한 영역에서 구체적인 현

가좌캠퍼스 GNU컨벤션센터.

실로 드러나고 있다. 경상국립대학교는 교육부 국립국제교육원에서 주관하는 '2022∼2024 정부초청 외국인 장학사업$_{GKS}$ 신규 학위과정(연구개발과정)'의 수학 대학으로 선정되었다. 이 과정은 4차 산업혁명 시대에 대비하여 해외 명문대학 학생들에게 한국의 우수한 대학원 교육을 제공하는 연구개발$_{R\&D}$ 학위과정이다. 선발 인원은 매년 10명이다.

이번에 선정된 12개 대학 가운데 경남·부산·울산 지역 대학 가운데서는 경상국립대학교가 유일하게 선정되었으며 경상국립대학교는 전국에서 가장 많은 인원을 배정받았다(정후보 10명, 예비후보

10명).

　이러한 성과는 다양한 정부 초청 유학생 교육사업을 성공적으로 수행해온 경상국립대학교만의 경쟁력을 입증한 사례로 받아들여지고 있다. 참여 학과는 기계융합공학과, AI융합공학과, 기계항공공학부(기계공학전공, 기계설계학전공, 항공우주공학전공), 바이오시스템공학과, 산업시스템공학과, 에너지기계공학과, 전자공학과, 화학과, 나노신소재융합공학과 등이다.

　경상국립대학교는 개발도상국 최고의 인재를 친한親韓 지도자로 육성하고 해당 국가의 경제발전에 기여하기 위하여 '개발도상국 차세대리더 육성사업FGLP, Future Global Leaders Project'을 2021년부터 운영하고 있다. 또한 2022년부터는 해외 진출기업 맞춤형 우수 유학생 유치사업FGLP II을 추진하기 위해 3월 2일 신성델타테크(주)와 협약을 체결했다.

　신성델타테크는 세탁기, 에어컨, 자동차, 냉장고, 전기자동차 2차전지 부품 제조업 등을 사업 분야로 하여 중국, 태국, 멕시코, 인도네시아, 폴란드로 진출한 글로벌 기업이다. 신성델타테크는 경상국립대학교가 유치하는 해외 우수 유학생의 학자금 지원과 취업지원 등에 협력하기로 약속하고 그에 수반되는 비용을 발전기금으로 출연했다.

　경상국립대학교는 2021학년도 2학기에 FGLP I 프로그램으로 입학한 석사과정 학생들이 성공적으로 유학 생활에 정착함에 따라 FGLPⅡ를 통하여 실질적인 지자체-대학-기업의 협업 체제가 가동할 것으로 보고 있다. 경상국립대학교가 이처럼 해외 우수 유학생 유치에 연속 홈런을 날릴 수 있었던 데에는 남다른 교육 인프라가 작용했다. 경상국립대학교는 교육부의 동남아시아 지원사업인 'GKS 정부초청 외국인 장학사업', 'GKS 외국인 우수교환학생 지원사업', 'GKS 외국인 우수 자비유학생 지원사업', 'ASEAN 국가 우수 대학생 초청 연수', 'CAMPUS-Asia AIMS 사업' 등을 아주 성공적으로 추진한 바 있기 때문이다.

지역의 역사·문화·인물 등을 연구하여
한국학 거점 기관으로 성장

권순기 총장은 2020년 6월 취임사에서 "경상남도의 역사, 정신, 사상을 고양하는 분야를 육성하겠다"라고 천명했다. 경남을 대표하는 국가거점국립대학으로 지역의 역사와 사상을 제대로 교육함으로써 거점국립대학의 존재 이유를 증명하고 지역 밀착형 사업을 추진하며 이를 바탕으로 지역혁신의 아이콘이 되겠다는 다짐이다. 이런 다짐이 가능한 데에는 경상국립대학교가 수십 년 동안 수집

칠암캠퍼스.

해온 경남지역 고문헌과 이를 전문으로 관리, 연구하는 고문헌도서관이 존재하기 때문이다.

권순기 총장은 "대학이 수집한 자료를 잘 활용하여 한국학 거점 기관으로 육성하는 것이 고문헌을 기증·기탁한 문중 및 독지가나 지역민에게 보답하는 길이라 생각하고 그 방안을 고민해 왔다"라고 말한다. 한편 "경상국립대학교 소장 고문헌은 경남을 대표하는 남명학파의 정신이 녹아 있는 기록 문화유산이다. 이를 활용하여 경상국립대학교를 중심으로 한국학 연구중심을 구축하겠다"라는 포부를 밝혔다.

이에 따라 2021년에는 한국학 분야 저명인사 10명을 초청하여 강연회를 열었다. 저명인사가 소속된 기관과 정보를 공유하고 한국학 중추 기관으로 나아가기 위한 디딤돌을 놓은 것이다. 또한 '경남정신의 원형을 찾아서'라는 주제로 2회 14개 강좌로 교양강좌를 개설하고, 고문헌 도서관을 활성화하기 위한 '제1회 문천각 서밋summit'도 열었다. 한국학중앙연구원, 한국학호남진흥원과 업무협약을 체결하여 상호 공동 학술 연구와 대여 전시, 전문인력 양성 등에 나서기로 했다.

경북지역이 퇴계학의 본고장이라고 한다면 경남지역을 남명학의 연구 본산으로 육성할 필요가 있으며 경상국립대학교가 그 역할을 자임하겠다고 강조한다. 경상국립대학교는 조선시대 실천유학자로 널리 알려진 남명南冥 조식曺植 선생의 경의사상敬義思想을 오랫동안 연구하고 널리 확산시켜 왔다. 경상국립대학교 경남문화연구원 남명학연구소를 중심으로 한문학과, 철학과, 중어중문학과, 역사교육과 등 관련 분야 교수들이 남명학과 그 후예들의 학문과 사상을 연구해온 것이다. 이 같은 노력으로 광해군 집권 이후 북인이 몰락하자 역사의 뒤안길로 묻혀 버릴 뻔했던 남명의 경의사상이 오늘날 되살아나고 있다.

경상국립대학교가 남명 선생과 후학들의 학문을 비롯하여 경상우도慶尙右道의 전통문화 연구에 매진할 수 있었던 것은 2014년 모하慕何 이헌조李憲組 전 LG전자 회장이 '경상우도 전통문화 연구기금'으로 5억 원을 출연한 것이 큰 계기가 되었다. 당시 이헌조 전 회장은 경상국립대학교에 연구기금을 출연하면서 "경상우도의 조선왕조 말기 전통문화 연구에 매진해 달라"라고 요청했다. 경상국립대학교가 경상우도 지역의 전통문화 연구에 앞장서서 선조들의 삶과 사상, 학문을 재조명하고 아울러 서민들의 삶에도 관심을 기울여 오늘날의 교훈으로 삼도록 해달라는 것이었다.

또한 2021년 12월에는 경남지역 대표적인 비영리 공익재단법인 (재)남성문화재단(이사장 김장하)이 해산하고 그 재산을 경상국립대학교학교 발전기금으로 기탁했다. 이는 경상국립대학교가 한국학 연구 거점 기관으로 성장하는 데 큰 계기가 될 것으로 기대를 모으고 있다. 경상국립대학교는 남성문화사업위원회를 구성하여 진주학 관련 학술·연구 사업을 이어나갈 계획이다.

지역사회의 교육과 문화 발전에 기여해온 남성문화재단이 34억 5,000만여 원의 기본재산을 기부한 데 대해 권순기 총장은 "진주와 경남의 사상과 정신, 역사와 문화, 교육과 인재양성 등 가치 있게 가꾸고 키워 나가도록 경상국립대학교가 책임지겠다"라고 약속했다.

지역사회와 협업하고
지역혁신을 리드하는 경상국립대학교

　권순기 총장은 "진주라는 작은 도시에서 세계적 경쟁력을 갖는 대학이 성공할 수 있다는 것을 증명하겠다"라고 강조해 왔다. 경상대의 9대 총장 때부터 오랫동안 꿈꿔온 미래 비전이다. 경상국립대학교 대학본부가 위치한 진주시와의 협업을 매우 중요한 가치로 두는 것은 이러한 배경이 깔려 있다.

　경상국립대학교는 2021년부터 진주시와의 협업을 특별히 강조해 왔다. 경상국립대학교와 진주시는 2021년 7월 상생 발전을 위한 업무협약을 체결하고 양 기관 국장·과장급 5명이 참여하는 상생발전협의회를 구성했다. 실무진들이 머리를 맞대어 대학도 살고 지자체도 살 방안을 모색한 것이다. 인구 감소로 인한 지역소멸이 심심치 않게 거론되는 현 시대에 비춰볼 때 젊은 인구를 유입시키고 지역에 활력을 불어넣는 대학의 역할이 무엇보다 중요해졌기 때문이다. 이 같은 전략을 실현하기 위해 경상국립대학교와 진주시는 2021년 12월 의미 있는 성과를 도출했다.

　경상국립대학교와 진주시는 지난해 12월 우선 추진 협력사업 3개를 채택했다. 조규일 진주시장과 권순기 총장은 '시민 행복 열린 캠퍼스 조성사업 협력을 위한 MOU'도 체결했다. 진주시 경제통상국과 경상국립대학교 산학협력단 간에 상설협의체도 구성했다. 진주시의회도 양 기관의 이러한 논의에 힘을 보탰다. 진주시의회는 '진주시와 대학과의 상생·발전 협력에 관한 조례'를 의결하고, 상생 협력 사업과 관련하여 총 20억 원 규모의 사업비를 승인해 주었다.

경상국립대학교는 앞으로 진주시뿐만 아니라 진주시 인근 지자체인 사천시, 해양과학대학이 위치한 통영시, 남명 조식 선생의 유허지가 있는 산청군 등과 교류 협력을 강화할 계획이다. 경남을 대표하는 국가거점국립대학인 만큼 경상남도와도 긴밀한 협력 체계를 구축하여 대학발전이 곧 경남의 발전이라는 인식을 확산하고, 지역혁신을 이끌 싱크 탱크가 곧 경상국립대학교임을 입증하고 있다.

우리나라 대학 특성화
모범 대학

우리나라에서는 광역 지자체를 대표하는 국가거점국립대학들을 서울대 수준으로 발전시키자는 논의가 한창 벌어지고 있다. 그런 가운데 각 국가거점국립대학이 해당 지역의 산업, 경제, 문화 여건

경상국립대학교 현판 제막식.

에 기반하여 특성화함으로써 대학별 성장 모델을 구축해야 한다는 오래된 주장도 설득력을 얻고 있다.

대학 특성화의 성공 모델로 경상국립대학교를 거론하는 것은 고등교육계에서는 이제 더 이상 낯선 이야기가 아니다. 경상국립대학교(옛 경상대)는 1990년대 중반부터 식물생명과학, 항공기계시스템, 나노신소재 · 화학 분야를 3대 특성화 분야로 지정하고 집중 육성하기 시작했다. 3대 특성화 분야는 교육부 등 정부 재정지원사업에 선정되어 교육, 연구, 실험실습, 국제교류 등에서 더욱 큰 탄력을 얻었다. 이들 특성화 분야는 국내 최고 수준의 교육 · 연구 경쟁력을 자랑하며 미국 상위권 주립대학과 어깨를 나란히 하고 있다.

생명과학 분야는 미국 퍼듀대학교, 미주리대학교, 덴마크 코펜하겐대학교와 복수박사학위제를 운영하고 있다. 국책사업인 우수연구센터$_{SRC}$, 국가핵심연구센터$_{NCRC}$, 1~4단계 BK21사업, 차세대바이오그린21사업(시스템합성농생명공학사업단) 등을 유치했다. 최근에는 RLRC(지역혁신 연구센터, 세포공장 연구센터)에 선정되어 항노화바이오소재를 개발함으로써 초고령화 사회에 선제적으로 대응하고 권역 내 풍부한 바이오소재 산업의 경쟁력을 제고해 나가고 있다.

항공기계시스템 분야에서는 국토부의 항공우주특성화 대학원에 2회 연속 선정된 것을 비롯해 항공 분야 ERC 선정, KAI 계약학과 운영, 1~4단계 BK21사업 선정 등으로 경쟁력을 강화해 왔다. 2021년에는 공군 ROTC 운영 대학으로 선정되어 세계적 수준의 항공우주공학 분야 핵심기술 개발 및 최고급 전문 인재양성 기관으로 도약한 저력을 바탕으로 내실 있는 학군단으로 발전할 수 있게 됐다. 경상국립대학교는 국가거점국립대학 중에서는 유일하게 공군 ROTC를 운영하는 대학이다. 또한 과학기술정보통신부가 주관하는 미래우주교육센터 사업에도 선정되어 향후 5년간 핵심기술 분야 석·박사급 전문인력 30명을 양성하게 되었다.

나노신소재·화학 분야는 BK21사업과 세계 수준의 연구중심대학 육성사업$_{WCU}$에서 최우수로 평가받은 실력을 바탕으로 경상국립대학교–삼성OLED연구센터를 설치, 운영하고 있다. 4단계 BK21 사업에서는 'GNU 지능형 첨단소재 개척인재양성사업단(나노신소재융합공학과)'과 '분자재료화학 미래인재양성사업단(화학과)'을 운영하고 있다. 특히 석·박사급 인력의 해외 연수를 지원하는 프로그램인 '혁신성장인재육성사업'에도 선정되어 경상국립대학교의 고급 인력이 해외무대로 진출할 튼튼한 다리를 놓게 되었다.

경상국립대학교 특성화 분야의 성공 사례는 치밀한 준비, 포기하지 않는 열정, 전 구성원이 함께하는 합심 노력으로 똘똘 뭉쳐 큰 그림을 그려온 결과로 받아들여진다. 이에 따라 2000년대 들어 '경상국립대학교=특성화 성공 대학'이라는 등식이 성립되었고, 특히 2005년에는 청와대 공식 보고문서에 대학특성화 모범 사례로 집중 소개되기도 했다. 이처럼 대학 특성화에 성공한 경상국립대학교는 추가로 주택 도시, 드론 및 UAM, 센서재료 및 소자 우주 및 위성, 경남학, AI 및 빅데이터 분야를 집중 육성해 나갈 계획이다.

권순기 총장은 "경상국립대학교는 수십 년 전부터 특성화 분야를 집중적으로 육성해 왔으며 인구 감소 시대에 대비하여 선제적으로 대학을 통합하였다. 지역혁신을 주도할 지역인재를 육성하기 위한 울산·경남 지역혁신 플랫폼 사업의 총괄대학으로서 4차 산업혁명 시대를 대비하고 있다. 진주라는 작은 도시에서도 세계적 경쟁력을 갖춘 대학을 만들어 보일 것이다"라고 강조했다.

4차 산업혁명과 에프터코로나 시대에
문제 해결 능력을 가진 인재양성

권순기 총장은 "단순한 지식을 가르치던 시대의 교육은 오래전에 끝났다. 세상을 살아가면서 만나는 문제를 해결하는 능력을 배우는 것이 교육이다. 스스로 깨달을 수도 있지만 직접 · 간접 경험이나 체계화된 교육시스템으로 배울 수 있다. 대학은 다양하고 풍부한 경험과 최고의 교육시스템을 제공하는 곳이다"라고 항상 강조했다.

이에 따라 학생들에게 스스로 문제해결 능력을 기르기 위해 부단히 노력할 것을 주문했다. 수요자 중심으로 교육체계를 변화 · 발전시켜 나가는 대학의 행정과 교육과정도 이에 맞춰 업그레이드해 나가고 있음은 물론이다.

경상국립대학교는 학생이 원하는 과목을 개설하고 특기와 적성을 살려줄 다양한 비교과 프로그램을 운영한다. 또한 학생 스스로 학생과 관련한 사업을 기획하고 직접 시행 · 운영하며 평가하도록 기회를 준다. 만족스러운 결과가 나오면 좋지만 아니더라도 학생

내동캠퍼스.

들이 직접 기획, 시행, 평가, 재설계, 환류하는 시스템을 경험하는 것만으로도 앞으로 세상을 살아가는 데 도움을 줄 것이다.

가령 2021학년도에 처음 시행한 '제1회 학생 정책제안 공모제'는 학생 주도적 참여로 문제를 해결하는 능력을 키워주기 위해 마련된 공모전이었다. 2019학년도부터 시행해온 개척학기제는 학생들이 한 학기 동안 수업 대신 스스로 과제를 설계하고 자기주도적 활동을 수행하면서 교양 또는 전공학점을 인정받는 경상국립대학교만의 독특한 교육 프로그램이다.

권순기 총장은 이 같은 프로그램을 통하여 학생들이 4차 산업혁명시대에 필요한 다음과 같은 소양을 기르도록 하고 있다. 첫째, 정보를 수집하고 정리·저장하며 필요한 시기에 사용하는 능력이다. 둘째, 디지털 전환 사고와 그에 따른 기본적 사용 능력이다. 셋째, 남과 다르게 생각하는 능력이다. 이는 곧 창의력이다. 넷째, 협업 능력이다. 쉬운 문제라도 혼자서 해결하려고 하면 어려울 때가 있지만 아무리 어려운 문제라도 함께 머리를 맞대고 역할을 분담하면 해결의 실마리를 찾을 수 있다. 다섯째, 소통과 공감 능력이다. 다른 사람과 소통하지 못하고 다른 사람의 아픔을 공감하지 못하면 어느 조직에서나 외딴섬이 될 수밖에 없다. 여섯째, 도전 정신이다. 도전하지 않으면 성취도 없다. 실패를 경험해본 사람이 더 잘 일어서고 성공할 확률이 높다. 이는 곧 경상국립대학교의 교훈인 개척정신이다.

김경숙 대표

｜ 코아스템

• **학력**

1984	한양대학교 의과대학 의학과 학사
1994	한양대학교 의학대학 의학과 석사
1999	한양대학교 의학대학 의학과 박사

• **경력**

1996~2000	양평길병원 진단검사의학과 임상 병리과 과장
1996~1997	카톨릭의과대학 산부인과학교실 Research Fellow
1997~1998	New York Medical College Microbiol & Immuno 연수
2000~2003	의료법인 메이저 병원 진단검사의학과장
2004~2004	한양대학교 정신건강 연구소 연구조교수
2005~2006	한양대학교 의생명과학연구원 연구부교수
2011~2015	충청북도의회 의원상해 등 보상심의회의원
2015~ 현재	한국유전자세포치료학회 산학연협력분과위원
2015~2017	식품, 의약품 등의 안전기술정책심의위원회 위원
2018~2021	한양대학교 류마티스관절염 임상연구센터 연구교수
2018~2022	중앙약사심의위원회 위원
2019~2022	산업표준심의회 생명공학 기술심의회 위원
2003~현재	코아스템㈜ 대표이사

• **상훈**

2004	충북여성창업경진대회 장려상
2014	보건의료기술진흥 유공자 보건복지부 장관 표창
2015	산업기술진흥 공로 국무총리 표창
2016	바이오의약품 산업 경쟁력 강화 식품의약품안전처장 표창

2003년 난치성 질환의 새로운 치료 방안을 제시하는 기업이라는 큰 미션을 가지고 창립된 코아스템은 줄기세포 기반 신경계, 자가면역질환 등 난치성 질환에 집중한 제품군을 갖추고 전문의약품을 생산, 판매하고 있다. 회사 출범과 동시에 줄기세포와 관련한 신약 R&D를 통한 기업혁신을 추구하며 R&D 개발 기술을 확충할 뿐만 아니라 국내외의 특허 출원으로 줄기세포 기술의 독창성과 기술개발력을 인정받고 있다.

코아스템은 '세상에 없던 기술로 선구적 연구를 하며, 우리의 기술이 국경, 인종, 소득의 한계를 뛰어넘어 전 세계의 난치성 질환으로 고통받는 환우들의 희망이 되는 바이오 회사를 비전으로 삼고 꾸준히 그리고 지속적으로 발전하고 있는 바이오 회사이다. 끊임없는 연구 개발의 노력을 통해 전 세계에서 5번째로 줄기세포 치료제의 상용화에 성공하여 2015년 6월 코스닥에 상장되었으며, 바이오 회사로서 가능성과 기술력을 인정받았다.

코아스템은 신경계 질환과 자가면역 질환 분야에 특화되어 있으며 뚜렷한 병의 원인이 밝혀지지 않는 난치성 질환 환자들에게 도움이 될 수 있는 줄기세포 연구에 몰두하고 있다. 근위축성측삭경

FDA 미팅.

화증_{ALS}(이하 루게릭병)을 치료하기 위한 뉴로나타-알은 2020년 미국 식품의약국_{FDA}과 국내 식품의약품안전처_{MFDS}로부터 동시에 임상 3 상을 승인받아 국내 줄기 세포 치료제의 기술력을 국제 사회에 알릴 수 있는 계기가 되었다. 또한 그동안 쌓아온 줄기세포 연구 및 제조기술을 기반으로 루게릭병 이외에 소뇌위축증, 시신경척수염, 루푸스 등을 연구하고 있다.

루게릭병 (ALS) 치료제
'뉴로나타-알®'

'뉴로나타-알'은 난치성 희귀질환인 근위축성측삭경화증(ALS, 이하 루게릭병)의 증상완화 효능으로 2014년 7월 식약처로부터 희귀의약품 조건부 품목허가 승인을 받은 당사의 대표 줄기세포치료제로서 2015년 1월부터 시판되어, 오늘날까지 300명(외국인 환자 포함) 이상의 환자에게 투여되었다. 누적된 투여 환자의 수는 제품의 우수성을 나타내는 또 다른 지표이며, 향후 해외 진출과 더불어 투여 환자 수는 더욱더 증가할 것으로 예상하고 있다.

'뉴로나타-알'은 자가골수유래 중간엽줄기세포를 주원료(성분명 Lenzumestrocel)로 하는 줄기세포 치료제로, 루게릭병 환자의 증상 악화를 완화하는 효과가 있다. 유전적 요소, 염증 반응 등으로 운동신경의 사멸로 인해 발병하는 루게릭병을 치료하기 위해 과거 여러 약물들의 개발이 이루어졌으나 그 효과는 미비한 수준이었다. 당사의 '뉴로나타-알'은 1.0X106 세포/Kg으로 4주 간격 2회 뇌척수강을 통해 투여되며 치료제가 염증유발 인자의 감소, 항염증인자의 증가 및 신경보호인자의 증가를 유도하여 운동신경을 보호하고 사멸을 억제하는 기전작용으로 ALSFRS-R score(질병진행지표)를 통해 질병의 속도가 완화되는 것을 임상 2상을 통해 증명하였다.

세포 배양하는 모습.

2021년 2월 뉴로나타-알은 115명을 대상으로 장기투여 시의 안정성을 검토하고 유효성을 입증하기 위한 검증 단계로 국내에서 임상 3상을 시험 진행 중에 있으며, 향후 국내뿐만 아니라 북미 지역까지 동시에 시장 진입을 하려는 계획을 진행 중에 있다.

R&D 기반의
세포치료제 전문기업

코아스템은 난치성 질환 줄기세포치료제를 연구하는 전문 기업

코아스템 사옥 전경.

이다. 줄기세포치료제의 개발, 제조공정, 원료 개발, 비임상 및 임상 등 연구 및 상용화를 위한 관련기술을 포괄적으로 내재화하고 있는 기업으로서 자가 골수 및 동종 골수 유래줄기세포를 기반으로 한 치료제 개발과 그동안 줄기세포를 치료제를 만들어온 기술력을 바탕으로 향후 세포외 소포체$_{EVs}$를 활용한 후보물질 발굴을 통해 보다 더 적극적으로 난치성 치료제를 위한 연구를 진행할 예정이다.

비임상 연구소
켐온Chemon 인수

코아스템은 국립환경과학원, 농촌진흥청으로부터 GLPGood Laboratory Practice 인증을 받은 CROContact Research Organization(계약연구기관) 전문 기관 켐온을 자회사로 편입하여 신약·신물질 개발을 위한 자체적인 비임상시험 및 비임상시험 대행 서비스를 제공한다. 국내 Top 3 비임상 CRO기관 중의 하나인 켐온을 자회사로 보유하고 있어 성장성과 안정성을 겸비한 사업구조를 갖췄다. 켐온은 국내 최초의 민간 비임상시험기관으로 출발하여, 현재 안전성평가연구소KIT, 바이오톡스텍과 함께 국내 Top 3 비임상시험기관으로서 제약사, 신약개발 벤처기업, 식품회사, 농약사 및 화학물질 제조사를 고객으로 하고 있다. 켐온의 주요 사업영역은 비임상시험 내에서, 안전성시험, 약효시험, 독성동태시험, ADME, 생물학적동등성시험BE, Quality ControlQC 등이다.

'루게릭병'으로 알려져 있는 ALS는 발생 원인이 정확하게 규명되지 않았지만 중추신경계 운동신경원세포가 사멸하여 점차 사지 마비와 호흡근 마비를 일으키는 난치성 희귀 질환이다. 코아스템은 순수 국내 기술로 '뉴로나타-알'의 개발성공을 통해 치료효과와 안전성 면에서 인정을 받아 2018년에는 FDA로부터, 2019에는 유

연구원들의 모습.

럽연합식약처$_{EMA}$로부터 희귀의약품 지정$_{ODD}$을 받았으며 발표된 임상 논문들은 〈유럽신경학저널$_{EAN}$〉 등 질병 관련 국제학회에서 많은 주목을 받았다. 2020년 7월에는 FDA의 임상 3상 임상시험계획 승인$_{IND}$이 통과됨으로써 국내 의료진 및 연구진의 주도로 임상을 국내에서 진행하는 첫 사례로 인정받았으며 줄기세포 분야를 비롯해 바이오 연구 및 국내 의료분야의 수준을 국제적으로 알리는 계기를 마련하기도 하였다.

코아스템은 "첨단 바이오 의약 기술 개발을 통한 바이오 제약산업의 글로벌 선도기업"을 비전으로 발전하고 있는 혁신형 바이오 제약 기업이다. 실패를 두려워하지 않는 과감한 도전 정신으로 난

코아스템은 글로벌 바이오 세포치료제 개발 회사로 계속 성장 중이다.

치성 환우와 가족의 입장에서 안전하고 유효한 치료제, 가격 경쟁력을 갖춘 치료제 개발에 최선의 노력을 기울여 글로벌 바이오 세포치료제 개발 회사로 성장해 나갈 것이다. 아직 시장 도입기인 줄기세포치료제의 상업화를 위한 산업적 인프라가 충분히 갖춰져 있지 않은 환경이기 때문에, 현 단계에서 줄기세포치료제 회사는 Bio Pharmaceutical Company 모델을 우선 적용하여 상업화를 추진하고 해외 각 국가별로 목표시장 및 치료제의 유형에 따라 기술거래 또는 직접진출 중 최적의 비즈니스 모델을 선택하는 것이 적합한 것으로 판단하고 있다.

난치성 질환에 대한 줄기세포치료제의 연구개발 및 상용화와 관련된 4가지 핵심기술들(세포치료제 개발 기술PLUS Cell Technology), 세포치료제 공정 기술EfficHigh Technology, 역가 및 안정성 최적화를 위한 원료 기술, 전임상 평가 기술을 기반으로 난치성 질환에 대한 줄기세포치료제의 연구개발 및 상용화를 통해 국경, 인종, 소득의 한계를 뛰어넘어 치료법조차 존재하지 않던 난치성 질환에 새로운 치료 방안을 제공한다. 이로써 코아스템의 존재 이유를 알리며 자리매김하는 세계 최고의 기업이 될 것이다.

김영귀 대표이사

┃ KYK김영귀환원수㈜

김 영 귀 환 원 수
김영귀 물 과학연구소

● 학력

2004	대구대학교 경영대학원 수료
2005	서울대학교 국제대학원 수료
2006	서울대학교 자연과학대학 수료
2007	청도이공대학교 경영학 박사학위 취득
2010	산동대학교 경영대학원 수료
2012	고려대학교 경영대학원 수료
2014	KAIST 글로벌 중견기업 아카데미과정 수료

● 경력

1980~2022	물 과학 연구 43년
2004	한국과학기술원 한림원, 일본 시라하따 교수와 물 과학 연구 발표
2004~2022	KYK김영귀환원수㈜ 대표이사
2005~2022	KYK과학기술연구소 소장
2008~2022	청도이공대학교 석좌교수/㈔한국대학발명협회 부회장
2010	산동대학교 초빙교수
2006	서울대학교 자연과학대학 「알칼리이온수 연구」 논문발표
2014	세계 최초 서울대병원 IRB 승인 물 임상 85.7% 고효과 입증
2015	세계 물의 올림픽(World Water Forum) 운영위원 및 물 과학 연구 발표
2016~2019	8개국 정상회담 경제사절단 참가 5천만불 MOU체결
2018	세계 물의 날 '수소 및 수소수 국제학술대회(협회장/대회장)' 개최
2004~2022	채널A, MBC, SBS, KBS, TV조선, MBN 등 물 전문가 TV 출연 다수

● 상훈

2005	부총리 겸 과학기술장관 우수과학기술인상 수상
2005	서울시장 특별상 수상
2008~2022	독일, 스위스 등 국제발명 금메달 15관왕
2009	지식경제부 장관 아시아 로하스 대상 수상
2010	특허청장 국가산업발전공로상 수상
2010	중소기업청장 국가산업발전공로상 수상
2010	국회환경노동 위원장 국민건강공로 대상 수상
2011	대통령 발명철탑산업 훈장 수훈
2011~2012	한국표준협회 2년 연속 신기술 으뜸상 수상
2011	한국무역협회장 우수발명상 수상
2013	일본 세계 천재인 대회 금상 수상
2013	환경부 장관 의료환경 대상 수상
2013	대통령 100만불 수출탑 수상
2015	한국식품의약품안전처장 아시아 로하스 금상 수상
2015	홍콩 국제 혁신디자인 및 기술제품 최우수상 수상
2016	보건복지부 장관 아시아 로하스 대상 수상
2017	부총리 겸 교육부 장관 지도자상 수상
2019	서울특별시장 친환경기업 대상 수상
2019	대한민국 지식경영 노벨 물과학 대상 수상
2022	9년 연속 글로벌리더 대상 수상

일반물이 의학적인 효과가 있는
물로 전환되는 혁신 특허기술

　김영귀환원수 김영귀 대표는 과학기술인이자 국제 발명왕이며, 일본 세계 천재인 대회 금메달을 수상한 천재적인 사람이면서 제품 디자이너이다. 그는 1980년부터 물 과학 연구를 정진하여 올해 43년째 오직 한길로 일관하고 있다. 그가 맨 처음 물 과학 연구를 하게 된 계기는 바로 질병에 대한 의문점에서부터 시작되었다. 과거(보릿고개 시절)에는 못 먹어서 병이 생겼고, 또한 병원 치료를 받지 못해 많은 사람들이 죽었다. 현대에 이르러서는 의료보험 혜택으로 돈이 많은 사람이나 없는 사람 모두 다 누구든지 마음대로 병원 치료를 받고 사는데도 불구하고 암, 당뇨, 고혈압, 심뇌혈관 질환 등의 만성 난치병이 줄어들기는 커녕 왜 계속 증가하고 있는 것일까? 그러나 여기에 대한 답은 이 세상 그 어디에서도 찾을 수 없었다. 이렇게 쉽게 풀리지 않은 화두에서 그의 연구심은 싹트기 시작했다.

　그는 서양의학의 한계점을 알고 나서 자연의학에 입문했다. 노벨상을 2회씩이나 수상한 미국 라이너스 폴링 박사의 '분자교정의학' 등을 공부하는 과정에서 물의 신비와 위대한 가치를 발견하고 장인 정신과 홍익인간 정신을 실현하는 차원에서 오직 한길로 일관했다. 김영귀 대표가 개발한 혁신적인 발명 특허기술은, 수돗물이나 생수, 정수기물 등의 일반 물이 의학적인 효과가 있는 물로 전환되는 그야말로 획기적인 과학 기술이다.

그러면 '그 물은 일반인들이 마셨을 때 과연 안전한 물일까?' 라는 염려증이 생길 수 있다. 그래서 김영귀 대표는 한국식품의약품안전처로부터 안전성과 유효성에 대한 검증을 받았다. 사실, 음료용으로 사용하는 수돗물이나 정수 물, 생수 등의 일반 물은 먹는 물 수질 적합 검사는 받지만 안전성에 대한 검증은 받지 않는다. 그렇다고 해서 그 물들이 전부 '안전한 물이 아니다'라는 말은 아니다. 일반 물이 혁신적인 발명특허 기술에 의해 의학적인 효과가 있는 물로 전환되는 데 소비자 입장에서 볼 때, 어떤 유해물질이 발생되거나, 무슨 화학 물질을 첨가해서 만드는 것은 아닌지 또 무슨 부작용은 없는 것인지 궁금할 수 있다. 이러한 염려를 생각해서 안전성에 대한 검증을 받은 것이다. 이와 함께 의학적인 효과의 유효성을 검증받고, 단순 정수기처럼 일반 공산품이 아니라 의료기기로 허가를 받았다. 이로써 그가 개발 제조한 김영귀환원수의 제품의 안전성에 대한 신뢰성과 공신력을 확보하게 되었다.

의학적인 효과가 있는 물이라는 것은, 약으로도 고치기 어려운 4

대 위장증상을 개선하는 데 도움이 되는 물을 말한다. 4대 위장증상은, 위장 내 이상발효, 소화불량, 만성설사, 위산과다이다. 여기서 위장 내 이상발효는 매우 중요한 증상이다. 섭취한 음식물이 정상적으로 발효되지 못하고 이상발효를 일으킨 상태를 말하는 것으로, 섭취한 음식물이 부패해서 썩은 현상을 말한다. 섭취한 음식물이 부패하여 썩게 되면, 악취 변을 보게 된다. 악취 변을 화학적으로 분석하면 황화수소, 암모니아, 인돌, 니트로소아민, 페놀, 히스타민 등의 무서운 발암물질과 독성물질들이다. 이러한 발암 및 독성 물질들이 내 몸에서 하루 24시간, 1년 365일 계속해서 만들어져서 세포와 장기를 공격하고 있다고 생각하면 끔찍한 일이 아닐 수 없다.

김영귀 대표의 혁신적인 발명특허 기술에 의해 제조되어 출수되는 물은 어떻게 해서 위장 내 이상발효 등에 의학적인 효과가 있는 것일까? 이 물은 알칼리이온수 또는 알칼리환원수라고 부른다. 과학적인 원리를 다 말할 수는 없지만, 간단히 말해서 일반 물에 비해 미네랄 함량이 30% 증가하고 환원력 에너지$_{ORP}$가 있으며, 수소가 들어 있고 물 분자(클러스터) 지구상에서 가장 작은 물(54Hz)이다. 유해활성산소를 막아내는 황산화작용이 우수하고 흡수와 순환이 잘되고 배출도 신속하게 이루어지는 것이 특징이다. 산화력이 아닌 환원력 에너지가 있으면서 미네랄이 많다 보니 장내 유익한

미네랄 함유량 비교

시험항목 mg/L	역삼투압정수기	중공사막정수기	수돗물	약알칼리정수기	김영귀환원수
칼슘 Ca	0.17	19.87	19.69	21.23	29.6
칼륨 K	0.17	2.43	2.39	2.55	5.93
마그네슘 Mg	-	3.37	3.43	3.43	5.79
아연 Zn	-	-	-	-	0.003

※ 김영귀환원수 물에 대한 시험기관: (재)한국환경수도연구원(2020)

미생물이 살기가 좋은 환경이 만들어진다. 이것에 의해 유해 미생물은 적어지고 유익한 미생물은 증가한다. 바로 그 유익한 미생물들이 섭취한 음식물을 정상 발효시켜서 유익한 영양을 만들어 낸다. 뿐만 아니라 이 유익한 미생물은 장에서 살고 있는 인체 70% 면역 세포를 건강하게 만들고 증가시킨다. 요즘에는 장내미생물을 '마이크로 바이옴'이라 부르고 또 하나의 장기로 취급한다. 그만큼 장내미생물이 중요하다는 의미이다.

후지타 고이치로 박사는 "장내 유익한 미생물을 살리면 면역력이 5배가 높아진다"라고 여러 차례 발표한 바 있다. 장내 미생물이 면역 세포와 직결되어 있기 때문이다. 제아무리 좋은 음식을 먹는다 하더라도 장내 유해 미생물들에 의해 이상발효를 일으켜서 독성물질을 만들어 낸다면 득이 되는 게 아니라 오히려 손해가 되고 만다. 마치 소가 물을 마시면 우유를 생산하고, 뱀이 물을 마시면

독을 만드는 것처럼 음식물처리 공장(소화기)이 어떤 상태냐에 따라서 독성물질이 만들어질 수도 있고, 영양물질을 만들면서도 면역성까지도 높일 수 있다.

살아 있는 나무를 보면 줄기와 가지, 잎, 뿌리로 구성되어 있다. 그중에서 가장 중요한 생명의 핵심 요소는 바로 뿌리이다. 나무의 뿌리는 눈에 보이지 않지만 뿌리가 죽으면 그 나무는 살 수가 없다. 인체에도 뿌리가 있다. 그것은 다름 아닌 바로 장이다. 섭취한 음식물을 에너지원으로 만드는 기관이 장이며 면역세포의 70%가 장에서 살고 있기 때문이다. 장내 미생물은 장내 환경에 따라서 유익한 미생물이 많아지기도 하고 유해한 미생물이 많아지기도 한다. 갈수록 증가하고 있는 대장암, 위암 등이 이와 무관하지 않다. 김영귀환원수의 김영귀 대표가 개발한 제품에서 출수되는 물은 위장 내 환경을 개선하여 유익한 미생물이 잘살고 많아지게 해서 면역성까지 높일 수 있다. 이 얼마나 귀중하고 좋은 물이 아닐 수 있겠는가?

세계 최초 유일 IRB 승인
서울대학교 병원 임상

의약품이 아닌 물을 가지고 IRB(생명윤리 및 안전에 관한 법률) 정

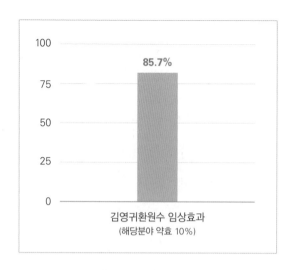

85.7%

100
75
50
25
0

김영귀환원수 임상효과
(해당분야 약효 10%)

분당서울대병원
임상시험.

식 승인을 받아 한국 최고의 병원, 서울대학교 병원에서 공식 임상을 한 일은 김영귀환원수가 국내뿐만 아니라 세계에서도 최초이자 유일하다. 김영귀 대표는 단순히 공산품 등을 제조하거나 유통하여 돈을 버는 장사꾼 차원이 아니다. 소비자의 건강을 증진하고 나아가 글로벌 인류의 건강증진에 기여하기 위하여 불철주야 끊임없이 연구하고 노력하여 물과학 기술을 개발하였다. 자신이 개발 제조한 제품으로 동물 임상이 아닌 사람을 대상으로 서울대병원에서 공식적으로 임상을 한 일은 실로 대단한 일이 아닐 수 없다.

그것도 극히 예민하고 과민하기로 유명한 '과민성 장 증후군' 질환에 대한 임상이었다. 과민성 장 증후군 환자들은 기분은 물론이

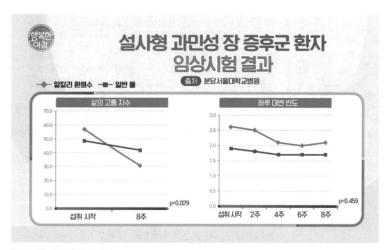

분당서울대병원 임상시험.

고 음식과 물 등에 매우 민감해서 조금만 더 먹거나 맞지 않은 음식을 먹으면 배가 부글거리고 설사를 하거나 배가 아프다는 등 여러 가지 불편하고 불쾌한 증상을 갖고 있다. 그렇게 민감한 부분이다 보니 이 분야에서 약의 효과는 10% 미만이라고 한다. 그런데 의약품도 아닌 과학이 만든 자연의 물을 마시고 임상 결과가 무려 85.7%의 효과가 나왔다. 김영귀환원수 제품에서 출수되는 물은 물이기는 하지만 어떤 면에서는 부작용도 없으면서 약보다 더 우수하다는 임상결과가 나왔으니, 정말 획기적인 일이 아닐 수 없다. 이 임상은 국제 논문으로도 발표되어 많은 화제가 되기도 하였다.

IRB 승인 분당서울대병원 임상시험 성공.

소비자들의 감동적인 치유 체험
감사 편지 이어져

    요즘에는 인플루언서, 블로거 등의 사람들이 직업적으로 업체로부터 금전적인 대가를 받고 마치, 실제 소비자인 것처럼 가공해서 만든 사용 후기를 인터넷에 올려서 소비자를 속이고 사회적으로 물의를 일으키는 일이 많아지자, 지금은 금전적인 대가를 받고 쓴 글이라는 것을 명시하도록 하는 규정을 시행하고 있다. 여기서 소개하는 치유 및 체험사례는, 실제로 소비자들이 순수하게 김영귀 대표가 직접 개발한 알칼리이온수기, 수소수기를 구매 설치하여 장기간 또는 단기간 사용을 해보고 스스로 감동하고 너무도 감사한 나머지, 직접 김영귀 대표에게 그 감동적인 치유 및 체험사례를 보내온 편지들이다. 지면 관계상 모든 소비자들의 편지를 다 소개할 수는 없어서 몇 사람의 것만 요약해서 소개하도록 한다.

부산 화명동 김*애 소비자
010-8***-5248

내가 처음 김영귀환원수를 만난 건 15년 전 남편이 통풍으로 많이 힘든 시기였다. 의사인 남편은 본인이 의학적으로 치료를 하는 과정에서 약의 부작용을 많이 겪고 있었지만, 다른 치료 방법은 인정하지 않으려 했기에, 나 혼자, 대체의학 쪽으로 통풍에 대해 많이 찾아보고, 통풍 환자들의 카페도 가입하여 다른 이들의 통풍 치료 사례들을 알게 되었고 통풍에 좋다는 호호뜸이나 개다래 열매, 옥수수수염차 등 남편을 설득하여 이런 저런 방법을 시도해보고 있었다.

그러던 중 통풍 치료에 물이 가장 중요하다는 사실을 알게 되었고, 당시에는 생수 종류가 그렇게 많지 않았기에 좋은 물을 찾아 강원도 춘천까지 찾아갔다. 물을 주문해서 남편에게 약을 먹듯이 하루에 물 2L를 마시게 하자 통풍의 발병 빈도가 낮아지는 것을 느꼈다.

통풍은 유전적인 요인이 많은지라 시아버님과 시숙께서도 통풍

KYK과학기술연구소 전경.

을 앓고 계셔서 좋은 물을 보내드리고 싶었지만, 경제적인 부담이
되었기에 좀 더 저렴하면서 좋은 물이 없을까 해서 찾아보고 있던
중이었다. 이때 방송을 통해 물 박사 김영귀 박사의 환원수기에 대
해 알게 되었고, 인터넷을 뒤져서 김영귀환원수에 대해 깊이 있게
조사하고 난 후 나는 "유레카!"를 외쳤다. 환원수기는 물통 없이 직
수형으로 전극에 의해 물이 수소와 산소로 나뉘면서 입자가 작아
져서 체내 흡수가 빨라진다. 이게 산성화되어 건강을 잃어가는 몸
을 약알칼리성으로 중화시켜 건강을 유지할 수 있게 하는 것이다.

　… 온 가족이 저렴하게 생수를 마음껏 마시게 되어 기뻤고, 밥

을 지을 때나 차, 국을 끓일 때 알카리수로 사용하니 맛이 너무 좋아서 놀랐다. 시골에서 보내온 같은쌀로 밥을 하는데 왜 숙모집 밥이 더 맛있냐고 하는 조카도 있었고, 같은 브랜드의 인스턴트커피를 마시면서 우리집 커피 맛이 유난히 좋다는 언니에게 물 때문이라고 김영귀환원수기 자랑을 했었다. 이제는 김영귀환원수기가 없는 우리 집을 생각할 수도 없게 되었다.

산성수로는 야채, 과일을 세척하고 세안에도 사용하면서 또, 김영귀 박사님께 감사했다. 시아버님도 좋은 물을 먹어야 한다는 생각에, 경제적 부담은 되었지만 시댁에 김영귀환원수기를 놓아드렸고, 남편 병원을 찾는 환자들에게도 좋을 것 같아서 병원에도, 환자용과 직원용으로 두 대의 환원수기를 설치했다. 통풍은 나이 들수록 더 심해질 수도 있다는데, 남편의 통풍 증상은 많이 완화되었고, 전에는 매일 먹던 약도 이제 가끔씩 먹게 되어 부작용에 시달리는 일이 거의 없어졌다.

김영귀환원수에 대해 지인들에게 항상 자랑했지만, 환원수기 가격에 경제적으로 부담을 느껴서 망설이는 경우가 있었다. 10년쯤 전인가 친언니가 루프스에 걸려 몸이 많이 안 좋았다. 사는 곳의 수돗물이 지하수였는데 물이 안 좋다 하는 말을 듣게 되었다. 아픈 언니를 위해서 내가 할 수 있는 방법은 바로 김영귀환원수기라 생각되어 김영귀환원수기를 선물해드렸다. 다른 약을 사주는 것보다 훨씬 잘한 일이라는 생각은 변함없다. 그 사이 친한 친구에게도 권하여 그 친구가 김영귀 환원수기를 설치해서 사용한 지 10년이 다 되어 가는데 잘 사용하고 있다고 항상 얘기한다.

… 김영귀환원수기를 사용한 지 15년, 김영귀환원수기를 만나서 감사하며, 앞으로 남은 시간도 이 좋은 물과 함께 건강하게 살게 될 것이라 믿어 의심치 않는다.

양주시 고읍동 심*한
010-8***-8972

나는 혈액암 3기 환자다. 혈액암 중에서도 완치가 불가하다는 다발성골수종 3기 판정을 2019년 6월에 서울성모병원에서 진단받았다. 그때 당시 골수 내 70% 이상 형질세포가 발견된 것으로 기억이 든다. 우리 암은 다른 병과는 다르게 발병된 곳을 자르거나 수술로 치료하는 것이 아니기 때문에 더욱 막막한 마음으로 항암을 시작하게 되었고, 하루에도 몇 번씩 죽음을 생각하며 고통의 나날을 보냈다. 그래도 다행히 예후가 나쁘지 않아 조금씩 기력도 차리고 정신을 잡게 되었다. 그때부터인가 미친 듯이 이 병에 대해 찾아보고 어떻게 이겨내야 할 것인지 고민하기 시작했다. 두 달이 지날

김영귀환원수 전 제품.

때쯤 어느 정도 목표가 생기기 시작했다.

혈액암은 혈관을 통해 암세포들이 돌아다니는 것 아닌가! 그렇다면 혈관을 관리하면 되지 않을까? 맞다. 우리 몸은 70%가 물로 이루어져 있고 특히 혈관은 80%가 물로 이루어져 있다고 한다. 그렇기 때문에 더욱 확실해졌다. 병원 약, 기능지원 영양제는 내 몸에 흡수되는 데 어느 정도 한계가 있다는 생각이 들었다. 답은 나왔다. 가까이에서 쉽게 접할 수 있는 좋은 물을 마시면 되는 것 아닌가! 첫 번째 목표가 생겼기에 병원에서 다른 분들은 일반 생수를 먹을 때 나는 그때부터 알칼리수 생수를 마시기 시작했다. 하지만 시중에 시판되는 알칼리수 생수는 함유량이 극히 적어 더욱 신뢰감이 있는 알칼리수를 찾게 되었고 드디어 김영귀환원수를 만나게 된 것이다. 더욱 김영귀 알칼리 환원수에 관심이 깊어지면서 내게 가장 중요한 건 내 몸에 발생하는 유해 활성산소를 막아내는 것이며, 많은 독한 약품들을 해독해야 한다는 해답이 나왔다.

더군다나 내 경우 일상 혈당수치가 130~150 사이였기에 혈당약을 먹고 있었다. 아무리 야채나 좋은 음식에 알칼리 성분이 있다고 한들 너무 소량이기 때문에 한계가 있다는 것을 깨닫고 바로 집에 2020년 4월경 알칼수환원수를 설치하게 되었다. 그때부터 김영귀환원수와 인연을 맺게 되었다. 하루에 2L의 알칼리수를 마시는 건 어렵지 않았다. 정말 우리 식구들은 알칼리수 활용을 잘했다. … 이렇게 알칼리수만 사용하다 보니 노즐에 흘러나오는 산성수도 활용하게 되었다. 항상 알칼리수를 뽑을 때 노즐에 통을 연결해 산성수를 받아놓았다가 가족들이 목욕 및 세안 시 마지막 헹굴 때 사용했다. 특히 땀이 많은 나는 두피염증이나 땀띠에 탁월한 효과를 볼 수 있었다.

이렇게 알칼리수에 관심을 갖다 보니 자연스럽게 수소수에도 관심을 두게 되었다. 수소수에 대해 알아보고 우리는 바로 수소수를 아내 미용실에 설치하게 되었다. 아내 미용실에서도 수소수를 이루 말할 수 없이 잘 활용하였다. 염색약 등 산성이 강한 약품들을 주로 사용하는 곳에서 수소수는 생명수 같은 존재였다. 불규칙한 식사와 많은 손님을 응대하며 받는 스트레스 그리고 끊이지 않는 샴푸작업 때문에 아내와 미용실 식구들은 변비를 달고 살았지만, 이제는 거기에서도 해방되었다. 수시로 수소수를 섭취하고 활용했다. 이렇게 알칼리수와 수소를 모두 활용했다. 우리 집은 아이들이 어려 외부나들이를 자주 가는데 그때마다 일반 생수를 먹는 게 조금 망설여졌다. 혹시 몰라 김영귀환원수에 알아보니 휴대용 제조 알칼리수가 있는 게 아닌가! 주저할 것도 없이 구매하여 외부 외출 때 항상 챙겨나간다. 다른 사람들이 봤을 때는 조금 지나친 것으로 보일 수 있지만, 우리 건강을 지키기 위해서라면 그 정도는 자신 있게 넘어갈 수 있었다.

이렇게 건강한 물을 마시다 보니 주변인들이 보이기 시작했다. 특히 우리 회사는 방역업무를 담당하고 있는 곳이다. 정문 출입구에 소독기가 설치되어 있고 대부분의 직원들이 연구실에서 연구를 하거나 축산농가에 나가 작업을 한다. 그렇다면 이 분들 또한 얼마나 열악한 환경 속에서 근무하는 것인가? 다행히 내가 지원팀에 근무하고 있었기에 김영귀 알칼리수 2대를 회사에 설치하고 널리 홍보하게 되었다.

처음에 직원들은 별 관심 없어 보였지만 향후 본인들이 소화가 잘 되니 피부염증이 사라졌다는 등 몸소 체험한 이야기를 해주었다. 지금은 아침마다 1L의 통을 들고 알칼리수를 받아 가는 모습 또한 익숙해졌다. 이렇듯 나는 알칼리수, 수소수를 정말 잘 사용하고 있고 그 결과 현재 완전히 관해 상태이다. 물론 병원도 꾸준히 다니고 식단 조절도 열심히 했다고 하지만 무엇보다도 내가 가장 많이 섭취하고 내게 가장 가까이 있었던 건 수소수와 알칼리수였다. 혈액암 환우들은 100이면 100이 모두 조혈모세포이식수술을 해야 한다. 무조건 그게 정답이다. 히지만 난 수술 날짜까지 잡아놓고 도망치듯 수술을 거부하게 되었다. 병원과 주변에서는 정말 어리석은 행동이라 했지만 나 또한 살아보려 택한 길이다. 무조건 혈관부터 살려야 했다.

이에 김영수환원수를 진실하게 알리고 싶은 마음에 이 글을 쓰게 되었고 난 언제나 자신 있게 말한다. 당신이 먹고 있는 물부터 바꾸시라! 그러면 당신과 가족의 미래도 바뀔 것이다!

구리시 수택동 주*숙
010-***3-9229

드디어 마침표를 찍는다. 나는 일찍부터 먹는 물에 대해 지대한 관심을 가지고 있었는데 몸이 그다지 건강하지 못하였기 때문일 것이다. 그래서 수십 년 넘는 세월 동안 내가 거쳐 온 정수기의 역사는 다음과 같다.

처음 들여 놓았던 정수기는 등나무 거치대에 물통을 놓고 맥반석을 깔아 그것을 통과한 물을 밑에서 받아먹는 구조였다. 그 다음엔 육각수 만드는 기기를 샀다. 믹서 같은 작은 통에 물을 붓고 버

훈장증 및 훈장.

튼을 누르면 물이 회오리치며 돌아가고 그 과정에서 육각수가 생성된다는데 물맛은 좋았던 것으로 기억된다. 괜찮다 싶어서 두 아이들과 사돈집까지 사서 드리기도 했다. 남편 친구가 다니는 ***이스의 제품을 꼭 사줘야 된다고 해서 설치해 써보기도 했다. 냉온수가 나오는 덩치 큰 제품이었다. 심층해양수도 얼마간 구매해 먹기도 했었다.

… 2012년도에 구리로 이사 오면서 물에 대해 해박한 지식이 있는 분의 권유도 있고 이리저리 찾아본 후에 김영귀환원수로 바꾸어 달게 되었다. 결과는 아주 만족스러웠다. 산골 출신인 나는 물맛

을 누구보다 잘 안다는 자부심을 갖고 있다. 아침에 일어나면 제일 먼저 음양탕을 만들어 먹는다. 뜨거운 물 반 컵에 찬물 반 컵을 넣어 마시면 되는데 기혈순환에 좋다고 해서이다. 알칼리수로 담그는 물김치는 맛있다고 칭찬을 많이 들어 자주 나눠먹으니 이것 또한 즐거움이다. 또한 당뇨를 앓고 있는 내가 꾸준히 이 물을 마시며 당화혈색소를 안정권으로 유지하고 있으니 감사할 뿐이다. 아, 드디어 김영귀환원수로 정수기를 위한 대장정을 마치고 마침표를 찍었다.

서울시 강남구에서-
정금* 010-9***-1725

저는 80세이며 물을 많이 마시지 않아 고생한 경험이 있어 제 모든 질병의 원인이 체내의 수분 부족이었다는 것을 되새기게 됩니다. 위염, 신우염, 방광염, 편도선비대증, 단백뇨, 갑상선 저하증을 경험하며 인체에 물이 중요하다는 것을 알고 2007년부터 김영귀환원수를 마시기 시작했습니다. 제가 매일 정성껏 마시는 따뜻한 알칼리수, 수소수가 염증치료에 탁월한 효능이 있다고 생각됩니다. 물을 잘 마시니 혈압은 늘 정상이고 피부건조증상도 완화된 것을 느낍니다. 2015년경 무렵에 관절염이 왔었는데 현재는 양쪽 무릎 모두 회복되었습니다. 이것은 제가 재활운동을 꾸준히 지속하며 염증치료에 최고인 수소수를 잘 마신 덕분이라고 생각합니다.

… 모든 질병으로부터 우리 몸을 정상으로 되돌리는 핵심 요소인 좋은 물을 잘 선택하여 마시는 것입니다. 저는 수소수가 '위대한 물'이라고 감히 단언할 수 있습니다. 수소를 마신 후 저하증으로 생긴 종양을 제거한 후 체중변화도 없고 다른 질병에 노출되지도 않았고 안정된 생활이 유지되고 있습니다. 60대 이르러 중이염수술, 탈장수술, 전립선수술로 우울증이 시작되면서 제 배우자에게 여러 질병이 생겨났습니다. 그러다가 2021년 11월 중순부터 서서히 우울증이 증세가 호전되었으며 다른 병들도 호전되기 시작했습니다.

이런 신체 변화는 모두 물 덕분이라고 생각합니다. 물이 혈액의 주성분이 되기 때문에 물을 바꾸는 것이 치유를 위한 진리라고 생각합니다. 수소수를 계속 잘 마시며 세월이 흐르면서 서서히 체질이 바뀐 것입니다. 수소수를 매일 정성껏 마신 결과라고 생각합니다. 친구들은 저에게 인생 후반이 더 활기 있다고 부러워합니다. 그 원인은 좋은 물을 선택하고 물을 잘 마시는 습관을 지속했기 때문입니다. 김영귀환원수가 널리 알려지고 보편화되어 많은 분들이 수소수를 음용하여 건강의 축북을 누리시기를 기원드립니다. 건강과 행복을 주시는 김영귀환원수를 위해 노고가 많으신 박사님과 연구진분들께 진심으로 감사드립니다.

대통령 발명산업훈장 수훈 및
금메달 15관왕

김영귀 대표는 독일 스위스 등 국제발명대회에서 금메달 14관왕에 오른 데 이어 2022 마카오 국제 혁신 발명 금메달을 수상하여 국제발명 금메달 15관왕이 되었다. 국민건강증진과 산업발전에 크게 이바지한 공로를 인정받아 제46회 발명의 날 대통령으로부터 발명철탑산업훈장을 수훈하는 영광을 안기도 했다. 발명특허 및 관련특허 100여 개, 백만불 수출탑 수상, 일본 세계 천재인 대회에서 금메달을 수상하는 등 국제무대에서도 한국의 물 과학 기술을 알리고 국위를 선양하였다.

코트라KOTRA가 출간한 〈경제외교 해외진출 길을 넓히다(2020. 12.)〉 에 의하면 2020년 한국 경제는 코로나19로 인해 세계 교역 위축 및 글로벌 경쟁 심화 등으로 수출 감소가 전년 동기대비 7.1%가 감소(2020년 11월 말 기준)했다고 한다. 김영귀환원수는 이러한 어려운 여건 속에서도 수출금액 확대를 통해 인도에서 연 평균 15% 성장을 이뤄냈다. 2019년 한국 인도 정상 회담 경제 사절단

2019년 코트라경제외교책자.

비즈니스 파트너십에 참가한 이후 계속 이어진 기존 인도 바이어와의 지속적인 파트너십의 결과다.

2020년에는 코로나19로 전 세계가 왕래가 거의 안 되는 상황이었는데도 끊임없는 기술개발 및 제품을 개발 공급하고 우호적인 협력으로 좋은 성과를 이뤄냈다. 이러한 김영귀환원수의 성과 사례가 앞의 사진과 같이 코트라 발간 책자에 잘 소개되어 있다. 김영귀환원수는 각국 정상 회담 경제 사절단 비즈니스 파트너십에도 참가해왔고 그 성공적인 사례가 잘 소개되고 있다. 이러한 성공 사례는 한국무역협회에서 발간한 〈정상과 함께 세계 시장을 열다(2019.1.)〉에 실린 데 이어 코트라가 발간한 〈기업이 전하는 경제외교 기업활용 성공스토리〉에도 실려 있다.

물과 수소의
건강과학

　현대의학은 암, 당뇨, 고혈압, 심뇌혈관질환 등의 질병을 근본적으로 해결하지 못하고 있다. 이러한 현대적 성인병들은 유독성 활성산소와 인체 면역성과 깊이 관련되어 있다. 유독성 활성산소가 세포를 손상을 입히거나 유전자를 파괴하여 암이 된다는 사실은 익히 잘 알려져 있다. 유독성 활성산소는 생활 환경공해 및 스트레스 등으로 발생하지만 가장 많이 발생하는 원인은 장내 이상발효에 의한 것이다.

　의학 학술지로서 세계에서 가장 큰 권위와 신뢰를 얻고 있는 의학 학술지는 〈네이처 메디신Nature Medicine〉이다. 〈네이처 메디신〉 2007년 6월호에 "수소는 적은 양으로도 유독성 활성산소를 효과적으로 제거한다"는 일본 동경의대 오타시게오 교수 연구팀의 논문이 검증을 거쳐 게재 발표되었다. 이때부터 김영귀환원수는 건강 및 의료산업 분야의 학자들로부터 각광받기 시작했다.

　인류가 갈망하는 건강 장수를 이루기 위해서는 세포DP 손상을 입히거나 DNA를 파괴하여 암세포를 만드는 유독성 활성산소와 싸워서 이겨내야만 한다. 그러나 20대 중반 이후부터는 유독성활성산소를 막아내는 SOD 물질 생산량이 점점 감소하여 나이가 많아지면 아예 생산되지 않는다. 따라서 항산화물질로 각광받고 있는 식품이 비타민C이다. 수소는 이 비타민C에 비해 176배의 효과가 있다. 뿐만 아니라 비타민C는 수용성이기 때문에 물만 통과하지만 수소는 지방도 통과하기 때문에 세포 내의 미토콘드리아에까지도 도달할 수 있다. 특히 세포의 DNA를 파괴하여 암세포를 만드는 하이드록실 래디칼Hydroxyl Radical을 비타민C는 제거하지 못하지만 수소는 제거한다. 이러한 수소의 효능은 국제논문 1,000여 편이 발표되었다.

인간의 질병에 대해 세계에서 가장 많은 연구를 한 연구기관을 든다면, 미국 존스 홉킨스Johns Hopkins 의과대학이다. 이 의과대학에서 "인간의 질병 90%는 유해 활성산소가 원인이다"라고 발표한 바 있다. 김영귀 대표는 누구나 일상생활에서 편리하게 활용하게 하기 위한 목적으로 특유의 연구 기질을 발휘했다. 누구나 가정이나 직장 등에서 정수기나 알칼리이온수기처럼 편리하고 실용적으로 사용할 수 있도록 하기 위해서다. 그는 성능과 효과가 우수한 김영귀표 수소수기 제품을 다양한 모델로 개발하여 소비자들의 건강을 공급하고 있으며 해외로도 수출하고 있다. 김영귀 대표는 일찍이 수소가 들어 있는 물은, 유해 활성산소를 제거해서 쇠도 녹슬지 않게 한다는 사실을 발견하고, 오래 전부터 쇠가 녹슬지 않는 물을 생성 출수하는 제품을 개발하여 보급하고 있었다.

김 대표는 알칼리온수기 제품만 개발 공급하는 데에 그치지 않고, 수소가 대량으로 함유된 수소수기 제품과 수소를 활용하는 제품개발에 박차를 가하기 시작했다. 앞서 말한 바와 같이 수소가 유해 활성산소를 제거하는 데 탁월한 효과가 있기 때문이다. 누구든지 가정이나 업소 등에서 편리하고 경제적으로 활용할 수 있도록 하기 위해서다. 수소수기로서 효과가 있으려면 1,000ppb 이상은 되어야 하는데 시중에는 수소 함량이 500ppb도 나오지 않은 유사품이 많으니 주의할 필요가 있다고 한다.

참고로 김영귀환원수 수소수기 제품은 1,200∼1,600ppb가 나온다. 뿐만 아니라 수소수를 생성하는 백금 티타늄의 전해조의 후레임 바디가 플라스틱이 아닌 유해물질이 토출되지 않은 트라이탄 소재로 개발하여 일체의 이물질이 생성되지 않도록 세심한 배려를 했다. 트라이탄 소재로 전해조의 후레임 바디를 제조하면 수소 함량이 낮게 나오는 단점이 있으나 김영귀환원수는 자체 기술 개발에 의해 수소 함량이 높은 수소수를 생성 출수하는 기술을 개발한 것이다. 수소수를 음용과 조리용 등에 사용할 수 있는 수소수기 제품을 다양하게 개발하여 공급하고 있다.

김영귀 대표는 2018년 3월 22일 세계 물의 날에 국제 수소 학술대회를 서울에서 중국 물 협회와 공동으로 개최한 바 있다. 독일 마일 교수. 미국 폴락 교수, 일본 켄지 교수, 중국 리프싱 교수, 국

프랑스경제사절단 MOU 체결.

내 유명교수 등의 국제 석학들이 참가하여 학술발표를 했다. 미국에서는 수소로 암을 치료하고 있고, 일본 켄지 교수는 일본에서는 방사능 물질에 오염된 환자를 수소로 치료하니 효과가 좋았다는 임상 학술 논문을 발표했다. 김영귀 대표는 수소를 수소수로만 사용하는 것이 아니라 수소 자체를 기체(가스)로 흡입할 수 있는 수소 흡입기를 개발했다. 1분당 100cc, 250cc. 1,000cc 등 소량 발생 제품과 대량 발생 제품을 용도에 따라 다양하게 사용할 수 있도록 했다.

수소는 수소수로 마시는 것보다는 수소 기체를 직접 흡입하는 것이 효과가 훨씬 더 빠르다. 또한 수소 기체를 발생시켜서 수소수와 혼합하여 피부에 직접 분사하는 수소 보톡스 제품을 사용하면 피부가 아주 시원해지고, 부드러우면서 피부 톤이 맑아진다. 누구든 무료로 체험할 수 있도록 문호를 개방하고 있다. 또한 김영귀 대표는 수소 기체를 발생시키는 수소 발생기와 수소 보톡스가 하나로 융합된 수소 하이브리드 제품을 세계 최초로 개발하여 관련 인증을 받고, 누구나 가정이나 업소에서 효과적으로 사용할 수 있도록 공급하고 있다.

물 과학 연구 43년

인류 건강을 위한 물 과학 연구 43년. KYK김영귀환원수(주) 개발자이자 창업자인 김영귀 대표이사. 무엇이 43년을 물 과학 연구라는 한 길로 걷게 하였을까? 국내에서 물을 사먹기 시작한 것은 1988년 올림픽이 끝난 이후부터다. 그보다 8년 전인 1980년경은 물을 사서 먹는다는 것은 상상도 못했던 시대였다. 그런데도 김영귀 대표는 무슨 까닭으로 물 과학 연구를 시작하게 되었을까?

이야기는 그의 어린 시절에서 시작된다. 김영귀 대표는 1952년, 지리산 산골의 한 마을에서 태어났다. 때는 보릿고개 시대였다. 태어났을 때부터 배고픔의 설움을 겪어야만 했다. 그때 사람들은 요즘 사람들처럼 좋은 집과 좋은 자동차를 갖기를 원하거나 부와 명예를 원하는 것도 아니었고 오직 배불리 밥 먹고 사는 것이 소원이었다. 사람의 사지가 멀쩡하고 정신이 또렷하게 맑은데도 많은 사람들이 단순히 먹을 것이 없어서 굶어 죽었다. 그래서 그 시대를 보릿고개라고 했고, 그 고개를 넘다가 죽는 사람이 많아 히말라야 산맥을 넘는 것보다 더 어려운 고개라고 했다.

이때 어린 소년 김영귀는 '나는 장차 어른이 되면, 사람에게 가장 큰 설움인 이 배고픈 설움을 해결해주는 사람이 되자!' 라는 꿈을 품었다. 혹독한 배고픈 설움을 겪으면서 성장한 그는 "우리도 한번 잘살아 보세" 새마을 운동을 하고 산업사회가 되는 시기에 사회에 나오게 되었다. 그러나 김영귀 대표가 사회에 나왔을 때는 이미 배고픈 보릿고개 시대는 지나가고 없었다.

그런데 이상하게도 과거에 듣지도 보지도 못한 당뇨, 고혈압, 각종 암 등의 고질적인 성인병이 성행하고 있었다. 김영귀 대표는 '과거에는 못 먹어서 병이 났었고 병이 나더라도 돈이 없어서 병원에 가지 못해 많은 사람들이 죽었는데, 지금은 누구든 마음대로 병원 치료를 받을 수 있고, 잘 먹고 편리한 생활까지 누리면서 사는데도 불구하고 왜, 이러한 성인병은 생기는 것이며 고치기 어려운 것인가?' 하고 의문의 화두를 품게 되었다.

이를 계기로 김영귀 대표는 자연의학에 입문하여 노벨상을 두 번씩이나 수상한 라이너스 폴링 박사의 분자교정의학을 배우고, 한의학의 근간이 되는 사상의학과 동의부항의학 등 세계적으로 유명한 자연의학을 배우게 되었다. 한마디로 자연의학을 통해서 물의 위대한 섭리와 이치를 깨달은 것이다. 김영귀 대표는 동의보감의 33가지의 물을 비롯하여 전 세계의 수백 가지에 이르는 물을 조사하고 연구하였다. 이러한 물 과학 연구과정을 통해서 산화력과 환원력$_{ORP}$이 있는 물을 알게 되었고 그 환원력은 수소에서 나온다는 사실을 알게 되었다. 환원력이 있는 물을 의미하는 환원수라는 말은 김영귀 대표가 한국 최초로 만들어냈으며, 이제는 일반 사람들도 환원수라는 용어를 사용하고 있다.

김영귀 대표가 본인 이름을 브랜드로 내건 이유는, "내가 하는 일에 자신이 있으며, 내가 하는 일에는 책임을 진다"는 철학 때문이었다. 김영귀환원수를 알게 된 사람들은 중소기업으로서는 상상하기 어려운 혁신적인 발명특허 기술, IRB 승인하에 서울대병원 임상, 국제발명 금메달 15관왕 등 수많은 수상과 인허증서 등을 보유하고 있는 것에 깜짝 놀란다. 그리고 그런데도 대중에게 알려지지 않은 것에 대해서 한 번 더 놀란다고 한다.

대기업처럼 유명 연예인을 모델로 해서 대대적인 광고와 함께 거대한 영업조직을 통해 대중에게 파고드는 것이 아니기 때문에

2022 마카오국제발명전 상장과 금메달.

아직도 김영귀환원수를 모르는 사람이 많다고 한다. 그러나 순전히 실소비자들의 입소문에 의해서 꾸준하게 매출이 이어지고 있다. 김영귀 대표는 이제부터는 비대면 온라인 시대인 만큼 온라인 마케팅을 적극적으로 전개해서 보다 많은 사람들이 활용할 수 있도록 하겠다고 한다. 그 일환으로 얼마 전 모 방송국의 특별기획 3부작 〈물만 잘 마셔도 건강할 수 있다〉에 출연하여 물에 대한 다양한 정보와 유익하고 올바른 지식을 제공하여 많은 호응을 얻기도 하였다.

김정학 사장

| 제주특별자치도개발공사

제주특별자치도개발공사
Jeju Special Self-Governing Province Development Co.

- **학력**

  1977   오현고등학교 졸업
  2018   아주대학교 공공정책대학원 행정학과 석사 졸업

- **경력**

  2013~2014   제주특별자치도청 국제자유도시과장
  2014   제주특별자치도청 총무과장
  2014~2015   제주특별자치도청 정책기획관
  2015~2016   제주특별자치도청 특별자치행정국장
  2016~2017   제주특별자치도청 기획조정실장

- **상훈**

  1993   정부선정 모범공무원
  1997   외무부장관 표창
  2003   문화관광부장관 표창
  2003   대통령 표창
  2009   대통령 표창
  2010   국무총리 표창
  2018   홍조근정훈장

경영 전 분야에서
기준이 되는 기업

　제주의 성장 발전을 이끄는 글로벌 창의기업 제주특별자치도개
발공사(사장 김정학)가 올해로 창립 27주년을 맞았다. 제주개발공사
는 제주의 개발사업 주체로서, 제주의 자원인 청정 지하수를 국내
최고의 생수로 만들어 제주의 브랜드 가치를 크게 키웠다. 리딩 브
랜드로 우뚝 선 제주삼다수를 생산하는 먹는샘물 사업 외에도 제
주의 생명산업인 감귤산업 발전을 위한 감귤가공사업, '마음에온'
통합 브랜드를 통해 도민의 주거안정에 기여하는 공공 주택사업
및 주거복지센터를 운영하고 있다. 나아가 어려운 이들이 기댈 수
있는 버팀목으로써 다양한 사회공헌사업까지 제주의 발전과 도민
의 복지 증진에 이바지하고 있다.

　특히, 공사를 이끄는 김정학 사장은 '안정 속의 잔잔한 개혁'을
슬로건으로, 안전한 사업장에서 상생과 공감의 '가치경영', 소통과
화합의 '신뢰경영', 자율과 혁신의 '책임경영', 창의와 성장의 '미래
경영'을 적극 추진함으로써 고객에게는 행복을, 도민에게는 희망을

제주개발공사 임시사무동에서 진행된 제주개발공사 친환경 경영 비전선포식.

제공하는 것을 목표로 삼고 있다.

김 사장은 지난해 '경영 전 분야 기준이 되는 기업'이라는 슬로건을 내걸고 ESG의 가치를 담은 경영원칙을 새롭게 선포하기도 했다. 제주개발공사의 ESG 경영 원칙은 '첫째, 친환경의 기준이 되자(E)', '둘째, 희망의 사각지대 없는 행복한 사회를 만들자(S)', '셋째, 소통하는 경영의 리더가 되자(G)'이며, 사회적 가치 실현과 협치를 기반으로 삶의 질을 높이는 대한민국 ESG 경영의 선도 기업으로 도약하겠다고 다짐했다.

제주삼다수,
친환경의 기준이 되다

제주개발공사는 지난해를 'ESG(환경, 사회공헌, 지배구조) 선도 공기업'으로 자리매김하기 위한 원년으로 선포하고 생산부터 유통, 회수, 재활용까지 제품 생애 전 과정을 포괄하는 친환경 사업 모델인 '그린 홀 프로세스Green Whole Process' 경영의 시작을 알렸다.

공사가 발표한 그린 홀 프로세스 경영은 친환경 포장재 개발, 생산시설 내 신재생에너지 사용 등을 통해 2030년까지 플라스틱 사용량을 50%까지 감축하고 2025년까지는 이산화탄소를 50% 절감하는 내용을 담고 있다.

그린 홀 프로세스의 첫 번째 활동으로 지난해 6월 라벨을 제거한 무라벨 제주삼다수인 '제주삼다수 그린'을 출시했다. 무라벨 · 무색캡 · 무색병을 의미하는 3무無 시스템이 특징으로 한국환경공단으로부터 재활용 최우수 등급을 받았다.

가치소비가 확산됨에 따라 제주삼다수 그린 역시 출시 직후부터 소비자들의 큰 사랑을 받았다. 제주삼다수를 판매하는 광동제약에 따르면, 온라인과 대형마트에서 판매를 시작한 지 3개월 만에 전체 판매량의 20%까지 비중이 높아졌고, 12월에는 30%로 올랐다. 제주삼다수 가정배송앱인 '삼다수앱'에서는 전체 판매 비중의 85%

제주개발공사의 '그린 홀 프로세스Green Whole Process' 개념도.

를 무라벨 제품이 차지하고 있다. 제주삼다수는 현재 330밀리리터와 500밀리리터, 2리터 등 제품 전 용량에서 무라벨 제품을 판매하고 있다.

제주개발공사는 제주삼다수 그린 판매 6개월 만에 64톤의 비닐 폐기물을 줄였으며, 제주삼다수 페트병 경량화를 추진해 플라스틱 사용량을 1,000톤 이상 줄이는 데 성공한 바 있다. 이와 함께 제주삼다수 생산 라인을 비롯한 모든 사업장에서 신재생에너지 비중을 50%로 늘려 공격적인 이산화탄소 저감에 나선다. 올해 생산라인을 중심으로 에너지 진단을 토대로 절감 방안을 도출하고 신재생 에너지 도입을 순차적으로 추진한다. 중장기적으로 태양광 패널 설치, 사업장 내 100% 재생에너지 전력 대체(RE100), 신재생에너지 공급 인증서$_{REC}$ 구매 등으로 온실가스 배출량을 50% 감축하는 것을 골자로 한다.

친환경 용기
라인업 확대

지난해 7월에는 사탕수수 등에서 유래한 바이오매스 원료를 사용한 용기 개발에도 성공했다. '제주삼다수 바이오(가칭)'는 기존 페트병 대비 이산화탄소 배출량을 28% 줄이고, 100% 재활용이 가능한 것이 특징이다. 최근에는 화학적 재활용 페트를 적용한 '제주삼다수 RE:Born'의 생산 체계 구축을 완료하고 2만여 병을 생산했다.

제주삼다수 RE:Born은 제주개발공사와 SK케미칼이 공동 개발했으며, 식품 접촉면에 사용해도 안전성에 문제가 없고 반복 재활용에도 품질과 기능을 유지할 수 있다. 이후 국내 환경부 및 미국식품의약국$_{FDA}$ 수질기준 및 용출기준에 적합한지 여부에 대해 국내외 공인기관에 분석 · 의뢰하였고 그 결과 모두 적합한 것으로 최종 합격 판정을 받았다.

현재 식품위생법상 식품 용기로 사용할 수 있기 때문에, 원료의

제주삼다수 친환경 제품 라인업.

대량 공급 체계만 갖춰지면 연내에 지속적인 재활용이 가능한 재생 페트병에 담긴 제주삼다수를 만나볼 수 있을 전망이다.

이로써 제주삼다수는 그린 홀 프로세스를 선포한 지 6개월 만에 '제주삼다수 그린', '제주삼다수 바이오', '제주삼다수 RE:Born', 물리적 재활용 페트까지 총 4종의 친환경 포장재 라인업을 구축했다. 친환경 용기가 적용된 제품들은 원료 공급 체계 구축이 완료되거나 관련 법령이 정비되는 등 생산 환경이 안정화된 후 본격 생산에 들어간다는 계획이다.

회수부터 업사이클링까지,
완성형 자원 순환 경제 구축

제주개발공사는 플라스틱 쓰레기 없는 청정 제주를 만드는 일에도 적극 참여하고 있다. 특히, 제주인사회적협동조합 등과 손잡고 제주에서 다 마신 생수병 등 투명 페트병을 수거하고, 새로운 자원으로 순환하는 데 앞장서고 있다. 생수병 등 투명 페트병은 의류는 물론 산업용 원자재로 활용할 수 있을 만큼 부가가치가 높은데도 불구하고, 여러 플라스틱과 뒤섞여 수거되는 탓에 실제 재활용 비율은 10% 정도로 낮았기 때문이다.

이에 공사는 2020년부터 제주도와 함께 71개 재활용도움센터와 공동주택 등 125개의 투명 페트병 별도 수거시설을 마련했고, 유동인구가 많은 지역에 16대의 페트병 자동수거 보상기도 운영하고 있다. 공사가 페트병 자동수거 보상기 운영 성과를 종합한 결과, 지난 2년간 자동수거 보상기에서 수거한 투명페트병은 118만 개에 달하며, 이를 리젠 제주regen'jeju(제주에서 수거한 페트병을 재활용한 의류용 섬유) 등으로 업사이클링해 감축시킨 이산화탄소 배출량은 약 70톤에 해당한다. 이는 15년생 소나무 2만 3,600그루가 1년 동안 흡수하는 이산화탄소 양과 맞먹는다.

나아가 폴리에스터 섬유를 친환경 재생 원사인 '리젠 제주regen'jeju'

제주공항에 설치된 페트병 자동수거 보상기.

로 대체함으로써 석유 사용을 줄이고 이산화탄소 배출량도 최대 50% 줄이는 효과도 거뒀다. 또, 제주의 청정한 바다를 지키기 위해 시작한 '해양쓰레기 업사이클 프로젝트'를 진행하고 있다. 이 프로젝트는 수거사각지대에 놓인 제주도 근해에서 발생되는 해양쓰레기를 줄이기 위해 어선들을 대상으로 투명 페트병을 회수하는 사업이다. 2020년 서귀포수협을 시작으로 지난해에는 모슬포수협, 성산포수협, 한림수협과 협약을 맺어 적용 범위를 제주 전역으로

제주에서 수거한 페트병을 업사이클링해 만든 친환경 의류.

확대했다.

수거한 페트병은 페트병에서 원사를 뽑아내는 기술을 가진 효성 티앤씨, 패션기업 두 곳과 손잡고 친환경 패션 아이템으로 만들고 있다. 특히 영원아웃도어가 전개하는 노스페이스를 통해 출시된 'K 에코 삼다수 컬렉션'은 친환경 소비와 맞물려 출시 초기부터 높은 판매율을 기록하기도 했다.

이 밖에 재활용 사각지대에 놓인 '병뚜껑'에 재활용 비율을 높이 기 위해 '작은 플라스틱이 다시 태어나는 병뚜껑 Re-born' 캠페인 도 진행했다. 이 캠페인은 순환 경제 시스템이 갖춰진 페트병과 달리 병뚜껑처럼 관리 사각지대에 놓인 작은 플라스틱을 패션 아이템이나 소품으로 업사이클링해 자원순환을 확대하는 사업이다.

이를 위해 제주개발공사는 지역 주민과 함께 제주도에 버려진 병뚜껑을 수거하고, 제주삼다수 소셜미디어 계정을 통해 병뚜껑을 모아 '삼다수 ECO 책 선반'을 만드는 '삼다수 에코 굿즈 이벤트'도 진행했다. 이 이벤트는 친환경 생활을 추구하는 1020세대 고객들로부터 뜨거운 관심을 받았다. 수거 캠페인에 수십만 명이 참여해 400만 개의 병뚜껑을 수거했다. 일렬로 줄 세울 경우 그 길이가 63빌딩 544개에 달한다. 수거된 병뚜껑은 모자(병뚜껑 12개 사용), 책 선반(병뚜껑 100개 사용) 등 새로운 가치를 갖는 상품으로 업사이클링되었다.

공사의 '작은 플라스틱이 다시 태어나는 병뚜껑 Re-born' 캠페인은 재활용이 어렵다는 편견을 이겨내고 작은 플라스틱 쓰레기에 대한 국민적 관심을 이끌어낸 점을 인정받아 '2021 하반기 범정부 혁신우수 적극행정 우수사례 경진대회'에서 지방공사·공단 부문 대상(대통령상)을 수상했다.

환경 영향 최소화 위한
연구 박차

제주개발공사는 제주삼다수를 생산하는 과정에서도 환경에 미치는 영향을 최소화하기 위해 2018년과 2019년에 각각 탄소발자국, 환경성적표지 인증을 취득했다. 환경성적표지는 탄소발자국, 자원발자국, 오존층 영향, 산성비, 부영양화, 광화학 스모그, 물발자국 등 7개 환경성 지표를 종합한 통합 인증이다. 제품이 환경에 미치는 영향을 투명하게 공개해 소비자들이 환경을 고려한 구매를 할 수 있도록 일종의 가이드를 제공한다.

환경성적표지 인증 취득 이후에도 페트병 경량화를 추진해 환경 영향력을 지속적으로 줄여나가고 있다. 최근에는 소용량 330밀리리터 제품이 환경부로부터 '저탄소 제품' 인증을 받았다. 이 인증은 환경성적표지 인증 제품 중 탄소 배출량을 3.3% 이상 추가 절감한 제품에 주어지는 것으로, 제주삼다수 330밀리리터는 2019년 환경성적표지 취득 이후 페트병의 무게를 2그램 줄이는 데 성공해 저탄소 제품으로 인정받았다. 올해 500밀리리터 제품을 포함해 저탄소 제품 인증의 추가 획득을 추진한다.

소셜벤처기업 육성 통한
사회문제 해결 나서

제주개발공사는 사회문제 해결을 통한 이윤 창출을 추구하는 소셜벤처기업 육성에도 공을 들이고 있다. 제주개발공사는 제주의 환경 문제 해결과 환경 분야 사회적 경제 생태계를 활성화시키는 것을 목표로, 매년 'JPDC 창의사업 공모전'을 진행하고 있다. 2020년까지 22개의 소셜벤처 기업을 선발해 2억 4,000만 원을 지원했다.

공사 지원을 바탕으로 사업화에 성공한 소셜벤처도 늘고 있다. 소셜벤처 K-KOB이 플라스틱 빨대를 대체할 수 있는 보리 빨대를 개발하고 사업화에 성공했다. K-KOB의 보리 빨대는 보리줄기 속이 마치 빨대처럼 비어 있는 것에 아이디어를 얻어 보리줄기를 친환경적으로 가공하여 보리빨대로 제작한 대안 빨대다.

제주보리는 우수한 품질로 유명하지만 보리줄기는 활용성이 없어 그냥 버려지곤 했었다. K-KOB은 공사의 창업 멘토링을 통해 보리 빨대 아이디어를 제주보리 농가와 연계해 우수한 보리줄기를 공급받고 보리 빨대 체험 프로그램을 진행했다.

또 제품 단가를 낮추기 위해 보리 마디 자동 인식 기술을 개발해 보리 마디를 자동으로 절단하는 시스템을 구축하며 자동화 생산

친환경 보리빨대.

공정도 구축했다. K-KOB의 보리 빨대는 제품 안전성 검사를 통과하고 보리빨대 제조 특허와 상표 출원을 하는 등 제품 완성도를 높인 결과 생산분 완판에 성공했다.

IoT 기반의 친환경 컵 수거함을 개발한 소셜벤처기업 이노버스도 공사의 '창의사업 공모전'에서 발굴한 업체다. IoT 기반의 친환경 컵 수거함 '쓰샘'은 일회용 플라스틱 컵 세척 기능을 탑재해 공공장소에서도 '비우고 헹구고 분리해 분류하는' 환경부의 분리배출 4대 원칙을 지키면서 분리배출이 가능하다. 사물인터넷IoT이 적용돼 언제 어디서든 실시간으로 적재량을 체크할 수 있어 컵 수거함의 관리까지 스마트하게 만들었다. 공사는 이노버스가 '쓰샘'의 시범 운영 장소를 선정하는 과정에서 공사의 공공데이터를 제공해 보다 성공적인 운영 결과를 얻을 수 있도록 도왔다.

희망의 사각지대 없는 행복한 사회 조성

제주개발공사는 제주삼다수 수익으로 사회공헌도 적극 확대했다. '어려운 사람들의 기둥이 되는 JPDC형 사회공헌사업'을 진행하고 행정(복지)사각지대를 위한 사회공헌사업을 늘리고 있다. 먼저, 눈으로 다 살필 수 없는 지역 곳곳의 어려움을 찾아내 실질적인 지원을 하기 위해 공사와 사회복지공동모금회가 함께 '제주삼다수 Happy+' 공모사업을 진행한다. 지난해에는 전년도보다 2억 원 증가한 5억 원의 사업비를 투입했으며, 35개 기관이 다양한 분야에 걸쳐 도내 복지사각지대 해소를 위한 사업을 진행했다.

유관기관과의 협업을 통해 지역사회 방법 활동을 강화하고, 사회적 약자 보호에도 힘쓰고 있다. 도내 범죄에 노출되어 있는 취약 계층 가정을 보호하고, 환경 개선을 위해 제주경찰청과 함께 '릴레

코로나19 특별재난기부금 200억 전달.

이 세이프 하우스' 사업을 전개하고, 동부경찰서와 협업하여 가로등 미설치 및 치안사각지대를 도보 순찰하는 '한걸음 나눔 순찰' 캠페인을 펼쳤다. 이를 통해 치안 서비스는 물론, 도보순찰 거리만큼 마일리지를 적립하여 형편이 어려운 가정에 의료비 등을 지원하는 나눔문화 캠페인으로 확장했다.

제주개발공사는 범죄 예방에 힘쓴 공로를 높이 평가받아 '제6회 대한민국 범죄예방대상' 시상식에서 공공기관 부문 경찰청장 표창을 수상했다. 이와 함께 코로나19 상황 속에서 지역경제 회생을 위해 200억 원을 특별기부했고, 약 126톤가량의 제주삼다수를 수도권 코로나19 선별진료소와 생활치료센터에 지원했다.

공사는 코로나19 초기 대구·경북지역을 비롯해 어려움을 겪는 지역주민과 선별진료소를 대상으로 4차례에 걸쳐 삼다수 22만 병을 지원했으며 아울러 수돗물 유충 발생으로 피해를 입은 인천지역에 삼다수 약 2만여 병을 전달했다.

해외 재난·재해 지역 구호활동에도 적극 나서고 있다. 공사는 2020년 코로나19로 어려움을 겪고 있던 괌, 사이판 등에 제주삼다수 5만 병을 전달했으며, 2016년 4월에는 일본 규슈의 구마모토현에 삼다수 2.5톤을 긴급 지원했다.

앞서 지난 2011년 동일본대지진과 2013년 필리핀 태풍 피해지역에도 제주도를 통해 인도적 차원에서 각각 500톤의 삼다수가 지원됐다. 또 2008년에는 중국 쓰촨성 지진피해 구호현장에 삼다수 100톤을 보낸 바 있다.

제주개발공사 ESG 경영,
세계에서도 인정

2020년 발간된 제주개발공사의 '2020 JPDC 지속가능경영보고서'는 지속가능경영보고서 국제 표준인 GRI Global Reporting Initiative 스탠다드에 입각해 공사의 사회적 책임경영을 명문화 한 첫 번째 보고서

제주개발공사 제주도 내 선별진료소에 삼다수 지원.

로, 사회적 가치 실현과 지속 가능한 발전을 위한 강한 의지를 담았다.

특히 기업의 환경 및 사회적 책임, 지배 구조의 투명성 등 최근 주목받는 ESG(환경·사회·지배 구조) 경영 활동을 핵심 주제로 구성한 것이 특징이다. 이 보고서는 글로벌 홍보 마케팅 전문기관 '미국 커뮤니케이션 연맹LACP, League of American Communications Professionals'에서 주관해 'LACP 2020 Vision Award'에서 경쟁부문(지속가능경영보고서)에서 영예의 대상Platinum을 수상했다.

송호섭 대표

┃ 스타벅스코리아

● **학력**

1993   University of Western Ontario 경영학 졸업

● **경력**

2010   2010 더블에이코리아 대표
2014   스페셜라이즈드코리아 대표
2016   언더아머코리아 대표
2018   ㈜스타벅스커피코리아 전략운영담당 상무
2019~현재   ㈜스타벅스커피코리아 대표이사

―――

사회적 책임과 성장을 동시에 추구하며 지역사회 기여, 세계 최고의 커피에 한국 감성을 입히다

23년간 고객들의 요구에 귀를 기울이며 세계 최고의 커피에 한국 감성을 입히고 새로운 커피 문화를 이끌어온 스타벅스 코리아는 단순히 커피를 판매하는 곳을 넘어 인간적인 관계와 감성이 소통하는 경험을 함께 제공하고자 노력하고 있다. 환경적 사회적 문제 해결에도 적극적으로 동참해 재무적 경영과 더불어 비재무적 가치 경영인 ESG 경영을 강화하며 고객이 신뢰하는 사회적 기업으로 성장했다. 지속 가능한 미래를 위해 고객 및 지역사회와 교감하며 성장 발전하고 있는 스타벅스 코리아의 앞으로의 한계 없는 성장이 기대를 모은다.

지속가능성 전략, Better Together
'가치 있는 같이'

스타벅스의 지속가능성 중장기 전략은 '환경' 문제에 초점을 맞춰 기존 캠페인 외에도 '상생' 및 '채용' 등으로 그 범위를 확대했다. 'Better Together'로 명명된 이번 전략은 향후 30% 탄소 감축을 목표로 하는 '플래닛Planet'과 30% 채용 확대 등을 골자로 하는 '피플People' 분야를 양대 축으로 5가지 세부과제가 2025년까지 진행된다.

첫 번째는 '1회용품 절감'이다. 전국 스타벅스 매장에서 일회용컵을 대신할 리유저블컵 사용을 점진적으로 도입, 2025년에는 일회용컵 사용률 0%에 도전한다. 송호섭 대표이사는 "시범 매장을 선정하고 일정 금액의 보증금이 있는 리유저블컵을 고객에게 제공하게 되며, 사용하고 난 컵은 리유저블컵 운영 매장의 무인 반납기 등을 통해 반납하면 보증금이 반환된다"면서 "시범 매장 운영 이후 향후 보완점을 개선해 2025년까지는 전국의 스타벅스 매장에서 시행될 예정이다"이라고 밝혔다. 스타벅스는 2018년부터 전국 매장에 빨대 없이 사용하는 리드(뚜껑)와 종이 빨대를 도입해 운영 중이며 이로 인해 일회용 빨대 사용량을 지속적으로 감축시켜 나가고 있다.

이외에도 개인 다회용 컵을 사용하는 고객에게는 400원 할인 혹

스타벅스 지속가능성 중장기 전략 Better Together.

은 에코별 적립 등의 혜택을 제공하고 있으며, 2021년까지 누적 8,621만 건의 많은 고객의 동참을 이끌어내고 있다. 비닐과 플라스틱 사용을 줄이기 위해 포장재와 용기, 포크, 스푼 등을 다양한 친환경 바이오 소재로 제작해 사용하고, 우천 시 제공하던 우산비닐을 대신할 제수기(물기제거기)를 도입했다. 2021년 3월에는 폐플라스틱을 수거해 새로운 상품으로 재탄생시키는 '가치 위해 같이 버려요' 캠페인을 진행하며, 매장에서 수거된 투명 페트병과 일회용 컵을 활용해 새로운 스타벅스 상품으로 제작해 선보이기도 했다. 또한 매월 10일에 진행하는 '일회용컵 없는 날' 캠페인을 통해 개인

다회용 컵 사용을 지속 권장하고 있으며 이를 통해 지역사회와 환경에 긍정적인 변화를 이끌고 있다.

두 번째는 '식물 기반 제품 및 지역상생제품 확대'이다. 메탄가스를 유발하지 않는 식물 기반의 대체 상품과 이동 거리 단축 등으로 탄소 배출량을 줄이고, 지역과의 상생이 가능한 국산 재료 기반 제품 개발에도 박차를 가한다. 송호섭 대표이사는 "지난해 음료 분야에서 오트 밀크를 선택 옵션으로 도입한 것에 이어 앞으로도 식물 기반 음료 및 푸드 제품과 대체육 원재료 등을 지속 개발해 관련 제품 카테고리를 확장해 나갈 예정이며, 다양한 지역의 특산물을 이용한 제품 라인업 강화를 통해 우리 농가와의 협업을 통한 상생을 강화해 나갈 것"이라고 말했다.

이미 스타벅스는 2016년 문경 오미자 피지오를 필두로 광양 황매실 피지오, 공주 보늬밤 라떼, 이천 햅쌀 라떼 등의 신토불이 음료를 현재까지 꾸준히 개발, 출시해오고 있다. 2025년도에는 관련 상품 개발을 최대 10종까지 확대해 나갈 방침이다.

세 번째는 '친환경 매장 확대 및 물류시스템 구축'이다. 국내외 인증을 받은 친환경 콘셉트 매장을 적극 도입하고, 소비전력 효율 개선 제품 및 대기전력 저감장비 도입을 전국 매장으로 확대할 예정이다. 이와 관련 2021년 서울시 중구 퇴계로 스테이트타워 남산에 오픈한 '별다방'은 국내 카페 최초로 LEED 실버 등급 인증을

스타벅스 일회용컵 없는 날 친환경 캠페인 전개.

획득했다. '별다방'은 매장 내 센서 설치를 통해 고객이 없을 경우 조명 자동 차단, 채광에 따라 내부 밝기 조절 시스템 등을 통한 전기료 절감효과 및 다양한 친환경 내장재 및 기자재를 사용한 매장이다.

2022년에는 친환경 물류 시스템 구축을 위해 서울 일부 매장의 물류배송 트럭을 친환경 전기배송차량으로 전환하는 시범 운영을 시작했다. 물류 전기배송차량 도입은 국내 커피업계 최초이며, 종합물류기업과 협력해 스타벅스 전용 전기배송차량을 도입한 것도 전 세계 스타벅스에서 한국이 처음이다. 또한 더북한강R점에는 스

스타벅스 전 세계 최초 스타벅스 전용 전기배송차량 도입.

타벅스의 지속가능 전략에 맞춘 인프라 구축의 일환으로 매장 주차장 내 전기차를 위한 충전 시설을 설치하고 총 3대의 전기차 충전을 위한 주차 공간이 마련되어 있다. 스타벅스는 향후 전기차 충전 시설에 대한 지속적인 검토 및 확대를 통해 지속가능에 대한 고객 경험을 이어갈 예정이다.

네 번째로는 '일자리 창출'이다. 스타벅스는 연령, 성별, 학력, 장애 여부 등 차별 없는 채용에 앞장서 오고 있다. 현재 2만 여 명의 파트너들을 모두 직접 고용하고 있으며, 신규 매장 오픈 시 지역사회에서 평균 10명 이상의 고용 창출을 하고 있다. 2025년까지 현재 인력의 30%를 넘는 약 5,500여 명 규모의 추가 채용 확대를 통해, 총 2만 3,500명 수준 이상의 파트너 고용을 목표로 하고 있다.

근무 인원의 50％가 장애인파트너로 이루어진 서울대치과병원점 파트너들 모습.

특히 장애인, 중년층, 경력 단절여성 등의 취업 취약계층 일자리 지원을 강화, 2025년에는 전체 임직원의 10％ 정도를 취업 취약 계층에서 채용하는 것을 목표로 한다. 현재 장애인 파트너 고용율은 전체 임직원 대비 4.3％로 업계 최고 수준이며, 2013년 여성가족부와 리턴맘 재고용 협약을 맺고 경력단절 여성의 재취업 기회를 지원하는 리턴맘 프로그램으로 총 172명이 리턴맘 바리스타로 복귀했다. 육아휴직 기간을 최대 2년까지 확대하는 등 일과 가정 양립을 위한 다양한 제도적 지원을 통해 모성보호제도를 강화하며 여성가족부의 가족친화인증 기업으로서 노력을 지속해 나가고 있다.

또한 재기를 꿈꾸는 소상공인 대상으로 재창업과 스타벅스 취업을 지원하는 프로그램을 중소벤처기업부와 함께 운영 중에 있다. 스타벅스의 전문적인 바리스타 교육 진행과 함께 운영 노하우를 전수해 중년층 재기 소상공인의 취업이나 카페 재창업을 지원하는 리스타트 지원 프로그램이다. 리스타트 지원 프로그램은 민관 협력을 통해서 기업의 특화된 장점과 아이디어를 활용해 소상공인 자생력과 재기 지원을 마련해줄 수 있다는 점에서 큰 의미를 갖는다. 2022년에는 카페 업계 간의 지속적인 상생을 위한 소통과 협력의 기반을 마련하고자 중소벤처기업부와 함께 동반성장위원회, 전국카페사장협동조합 간 상생 협약을 체결했다. 스타벅스는 우리 농산물을 원부재료로 하는 상생 음료를 개발해 카페업 소상공인의 판매를 증진할 수 있도록 협력하며, 생계가 어렵거나 재난으로 인해 긴급 지원이 필요한 지역 소상공인 카페에 시설 보수 및 서비스 교육 등을 적극 지원해 나가며 소상공인 카페들의 물리적 어려움이 줄어들 수 있도록 협력하는 공익적 상생 프로그램에 적극 참여할 예정이다. 아울러 고용노동부의 9번째 '청년고용 응원 멤버십 기업'으로 인증을 받은 스타벅스는 '청년고용 응원 프로젝트'를 통해 다양한 커피 지식과 유용한 실습 과정을 제공하여 청년들의 사회 진출 이전에 경쟁력을 배가시킬 수 있도록 적극 지원하고 있다.

2015년부터 국제 NGO인 JA_{Junior Achievement}와 함께 청소년 진로교육 프로그램을 시작해 전국의 특성화고 학생들을 대상으로 취업 관련 강의와 면접 프로그램 등 교육 기부 활동을 전개해 현재까지 교육 이수 학생이 1만 7,000여 명을 넘어섰다. 2021년까지 특성화고 학생들을 대상으로 진행한 잡 페어를 통해 채용된 인원은 342명에 이른다.

보호종료청년의 자립을 돕는 지원사업도 2020년부터 아름다운재단과 함께 전개하며 보호종료 청년들의 실질적인 자립 역량을 키울 수 있는 다양한 지원 활동을 전개하며 안정적인 사회 진출을 돕고 있다. 지원사업 대상으로 선정된 보호종료청년들에게 원활한 진로 및 교육 활동을 위해 사용할 수 있도록 1년간 최대 500만 원의 자립정착금을 지원한다. 스타벅스는 청년자립정착꿈 지원사업을 위해 2020년부터 누적 6억 원의 기금을 아름다운재단에 전달했으며, 현재까지 50명의 보호종료청년이 해당 사업을 통해 자립 지원을 받았다. 이외에도 현재 스타벅스 드라이브스루 매장 앞 보행자 통행 안전관리 중인 어르신 교통관리원, 현재 12곳에서 운영 중인 스타벅스 재능기부카페 바리스타 등의 간접 채용 지원도 함께 지속적으로 확대해 나간다는 방침이다.

다섯 번째로는 '사회적 가치 확산'이다. 사회적 가치에 대한 공감과 실현을 위해 고객과의 커피 경험 공유 확대 프로젝트를 추진해 나간다. 매장 수익금 일부를 기부하는 이익 공유형 매장인 스타벅스 커뮤니티스토어와 인테리어 및 기자재 리모델링, 스타벅스

현직 파트너들의 교육지원 등으로 운영되고 있는 재능기부카페 등
도 2025년도에는 30곳으로 확대해 나갈 방침이다.

이외에도 재활용 소재를 활용한 타 브랜드와의 협업 및 관련 상
품 출시, 환경 단체와의 프로젝트 공동 진행, 지속 가능성을 주제
로 고객이 참여할 수 있는 다양한 캠페인 프로그램을 개발 진행하
며 사회적 가치와 관련한 공감대를 지속 확대해 나가는 것을 목표
로 한다.

스타벅스의 커뮤니티 스토어는 지역사회의 긍정적인 변화와 장
기적인 발전에 기여하기 위해 개발된 스타벅스의 사회공헌활동 중
하나로 매장 수익금 일부를 지역사회로 환원한다. 커뮤니티 스토어
1호점(대학로점)과 2호점(성수역점), 3호점(서울대치과병원점)에서는
고객이 구매하는 모든 품목당 300원의 기금을 적립한다. 이 기금은
대학생 청년인재 양성 프로그램을 비롯해 스타벅스 창업카페 활동
을 통한 청년 창업 문화 지원 프로그램, 장애 인식개선 활동 등을
위해 사용하고 있다.

스타벅스 청년인재는 2015년을 시작으로 지난해까지 7년간 총
71명의 청년인재가 선발되었으며 15명의 졸업생을 배출했다. 또
한, 2015년부터 청년들에 대한 창업 강연, 창업 전문가들과의 네
트워킹 등을 지원하는 창업카페 프로그램은 현재까지 245여 회에
달하는 창업 강연에 창업을 희망하는 청년 4,300여 명이 참여했다.

커뮤니티 스토어 1호점을 통해 적립된 기금은 누적 15억 원을 넘어섰으며, 2020년 4월에 오픈한 커뮤니티 스토어 2호점에서는 현재까지 2억 4,000여 만 원의 기금이 적립되어 청년 창업문화 육성을 위한 프로그램에 사용되고 있다. 장애인 인식개선을 위해 포괄적 인테리어 매장으로 오픈한 서울대치과병원점의 장애인 고용율은 50% 이상으로 현재까지 1억 원의 치과 수술비를 서울대학교치과병원에 기부했다.

스타벅스 재능기부 카페는 청소년, 다문화가족, 취약계층 여성들이 근무하는 지역사회 기관의 노후된 카페를 스타벅스와 협력사가 함께 시설 및 인테리어 리노베이션, 바리스타 교육, 매장 운영 지원 등의 재능기부 활동을 전개하면서 지역사회 고용 확산을 지원하는 사회공헌 프로그램으로 현재까지 12호점을 오픈하면서 청소년과 어르신, 장애인 등 취업 취약계층의 일자리 창출을 위해 지원하고 있다.

함께 성장하는 내일,
전문적 인재 양성에 앞장

스타벅스는 개인 역량강화에 맞는 다양한 교육 프로그램을 제공해 커피전문가 양성 및 차별화된 커피 문화를 선도하고 지속 성장을 위한 경쟁력을 강화하고 있다. 송호섭 대표이사는 "신입 바리스타는 입사 후 체계적인 교육과 내부 선발 과정을 거치며 부점장, 점장으로 승격하고 최종적으로는 매장을 총괄 관리하는 리더"로 성장하게 된다고 전했다.

커피전문가 양성을 위한 커피마스터 프로그램을 비롯해 커피기기, 서비스 등 분야별 전문성 함양을 위한 다양한 교육 과정을 온라인과 오프라인으로 제공하고 있어 원하는 직원은 참여할 수 있을 뿐만 아니라, 매년 선발되는 우수인원에게는 인센티브를 제공하고 글로벌 커피전문가로 성장할 수 있도록 커피 농가 및 본사 방문 등 다양한 국가의 스타벅스 파트너들과 교류할 수 있도록 지원을 아끼지 않고 있다. 스타벅스 코리아는 전 세계 스타벅스 최초로 임직원의 전문 지식 함양을 위한 온라인 교육 시스템 '스타벅스 아카데미'를 오픈하고 언제 어디서나 편리하게 학습이 가능하도록 모바일 애플리케이션도 개발했다.

또한 2016년부터 등록금 전액을 지원하는 파트너 학사학위 취득 프로그램을 운영해 직원들이 경제적 부담 없이 학위를 취득할 수 있도록 돕고 있다. 입학 첫 학기는 학자금 전액을 지원하며 평균 B학점 이상이면 모든 파트너에게 다음 학기 등록금을 전액 지원한다. 전공 선택은 업무와 관련이 없어도 무방하며 대학 졸업 후에

스타벅스에 재직해야 하는 의무와 조건 없이 자유롭게 학비를 지원받을 수 있다. 2016년 2학기부터 시작한 대학교육 지원 프로그램은 현재까지 1,500여 명이 넘는 스타벅스 파트너들이 참여해 다양한 전공에서 학업과 경력 개발을 이어 나가고 있으며, 현재까지 228명의 학사 취득 졸업생을 배출했다.

또한, 지난 2011년부터 국내에 파트너 행복추진 부서를 설립해 파트너 복지와 권익 보호를 위해 노력해 오고 있다. 2014년부터 임직원들의 스트레스 해소를 돕기 위한 전문 심리 상담 프로그램을 도입해 전문기관과 협력해 운영 중이며, 연중으로 문화 충전 사내 캠페인을 통해 문화 공연 관람 기회를 제공하고 있다.

2018년 12월에는 고객 응대 파트너 보호를 위해 고용노동부 산하 비영리법인 단체인 직업건강협회와 감정노동 관리 및 교육 지원 협력을 위한 협약을 맺었다. 송호섭 대표이사는 "감정노동 수준에 대한 진단을 받고 예방·대응·관리 정책으로 구분한 파트너 보호 매뉴얼을 보다 체계적으로 수립해 감정 노동 직무 스트레스 예방교육과 건강보호, 감정 소진 극복 프로그램, 전문 심리 상담 등 파트너 권익 보호를 위한 다양한 지원 활동을 지속적으로 강화해 나가고 있다"고 밝혔다.

환경과 지역사회 공헌 활동 및
전통문화 보전에 힘써

스타벅스는 지난 2009년 문화재청과 문화재 지킴이 협약을 맺은 이래, 지금까지 우리 문화재와 문화유산 보전을 위한 다양한 사회공헌 활동을 전개해 오고 있다. 삼일절과 광복절을 기념하는 텀블러와 머그 등을 선보여 관련 수익금을 우리 문화재 보존에 사용하고 있다. 실제 백범 김구 선생의 친필 휘호 '존심양성存心養性'과 '광복조국光復祖國', '천하위공天下爲公', 도산 안창호 선생의 '약욕개조사회 선자개조아궁若欲改造社會 先自改造我躬', 만해 한용운 선사의 '전대법륜轉大法輪' 친필휘호 등을 구입해 기증했다.

또한, 지난 2017년에는 대한제국 당시 유일한 해외 외교건물인 주미대한제국공사관의 복원과 보존비용 등에 총 3억 원을 후원한 바 있으며, 2020년에는 중구 소공동에 환구단점을 개점하고 환구단과 황궁우 등 우리 문화유산 건축물의 주요 요소를 주제로 한 인테리어를 구현해 친근하게 우리 문화유산을 접하고 경험할 수 있도록 했다. 이외에도 2015년부터 매해 독립유공자 후손 대학생 장학금을 후원하며 2021년까지 283명에게 장학금 5억 6,000여 만원을 전달했으며, 주요 문화재 문화 행사 후원 및 청결 봉사활동 등 다양한 형태의 문화재 지킴이 활동을 이어오고 있다. 이러한 공

만해 한용운 선사의 친필 휘호 '전대법륜轉大法輪' 기증.

로를 인정받아 2019년 12월에 '문화유산보호 유공자 포상 대통령 표창'을 수상하기도 했다.

스타벅스는 국내 협력사와 함께 다양한 제품 현지화 노력을 지속적으로 전개해 음료와 원부재료의 자체 개발을 확대하고 있으며 친환경 경기미와 국내 특산물을 활용한 다양한 지역상생 제품을 소개하고 있다. 문경 오미자 등 로컬 식자재와 특성을 빅데이터로 분석해 시장 트렌드에 맞춘 제품 개발로 연결해서 농가에 안정된 판로와 수익을 제공하고 국산 농산물의 상품 가치를 높여 농가 소득 증대로 이어지는 성과를 통해 상생 활동을 꾸준히 전개해 오고 있다. 동시에 스타벅스는 국산 우유 소비촉진 캠페인과 커피찌꺼기 재활용 자원선순환 활동을 통해 국내 농가의 지역사회 소득 증대에도 기여하며, 커피찌꺼기로 만든 친환경 퇴비를 기증해 수확하는 농산물을 활용해 개발한 다양한 음료와 푸드 상품을 전국 매장에서 지속적으로 소개하고 있다.

스타벅스는 커피찌꺼기가 순환자원으로 인정되는 2022년부터 커피찌꺼기 재활용률 100%까지 점진적으로 높여 나가는 지속가능 경영을 더욱 강화해 나갈 방침이다. 바이오연료, 건축자재 등 새로운 가치를 부여하는 업사이클링 비율을 높이면서, 친환경 캠페인 전개를 통해 고객과 지역사회에 다양한 혜택을 제공할 계획이다.

스타벅스는 2019년에 공정거래위원회와 한국소비자원이 주관한 소비자중심경영CCM 우수기업 포상 및 인증서 수여식에서 고객서비스 향상 노력을 비롯해 환경과 지역사회 공헌 활동 등 소비자 중심의 경영문화를 구축한 노력을 인정받아 '소비자중심경영 우수기업 인증서'를 취득했다.

감성적인 문화 입힌
디지털 마케팅

혁신적인 디지털 마케팅과 모바일 기기를 통해 고객과 소통하는 것 또한 스타벅스 경험의 핵심이다. 스타벅스에서는 진동벨을 찾아볼 수 없다. 스타벅스 코리아는 이름을 호명하는 감성적인 소통을 만들어 나가기 위해 2014년부터 '콜 마이 네임' 서비스를 전 세계 스타벅스 최초로 제공하고 있다.

또한 IT서비스 노하우와 기술을 집약해 2014년 전 세계 스타벅스 최초로 대표적인 언택트 서비스인 '사이렌 오더'를 자체 개발했다. 매장 방문 전에 주문과 결제를 할 수 있어 혼잡한 시간대에 주문 대기 시간을 줄일 수 있으며 주문 메뉴가 준비되는 진행 과정을 실시간으로 확인하고 음료가 완료되면 콜 마이 네임과 연동해 등록한 이름을 바리스타가 앱 화면에서 안내해준다. 사이렌 오더를 통한 주문은 음료뿐 아니라 매장의 실시간 재고 상황에 맞춰 푸드와 병 음료, 원두까지 가능하며 다양한 개인맞춤 기능으로 이용자에게 최적화된 서비스를 제공한다. 드라이브 스루 이용 고객은 메뉴 수령방식을 매장 안과 차량으로도 구분해 주문할 수 있다.

사이렌 오더는 론칭 이후 지속적으로 사용 편의성과 기능을 강화하며 빅데이터를 활용한 추천 기능 도입과 음성 주문 서비스 등

스타벅스 My DT Pass 서비스.

이용자 중심의 맞춤형 서비스로 진화하면서 지금까지 누적 주문
건수가 2억 건이 넘을 정도로 뜨거운 호응을 얻고 있다. 2018년 6
월 선보인 혁신적인 드라이브 스루 서비스인 'My DT Pass'는 차량
정보를 등록하면 매장 진입 시 자동 인식을 통해 별도의 결제 과정
없이 자동 결제되어 바로 출차가 가능하며, 차량 정보 등록 이후
사이렌 오더로 주문 시 대기 시간을 더욱 획기적으로 단축하며 이
용 고객 수가 꾸준히 증가하고 있다.

스타벅스는 지속적으로 업무 효율성을 위한 전사적 자원 관리

시스템을 구축하고 있다. 디지털 설문 조사 프로그램인 마이 스타벅스 리뷰를 통해 수집한 다양한 고객 의견을 빅 데이터로 활용해 다양한 제품 개발과 서비스 개선에 적극 반영하고 있으며, 모바일 앱을 통해 방문 매장에서 즉시 처리할 수 있는 요청 사항을 등록하면 개선 후 답변을 받을 수 있는 스토어 케어를 선보이며 고객 만족도를 높여 나가고 있다.

신정택 회장

| 세운철강

seun 세운철강

● 학력

1966	대구 대륜고등학교
2004	동아대학교 명예경영학 박사
2010	부산대학교 명예경영학 박사
2012	동아대학교 경영학과
2014	동아대학교 경영대학원 석사

● 경력

1978	세운철강(주) 설립, 대표이사
2004	세운철강(주) 회장
2003	한국자유총연맹 부산시지회 회장
2006	주한스리랑카 명예영사
2008	(주)에어부산 대표이사
2011	아시아기업경영학회 이사장
2012	부산상공회의소 회장
2012	한국자유총연맹 부총재
2012	부산글로벌포럼 공동대표
2013	(사)대한럭비협회 회장
2013	한국해양구조협회 총재
2015	부산사회복지공동모금회 회장
2016	법무부 법사랑위원 전국연합회 회장

● 상훈

1995	제32회 무역의 날 천만불 수출의 탑
1997	제24회 상공의 날 산업포장 경영자 부문
2001	제9회 부산광역시 산업평화상 금상 기업인 부문
2002	제36회 조세의 날 철탑산업훈장
2002	법무부장관 표창장
2005	통일부장관 표창장
2006	제2회 자랑스런 연맹인상 개인 부문
2008	한국의 존경받는 CEO 대상
2009	부산시민산업대상
2009	캄보디아 모하 세네이붓(국가재건) 훈장
2010	대한민국 사회책임경영대상 최고경영자 부문
2010	무역진흥상
2011	버락오바마대통령 챔피언상금상 (Presidential Champion Award Gold Award)
2012	제33회 시민의 날 기념식 자랑스러운 시민상 대상
2013	대한민국 창조경제리더 선정 윤리경영 부문
2013	GLOBAL 경영자 대상
2015	법무부 범죄예방 한마음대회 국민훈장 모란장

부산을 넘어
세계로 향한다

1978년 신정택 회장이 설립한 세운철강은 부산의 대표적인 중견기업으로 연매출 1조 원 달성을 목표로 순항 중이다. 부산에 본사를 둔 향토기업으로 영남지역에서 자동차, 가전, 발전설비, 조선 등 산업군에 냉연철강제품을 공급하는 포스코 최대 가공센터를 운영하고 있다. 주요 매출처는 현대차, LG전자, 두산중공업, 고려용접봉으로 70% 이상이 대기업이다.

세운철강의 부산 · 창원 · 울산 · 포항 공장은 지역별로 특화된 설비와 품질 관리로 경쟁력 우위를 확보하고 있다. 2012년에는 회사 창립 34년 만에 냉연철강 누적 판매량 1,000만 톤을 돌파했다. 이는 국내 철강 가공 판매업체 가운데 처음 세운 기록이다. 세운철강의 목표는 2025년까지 매출 1조 원을 달성하는 것이다. 올해 광양공장을 착공하면서 목표에 한발 더 다가서게 됐다.

세운철강 부산공장.

고객 최우선주의 기업
세운철강

세운철강은 1978년 창업 이후 부산에 본사를 둔 기업으로 부산, 창원, 울산, 포항지역에 공장을 설립하고 포스코의 냉연철강을 가공, 절단해 가전제품을 비롯한 자동차, 가전, 발전설비, 조선 등의 산업에 공급해왔다. 그뿐만 아니라 관련 산업의 성장에 발맞춰 지속적인 투자를 한 결과 가공설비를 가장 많이 갖춘 국내 최대의 포스코 가공센터로 발돋움했다. 즉, 포스코에서 생산하는 철강을 고객사가 원하는 규격으로 절단해 원하는 시간과 장소에 맞춰 공급하며 냉연강판, 용융아연도강판, 전기아연도강판, 열간아연도강판, 산세강판 등 고품질 냉연철판 가공판매를 하고 있는 것이다.

특히 최대 포스코 냉연코일센터로 경쟁 우위를 확보함으로써 회

세운철강 내부전경.

사의 성장 잠재력도 높이 평가되고 있다. 2012년엔 국내 냉연철강 가공센터 중 34년 만에 1,000만 톤 매출달성이라는 전무후무한 기록을 세우기도 했다. 이러한 세운철강의 성장은 한 사람 한 사람이 회사의 주인이라는 의식과 더불어 신정택 회장의 고객 최우선주의 경영철학이 있었기에 가능했던 일이다.

"비즈니스는 자기 위주여서는 안 됩니다. 남을 배려하는 마음을 우선시해야 하죠. 거래는 그러한 마음과 마음이 일치될 때 비로소 이뤄지기 때문입니다. 우리 회사의 입장만 내세우기보다 고객의 요구와 만족을 가장 먼저 배려하자는 마음을 항상 가슴에 품고 있습니다. 또한 그러한 마음이 사업 성공의 핵심이라고 생각합니다."

특히 그는 특유의 친화력을 바탕으로 언제나 고객의 요구를 긍정적으로 수용했을 뿐만 아니라, 경기 호황이나 불황에 따라 냉연철강제품의 물량수급이나 가격 변동이 아무리 심해도 세운철강의 거래처는 항상 안정된 물량과 가격으로 거래할 수 있다는 점을 보여줌으로써 믿음과 신뢰의 경영을 실천해왔다. 현재 세운철강의 고객 60% 이상이 20~30년 이상 된 장기거래처라는 것은 오로지 이익만 내세우는 일반적인 사고에서 벗어나 고객과 동반 성장하고자 하는 세운철강의 경영철학을 잘 보여주는 결과라 할 수 있다. 고객최우선주의와 더불어 신정택 회장이 직원들에게 강조하는 덕목은 '열정'과 '주인의식'이다.

"맡은 직분에 책임감을 갖고 끝까지 최선을 다하라 독려합니다. 중도에 포기하는 것은 있을 수 없는 일이며, 열정과 주인의식을 갖고 일한다면 회사나 직원 모두에게 좋은 결과로 돌아올 것이라 믿어 의심치 않습니다."

그는 열정적 인재상을 요구하는 한편, 노사화합의 조직문화 구축에 힘쓰고 있다. 철저한 성과 배분과 임직원들의 건의사항을 경영에 반영하는 일은 직접 챙기고 있으며, 학자금지원과 주택자금지원 등 다양한 복지제도를 직원들을 위해 운영하고 있다. 그리고 매년 창립기념일 즈음에 3년 이상 근속자와 장기 근속자를 대상으로 해외여행을 실시하고 있으며, 2008년 회사 창립 30주년에는 전 직원이 일본 규슈지역으로 단체관광을 떠나기도 했다.

그뿐만 아니라 세운철강은 설립 이후 지금까지 단 한 번도 경영상의 이유로 직원 구조조정을 단행한 적이 없으며, 오히려 2012년에는 선도적으로 정년을 60세로 연장해 직원들의 호응을 얻었다. 그래서인지 직원과 회사 간의 믿음과 신뢰가 남다르다.

창조적인 리더
신정택 회장

고객을 최우선으로 생각하는 경영철학과 통찰력을 바탕으로 한 과감한 투자 그리고 노사화합의 문화를 이룬 세운철강은 열정과 고객중심의 경영을 지속해 매출 1조 원 달성을 목표로 노력하고 있다. 나아가 세계 최고의 철강 가공센터 구축을 통해 국가산업 발전과 국가경쟁력 향상에 기여한다는 큰 비전을 향해 오늘도 달리고 있다.

세운철강의 기업적인 노력과 더불어 신정택 회장은 최고경영자로서 자신 스스로를 다잡는 다짐도 잊지 않았다. 특히 그는 조직이 성장하고 커질수록 조직이 관료화되거나 일 처리가 정형화되는 등

세운철강 창립행사.

조직 안에서 나타나는 여러 가지 부작용을 경계해야 한다고 힘주어 말했다. 특히 직원들의 창의력과 생산성을 저하하는 원인이 되는 조직의 관료화나 작업의 정형화를 철저히 경계할 것을 다짐했다.

"성공적인 신제품의 개발은 조직원들의 효율적이고 열린 사고에서 아이디어를 얻는 경우가 많습니다. 세운철강 또한 기업 활동이나 업무 프로세스, 조직구조와 관련하여 새로운 아이디어를 중시하여, 더 효율적이고 창의적으로 조직구조를 개편하거나 업무 프로세스를 개선할 수 있도록 조직의 분위기를 조성하고 문화로 정착시키겠습니다."

이를 위해 신정택 회장은 새로운 아이디어를 가감 없이 받아들이고 경영자 혼자만의 비전이 아닌 임직원이 감성적으로 공감하는 경영비전을 제시하도록 노력하겠다고 말했다.

"국가 경제발전과 신규고용창출, 사회공헌활동 등 창조적인 미래경영환경 개척에 힘써온 경영인과 기업을 선정하는 자리에 부족한 제가 함께 할 수 있게 돼 매우 영광인 동시에 무한한 책임감도 함께 느낍니다. 기업의 역할은 가치를 창조하고 일자리를 창출하며 성장 동력을 이끌어줌으로써 경제를 부흥시키고 풍요로움 삶을 만드는 것이라 생각합니다. 미력하나마 우리나라 경제발전을 위해 창조적인 미래 경영환경 개척에 힘쓰겠습니다."

1970년대 모두가 경공업에 집중할 때 특유의 통찰력과 노력을 바탕으로 국내 중공업의 성장 신화를 일궈낸 세운철강! 기존의 틀을 깨는 발상의 전환과 창의적이고 감성적인 경영철학을 통해 새로운 미래를 이끌어갈 세운철강의 행보가 더욱 기대되는 까닭이다.

변화의 흐름을 앞서나가는
세운철강

부산, 창원, 울산, 포항지역에서 자동차, 가전, 발전설비, 조선 등의 산업군에 포스코POSCO의 냉연철강제품을 공급하는 국내 최대의 포스코 가공센터를 운영하고 있다. 주요 매출처는 현대자동차, LG전자, 르노삼성자동차, 한국GM, 세아에삽, 두산중공업, 고려용접봉 등으로 매출처 70% 이상이 대기업으로 구성돼 매출구조가 탄탄한 내실 있는 기업이다.

지역별로 특화된 설비와 품질관리로 경쟁 우위를 확보하고, 4개 공장에 연간 150만 톤의 가공설비를 보유해 회사의 성장 잠재력 또한 높이 평가되고 있다. 2021년에는 연간 78만 톤 이상의 냉연철강제품을 가공, 판매하며 8,000억 원의 연 매출을 기록 중인 세운철강은 매출 1조 원 달성의 목표를 앞당기기 위해 전 직원이 매진하고 있다.

현대를 살아가는 사람들에게 꼭 필요한 자동차, 가전제품, 발전 설비… 이들 산업에서 빼놓을 수 없는 것 중의 하나가 바로 철강이다. 국내 최대의 포스코 가공센터로 1978년에 설립된 세운철강은 당시 국내 산업의 변화를 이끌며 성장해왔다. 변화의 흐름을 꿰뚫어보는 신정택 회장의 탁월한 통찰력으로 오늘날의 세운철강이 있을 수 있었던 것. 세운철강 설립 당시 신발, 가방 등 경공업이 국내 경제 성장을 견인하고 있었지만, 신정택 회장은 경공업 위주의 산업은 성장에 한계가 있을 것이고 곧 자동차, 가전, 기계, 조선 등의 산업이 미래의 경제 성장을 이끌 것이라 직감했던 것이다. 이를 대

세운철강 블랭킹라인.

비해 세운철강은 설비투자에 지속적으로 집중했고, 그 결과 철강 수요산업이 발전하면서 성장의 기틀을 마련할 수 있었다.

세운철강은 1978년 설립 당시에는 철강재의 유통 판매를 했지만, 고객이 원하는 제품을 가공 생산하기 위해 1989년 김해공장, 1994년 창원공장, 1996년 울산공장, 2011년 포항공장을 설립했다. 2011년에는 김해공장을 부산공장으로 확장이전했다. 그리고 2021년 착공한 광양공장은 2022년 준공을 앞두고 있는 등 지속적인 설비투자를 해왔다.

또한 업무 전산화를 감행하고 생산성 향상을 위한 기술개발에

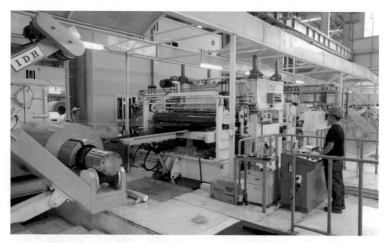

세운철강 대형 shear 라인.

끊임없이 투자함으로써 업계 리딩 컴퍼니로 성장할 수 있는 기반을 마련했다. 신정택 회장은 지난 1995년 외부기관의 경영진단을 통해 디지털 경영에 과감하게 투자하겠다고 결정했다. 공장별로 제품인식 바코드를 설치하고 국내외 사업장 간 전용회선에 의한 ERP 시스템을 구축, IBM AS400 메인 서버 8대 도입, 철강물류 혁신시스템 RFID개발, BI시스템 개발 등 기업 경영의 합리적인 시스템을 지속적으로 구축하며 전산시스템보강을 통해 회사의 주요 경영정책 결정에 신속한 의사결정 시스템을 확보할 수 있게 됐고, 이는 업무 효율성으로 연결됐다. 이로써 세운철강의 전산시스템은 고객의 발주에서부터 가공, 납품에 이르기까지 모든 정보를 빠르고 정확하게 제공한다.

또한 세운철강은 고객의 다양한 요구에 적극 대응하기 위해 새로운 가공설비 개발과 설비투자 확대와 생산성 향상으로 가격경쟁력확보 및 철저한 가공품질관리로 품질경쟁력을 확보해 자동차, 가전, 발전설비 등 우리 경제의 성장을 주도하고 있는 탄탄한 전방산업의 발전과 함께 성장하고 있다. 이를 위해 먼저 고객사의 산업별 특성에 맞는 제품 공급을 위해 공장별로 특화된 가동을 해왔고, 물류비용을 절감하면서 고객에게는 적시 공급할 수 있는 JIT_{Just In Time} 개념의 직납체제를 이뤄내 고객 만족을 일궈왔다. 1996년에는 조선사업에 필수적으로 소요되는 용접봉 제조에 필요한 용접봉 피막 소재 가공기술을 특화해 차별화를 이뤄냈으며, 생산성을 획기적으로 향상할 수 있는 설비 제작에 착수해 2007년에는 오실레이터 제작에 성공하기도 했다.

세운철강은 여기에서 멈추지 않고, 최고의 품질관리에 노력하고 있다. 가공 품질은 공정뿐만 아니라 제품의 포장, 보관, 운송, 납품 등 모든 과정에서 철저히 관리돼야 하기 때문에 더욱 관심을 기울여야 한다. 이에 세운철강은 가공품질 기술력을 인정하는 LG-QA9001 품질관리인증서, 영국 NQA ISO9001 품질인증서를 획득함으로써 가공기술은 물론 완벽한 포장과 보관을 거쳐 안전한 납품까지 모든 과정에서 품질관리에 만전을 기하고 있다.

주변과 나누는 진정한
경영인의 자화상

신정택 세운철강 회장은 사업은 물론이고 기부와 봉사 등 다양한 활동으로 지역 사회에서 존경받고 있다. 신 회장은 2015년 부산사회복지공동모금회 회장에 취임하여 2018년까지 연임했다. 오너경영인이 부산모금회 회장을 맡은 것은 신 회장이 처음이다. 신 회장은 2016년 스스로 1억 원 이상 고액 기부자 모임인 아너소사이어티에 이름을 올렸다.

신 회장은 지금까지 사회 · 교육 · 스포츠 · 경제 등 다방면에 걸쳐 100억 원 넘게 기부를 실천했다. 사회 곳곳에 기부한 공로를 인정받아 2012년 자랑스러운 부산시민대상을 받았으며, 2015년에는 국민훈장 모란장을 받기도 했다.

2008년 부산 1호 회원으로 박순호 세정그룹 회장이 아너소사이어티에 가입한 이후 12년 만에 부산에서 아너소사이어티 회원 3명이 동시 가입해 부산 아너소사이어티 200호 시대를 열었다. 이로써 부산은 아너소사이어티 회원 201명을 보유해 서울과 경기에 이어 세 번째로 아너소사이어티 회원이 많은 지역이 됐다.

신 회장은 실천으로 세상을 바꾸는 데도 늘 앞장서왔다. 그는 2006년부터 6년간 부산상공회의소 회장을 맡으며 지역 현안이자

세운철강 제품창고.

굵직한 사업을 모두 해결했다. 신공항 유치에 진력을 다해 성공했고, 서부산권 그린벨트 3,300만㎡(약 1,000만 평)를 풀어 산업용지를 확보했다. 또 에어부산을 설립해 지역경제 활성화와 일자리 창출에도 기여했다. 롯데로부터 북항 오페라하우스 건립 기금 1,000억 원을 유치할 때도 그의 역할이 컸다.

신 회장은 동아대, 부산가톨릭대, 부산과학영재고, 부산국제외고, 고향인 경남 창녕의 대성중·고등학교 등에 매년 장학금을 내고 있다. 지역이 발전하려면 무엇보다 인재 육성이 중요하다는 생각에서다. 해마다 대학 등에서 받는 강연료가 1,000만 원 정도 되

세운철강 역사관.

는데, 연탄 2만 장을 구입해 독거노인에게 전달하고 있다.

　신 회장은 1996년 법사랑위원으로 위촉된 후 2000년부터 총무 부회장, 2004년 회장을 맡아 20년 동안 기업 이윤의 사회 환원 차원에서 청소년 범죄 예방 활동과 소년범 선도 및 재범 방지에 애정을 쏟아왔다. 그는 "코로나19로 인해 경기가 가장 어려운데도 불구하고 나눔 문화를 실천하는 기부자가 더 많이 생겨나고 있다"며 "소중한 나눔을 계기로 사회 전체에 이웃 사랑의 온기가 널리 확산했으면 한다"고 말했다.

　신정택 회장은 지역 상공인의 금융지원과 비즈니스 네트워킹 강화에도 힘썼다. 부산은행과 부산상공인을 위한 금융지원 협약을 체결해 매년 500억 원 규모의 부산상공인 특별협약대출을 지역 상공인에게 지원할 수 있게 했으며, VIP 재외한상기업인과 지역 기업인들과의 비즈니스 네트워킹 조찬간담회를 열어 미국 LA 한인상공회의소, 중국 청도한인상공회의소, 베트남 호치민한인상공인연합회, 홍콩 한인상공회의소, 일본 효고한국상공회의소 등 5개 재외동포 한인상공단체와 비즈니스 네트워킹 합동협약을 체결하기도 했다. 또 부산의 성장을 견인할 동남권 신국제공항건설, 부산항 북항재개발사업을 국책사업으로 추진하기 위해 전방위적 활동을 추진한 바도 있다.

신정택 회장은 비단 지역사회뿐 아니라 기업인으로서 사회적 지원과 역할을 다하기 위해 다양한 활동을 하고 있다. 특히 그는 기업의 다양한 사회적 책임 가운데서도 인재양성과 교육을 최우선의 가치로 생각하고 있다. 다양한 교육 지원에 관심과 투자를 아끼지 않는 것은 그의 이런 신념에서 비롯된 것이다.

기업과 학교의 결연을 통해 사회적 공헌을 실천하는 'UP 스쿨 운동'에 주도적 구실을 하고 있고, 기업인들의 경험과 도전정신을 청소년들과 함께 공유하기 위해 지역의 기업인을 주축으로 하는 'CEO 경제교수단'을 구성해 직접 학생들과 만나기도 했다. 체육·문화 분야에도 각별한 관심을 보이는 신정택 회장은 한국문화예술

위원회, 부산국제영화제, 부산문화도시네트워크 등 각종 사회단체에 발전기금을 지원하고, 대한체육협회 럭비협회장에 취임하여 체육·문화 활동의 활성화에도 이바지했으며, 부산사회복지공동모금회(사랑의 열매) 회장 재임기간 동안 어려운 이웃에게 희망을 주기위한 기부문화 확산에 이바지하였다.

그는 부산지역사회 발전과 한국경제 발전에 기여한 이러한 공로를 인정받아 2002년 제36회 조세의 날 철탑산업훈장, 2002년 법무부 장관 표창장, 2005년 통일부 장관 표창장, 2006년 제2회 자랑스런 연맹인상 개인 부문, 2008년 지식경제부 후원 한국의 존경받는 CEO 대상을 수상하고 부산광역시 교육청이 주관하는 제1회 UP 스쿨, 교육 메세나 탑을 수상하기도 했다.

이처럼 사회에서 얻는 이익을 다양한 사회공헌활동으로 지역에 되돌려주기 위해 고민하고 노력하는 신정택 회장. 그가 많은 기업인의 롤모델이자 존경받는 기업인으로 평가받는 것은 어찌 보면 당연한 결과이다.

오원석 회장

▎ 코리아에프티

▲ 코리아에프티주식회사

● 학력

| 1971 | 경기고등학교 졸업 |
| 1975 | 서울대학교 기계공학과 졸업업 |

● 경력

1974	현대양행(現두산중공업) 입사
1982	대우조선공업 부서장
1987	코리아에어텍(주) 부사장
1996	코리아에프티(주) 회장

● 상훈

2004	제31회 상공의날 표창
2009	제2회 범죄피해자 인권의날 표창
2009	세계일류상품 및 세계일류기업 인증
2010	관세청장상
2011	제48회 무역의날 5,000만불 수출의탑
2012	제9회 자동차의날 동탑산업훈장 수훈
2012	제49회 무역의날 7,000만불 수출의탑
2014	글로벌 전문 후보기업 지정서 수여
2014	'춘계학술대회 글로벌경영대상'
2014	제51회 무역의날' 1억불 수출의탑
2014	제51회 무역의날' 산업통상자원부 장관 표창
2015	2015 한국자동차산업 경영대상
2016	'제50회 납세자의 날' 기획재정부 표창
2018	과학기술정보통신부 장관상
2018	보건복지부장관상
2018	안성상공회의소 창립 100주년 공로패(수출유공)
2019	고용노동부장관상
2019	동반성장위원회 위원장상
2019	SRMQ 최고경영자 대상(부총리겸 기획재정부 장관 표창)
2020	산업통상자원부장관상
2021	환경부장관상

친환경·친인간 신기술로
보다 나은 내일 꿈꾼다

코리아에프티(주)는 카본 캐니스터 자체 개발을 시작으로 기술력 향상 및 인재 양성을 통해 국내 자동차 산업의 일부를 담당하는 연료 시스템 관련 부문 전문 업체로 성장했다. 코리아에프티는 친환경 자동차 부품을 제조하는 기업으로서, 세계 자동차 업계의 재편과 세계화·전문화에 따른 경영환경의 변화에 발맞춰 국내법인은 R&D기지로, 해외법인은 생산기지로 발전시키는 글로벌 경영전략을 추진했다.

또한 환경 부문에서 환경(대기, 수질, 폐기물, 화학물질 등) 관련 법규 준수를 위한 'ISO 14001(환경경영시스템)' 기반 환경경영체제를 구축·운영하고 있다. 법정 규제물질과 자발적 제한물질을 엄격하게 관리·검사하고 전 과정에 걸쳐 환경에 끼치는 영향을 최소화하기 위해 노력하고 있다.

아울러 오 회장은 사회로부터 받은 혜택을 다시 사회로 환원한다는 정신에 입각해 자동차산업을 넘어 지역사회 곳곳의 도움이 필요한 곳에도 손길을 내밀고 있다. 코리아에프티는 환경법규 준수, 조직원의 환경관리 능력 배양을 위한 교육 등을 통해 친환경 기업문화를 조성하고 있으며, 이러한 공을 인정받아 2019년 4월 고용노동부장관상을, 6월에는 동반성장위원회 위원장상(동반성장부문)을, 2021년 12월에는 환경부장관상을 수상하기도 했다.

적극적 글로벌 경영으로
성장

코리아에프티는 일찍이 국내시장의 크기와 한계를 명확히 파악하고 '적극적인 글로벌 경영만이 회사의 성장동력'이라는 판단하에 국내법인은 R&D기지로, 해외법인은 생산기지로 발전시키는 글로벌 경영전략을 추진해왔다. 그 결과 국내에 R&D센터 및 3개의 공장과 중국, 인도, 폴란드, 슬로바키아, 미국 등 5개국에 9개의 해외 사업장을 보유하고 있으며, 매출처는 국내 5개 완성차업체뿐 아니라 GM, 르노 글로벌, 닛산, 폭스바겐, 볼보, 스코다, Lynk&Co, 포르쉐, HOZON 등 글로벌 자동차 부품 메이커로서의 위치를 확고히 하고 있다.

매출액은 2017년 3,481억 원, 2018년 3,880억 원, 2019년 4,387

중국법인 전경. 코리아에프티는 2003년 중국 북경법인을 시작으로 인도, 폴란드, 슬로바키아 등 해외시장 개척에 매진해왔다.

억 원, 2020년 4,097억 원을 기록했다. 특히, 2014년 무역의 날에는 1억불 수출의 탑 및 산업통상자원부장관 표창을 수상하는 등 지난 30여 년간 자동차부품사업 및 국가경제발전에 크게 기여하고 있다.

환경규제 강화에
친환경 제품으로 대응

세계적으로 환경규제가 강화되고, 주요국들이 탄소중립 선언을 하고 있는 상황에 맞춰 코리아에프티는 선제 대응해 고부가가치 제품을 생산할 수 있는 기술력으로 미래를 대비하고 있다. 전 세계적인 환경규제 강화 추세는 자동차 분야에서도 마찬가지이다. 주요국에서는 이미 단순 주행 과정이 아니라 자동차 제조 과정, 연료 생산, 주행 과정 그리고 폐기, 재활용까지 자동차 전주기를 포괄하는 전주기적 평가(LCA,Life Cycle Assessment) 도입을 검토하고 있다. 유럽은 이미 2019년부터 자동차 LCA 기준 등을 검토하기 시작했고, 중국도 2025년 이후 도입을 목표로 하고 있으며, 미국 역시 바이든 행정부의 전기차(PHEV 포함) 세제혜택 등 친환경 정책을 펼치고 있다.

LCA가 도입되면 하이브리드차가 재조명될 것이며, 친환경차량(HEV, PHEV)용 캐니스터도 성장하게 될 것이다. 산업통상자원부가 발표한 '2021년 연간 자동차산업 동향'에 따르면 우리나라의 친환경차 판매량은 전년대비 54.5% 증가한 34만 7,738대로 나타났다. 이는 전체 자동차 판매량의 20.1% 정도이다. 이중 HEV(PHEV 포함) 차량은 24만 2,570대가 팔리며, 전년대비 38.9% 증가한 것으로 확인됐다. 친환경차 수출 또한 50%로 대폭 증가했는데, 이는 하이브리드차량 수출이 전년대비 71%나 증가한 것이다. 세계적인 자동차 판매 부진 추세에도 불구하고 친환경 자동차의 판매량은 큰 폭으로 늘고 있다는 것이다.

20년도 한국자동차공학회의 'LCA 기준 온실가스 배출량 비교' 결과에 따르면 코나 전기차와 아이오닉 하이브리드 중 아이오닉 하이브리드차의 탄소 배출량이 더 적었다. LCA가 도입된다면 하이브리드차의 재조명이 가능하고 이에 따라 친환경차량(HEV,

2012년 제9회 자동차의 날 기념행사에서 오원석 회장이 당사 제품에 대한 설명을 하고 있는 모습이다.

PHEV)용 캐니스터도 성장하게 된다.

　미래 친환경 방안으로 LCA뿐만 아니라 탄소중립연료로 불리는 'e-fuel(수소와 이산화탄소를 합성해 만든 e-가솔린, e-메탄 등 합성연료)'의 적용이 확대될 것이다. e-fuel은 물을 전기분해해 얻은 수소와 이산화탄소 등을 결합한 것으로 친환경적 연료다. 유럽과 일본에서는 이미 e-fuel에 대한 연구 개발을 꾸준히 하고 있고, 한국도 올해 초부터 e-fuel 연구위원회를 창설하여 중장기 기술 로드맵 마련에 나서고 있다.

　이러한 미래 친환경차에 대한 확대 국면에서 코리아에프티는 현실적인 대안이 될 수 있다며 이미 e-fuel용 카본 캐니스터와 연료 계통 부품의 선행 연구개발도 진행 중에 있다. 실제 코리아에프티의 카본 캐니스터에 대한 수요는 꾸준히 늘고 있다. 2021년에도 코리아에프티는 포르쉐, 상하이GM, 중국 친환경자동차 전문 브랜드인 HOZON의 카본캐니스터 공급업체로 선정됐다. 이 중 상하이GM과 HOZON에서 수주한 캐니스터는 HEV, PHEV 차량용 제품이다. 뿐만 아니라 폭스바겐, 르노, GM, 지리차 산하 LYNK&CO 등과 협력관계도 유지하고 있으며 스텔란티스, FORD 등을 목표로 적극적인 마케팅을 펼치고 있다.

신기술로
미래 성장 동력 준비

코리아에프티의 대표제품인 '카본 캐니스터'는 세계 최초 개발된 친환경차량용 가열방식 캐니스터로 미국 및 국내 특허를 취득했다. 카본 캐니스터 시장 점유율은 국내 1위, 글로벌 4위로, 이미 시장에서 그 우수성을 인정받고 있다.

'플라스틱 필러넥'은 플라스틱 필러넥의 기존소재에 나노클레이를 첨가한 신제품이다. 기존 소재 대비 증발가스 차단성이 12배 이

카본 캐니스터. 연료탱크 내에서 발생되는 증발가스를 활성탄으로 흡착하여 엔진작동 시 엔진으로 환원시켜 연소되도록 하는 장치로서 대기오염을 방지하는 친환경 자동차 부품이다.

상 우수하며 스틸 및 다층구조 대비 각각 약 45%, 32%의 경량화 효과를 통해 연비효율이 뛰어나다. 2018년부터 시장에 공급하고 있으며 제품 우수성을 인정받아 2019년 IR52 장영실상을 수상한 바 있다.

코리아에프티는 지금까지 하던 사업 외에도 점차 첨단화되고 있는 자동차 산업에 발맞춰 자율주행 자동차 등 차세대 스마트카에 공통적으로 적용해 악천 후 상황에서도 객체 검출성능을 극대화할 수 있는 딥러닝 기반의 ADAS 소프트웨어sw 알고리즘을 개발했다. 그간 코리아에프티가 해왔던 연료계통 부품 등 하드웨어를 넘어 소프트웨어 개발이 필요할 것으로 판단했기 때문이다.

당시 이스라엘 '모빌아이' 제품이 석권하고 있는 ADAS(지능형 운전자 보조시스템) 시장도 충분히 경쟁력이 있다고 판단해 알고리즘

개발을 시작했다. 코리아에프티 ADAS는 몇 번의 고객사 테스트를 거쳤으며, 그 결과 가장 난이도가 높은 악천 후 상황에서의 보행자 인식률도 경쟁사 대비 매우 높은 것으로 드러났다. 현재 주야간 모두 사람, 차량, 표지판 등 다양한 객체를 정확하게 인식하는 카메라 센서 기술에 대한 신뢰도를 100%에 근접하게 만드는 데 집중하고 있다.

한편, 카 엔터테인먼트용 기기개발에도 성공했다. 차량 이동 중 다양한 엔터테인먼트를 대화면으로 즐길 수 있는 제품으로, VR 기기의 어지럼증을 예방하기 위해 wide-eyebox, long eye relief, distortion free 등의 기술을 구현해 어지럼증 없이 고화질 대화면 감상이 가능하다. 이는 코리아에프티 미래의 또 다른 성장 동력이 될 것으로 기대하고 있다.

사람에서 시작해 제품으로 발전하는 기술력

코리아에프티 오원석 회장은 "코리아에프티의 기술력과 성과는 모두 '사람'에게서 나온다"며 "언제나 사람이 곧 경쟁력이라고 강조해왔고, 논어의 학이시습 품격고양_{學而時習 品格高揚}을 경영철학으로 삼아

폴란드법인을 방문한 오원석 회장이 관계자들과 함께 진지한 토론을 벌이고 있다.

왔다"고 늘 강조했다. 학이시습學而時習은 듣고, 보고, 알고, 깨닫고, 느
낀 것을 기회 있을 때마다 실제로 실행해 보고 실험해 본다는 뜻으
로, 직접 몸으로 실천해봐야 새로운 지식이 자신의 지식으로 체화
될 수 있다는 것이다.

코리아에프티는 외국에서 전량 수입하던 제품을 자체개발을 통
해 생산하고 있기에 외부에서 기술을 습득하거나 배우는 게 불가
능했다. 따라서 내부교육을 통해 인재를 양성해왔다. 현재 코리아
에프티의 모든 직원은 선배로부터 습득한 기술과 지식, 정보를 반
복·실행해보고 연습함으로써 자기 지식을 쌓고 있다. 이렇게 모

든 직원들이 배우고 개선해 나감으로써 제품의 품질도 더불어 향상될 수 있는 것이다. 또한 품격고양品格高揚은 이렇게 모든 직원이 서로에게서 좋은 점을 흡수하고 나쁜 점을 개선해 나갈 때, 사람의 품격뿐 아니라 제품의 품격도 동시에 향상되고 발전한다는 것을 의미한다.

아울러 사람을 중요시하는 스킨십 경영을 앞세운 오 회장은 일과 가정의 조화로운 병행과 직원의 이직률을 낮추고 만족도를 높이기 위해 복리후생에도 적극 힘쓰고 있다. 원만한 노사관계는 생산성 향상과 직원이 자기 능력의 100% 이상을 발휘할 수 있게 하며, 이를 통해 회사도 지속적으로 발전하기 때문이다.

사회로부터 받은 혜택은
다시 사회로 환원하는 ESG경영

오원석 회장은 사회로부터 받은 혜택을 다시 사회로 환원한다는 정신에 입각해, 자동차산업 발전뿐만 아니라 지역사회 발전을 위해서도 힘쓰고 있다.

오 회장은 자동차부품산업진흥재단 이사장으로서 자동차부품사업의 국제경쟁력 확보를 위해 완성차 임원 출신으로 구성된 경영

컨설팅, 품질마인드 고양을 위한 품질학교, 경영일반 교육의 개설에 이르기까지 부품업계의 품질 및 기술력 향상과 인재 육성을 위한 다각적 지원 사업을 펼치고 있다. 또한, 현대기아자동차 협력회 회장으로 활동하며, 완성차사와 협력사 간의 원활한 협력관계를 유지하고 기술정보 교환 등 상호 이익을 증진하며 완성차 업체의 부품 조달 체계와 변화 구조변화에 능동적으로 대처해 자동차사와 자동차부품사 간의 글로벌 경쟁력 강화를 위해 헌신하고 있다. 오 회장은 2016년 공학계 명예의 전당이라고 불리는 공학 한림원 정회원으로 선정, 현재는 원로회원으로서 자동차 부품 산업 발전을 위해 끊임없이 공헌하고 있다.

그는 또한 현재 사단법인 평택·안성 범죄피해자지원센터 이사장으로 활동하며 범죄피해자지원활동 및 지역 봉사활동에 이바지하고 있다. 범죄피해자발생 시 전문상담 및 자립, 의료지원, 법률지원, 재정적 지원, 신변보호 등 다각적인 각도에서 필요한 지원이 효율적으로 이루어질 수 있도록 원스톱 지원시스템을 지원하고 있으며, 90여 명의 전문위원, 150명의 무지개서포터를 대상으로 정기적인 월례회 및 전문 교육을 실시해 신속한 피해회복을 위한 역할을 다하고 있다. 아울러 2011년에는 범죄피해자의 취업 지원 및 피해자들 중심의 고용창출과 복지 향상을 도모하고 심리 및 미술 치료 효과를 볼 수 있는 고용노동부 사회적 기업 (주)무지개 공방을

2011년에 설립하고, 매년 기부를 통해 인적·물적 네트워크 구축을 위해 지대한 공헌을 하고 있다.

지역 내 교육 환경 개선이 될 수 있도록 고등학교, 대학교 등 장학금 후원도 챙기고 있다. 낙도 또는 시골학교 학생들에게 소년한국일보 보내기 사업에 매년 참여하고 있으며, 동아일보 어린이동화 후원 캠페인으로 지역 내 초등학교에 도서후원금 지원사업을 통해 아이들의 교육 환경 개선 지원에도 적극 나서고 있다. 코리아에프티 직원들로 구성된 자원봉사단 활동도 정기적으로 진행되고 있다. 안성지역 내 사회복지기관인 동부 무한돌봄센터와 연계해, 지역 독거노인을 위한 주거환경 개선 활동과 소외계층을 대상으로 약 25명의 직원이 정기적으로 봉사 활동을 전개하고 있다.

오 회장은 대한상공회의소 중소기업위원회 위원을 시작으로 현재 중견기업위원회 부위원장으로 활동하고 있으며, 안성상공회의소 제21대, 제22대 회장과 공도기업단지 협의회 회장을 역임하는 등 지역경제 발전을 위해서도 헌신적으로 기여하고 있다. 고용노동부 평택지청이 운영하는 '일 학습병행제도'에 참여해 실무형 인재를 양성하고 기업에 입사한 지 1년 미만인 청년이나 취업을 희망하는 청년 등을 학습 근로자로 채용해 최대 4년 동안 체계적인 교육을 제공하고, 취업과 학위를 부여받을 수 있도록 지원하고 있다.

이를 통해 맞춤형 인재를 안정적으로 확보하고 청년은 취업과

학위를 무료로 받을 수 있는 일거양득의 효과가 창출됐고, 그 결과 2015년 5월부터 2기에 걸쳐 총 3명의 학습근로자가 학위를 취득할 수 있었다. 이러한 제도는 오 회장의 '학이시습 품격고양' 인재경영 방침과 부합해 안정적인 인재 채용은 물론 직원들과 회사가 같이 성장할 수 있는 원동력이 되고 있다.

윤홍근 회장

제너시스BBQ그룹

● 경력

1995년   제너시스BBQ그룹 창립
1998년   한국프랜차이즈협회장
2012년   한국유통대상 종합 부문 대통령상
2013년   대한민국 창업대상
2014년   일자리 창출 정부포상 대통령상
2015년   대한민국 식품대전 금탑산업훈장
2020년   제33대 대한빙상경기연맹 회장(현)
2022년   제12대 김상옥의사기념사업회 회장
2022년   베이징 동계올림픽 선수단장

● 상훈

1999   한국 유통대상 국무총리상(1회)
2003   대한상공의 날 동탑산업훈장
        한국 유통대상 국무총리상(2회)
2005   공정거래위원회 대통령상
2007   스페인 시민 십자대훈장
2009   대한상공의 날 은탑산업훈장
        한국능률협회KMA 최고경영자상
        인적자원개발 우수 기관 인정(치킨
        대학)
2010   2010 Korea CEO Summit 창조경
        영대상
2011   소비자 품질만족 대상
        (사)한국취업진로학회 주관 '제1회
        고용창출 선도 대상'
2012   글로벌 마케팅 대상 최고경영자상
2012   제17회 유통대상 대통령상
2014   일자리 창출 정부포상 대통령상
2015   대한민국 식품대전 금탑산업훈장
        2015 요우커 만족도 치킨 부문 1위
2016   12년 연속 브랜드스탁 선정 치킨업
        계 1위

2017   대한민국 100대 CEO 11년 연속
        선정
2018   포항지진 지원 유공 '행정안전부 장
        관상' 및 '경상북도 도지사 감사패'
        매일경제 '2018 대한민국 글로벌
        리더'
        2018 대한민국 고용 친화 모범경
        영대상
2019   '2019 대한민국 브랜드스타' 치킨
        부문 브랜드가치 1위
        2019 국가브랜드대상 '브랜드치킨
        전문점 부문' 대상
2020   2020 대한민국 100대 브랜드 28위
        대한민국 창업대상 국무총리 표창

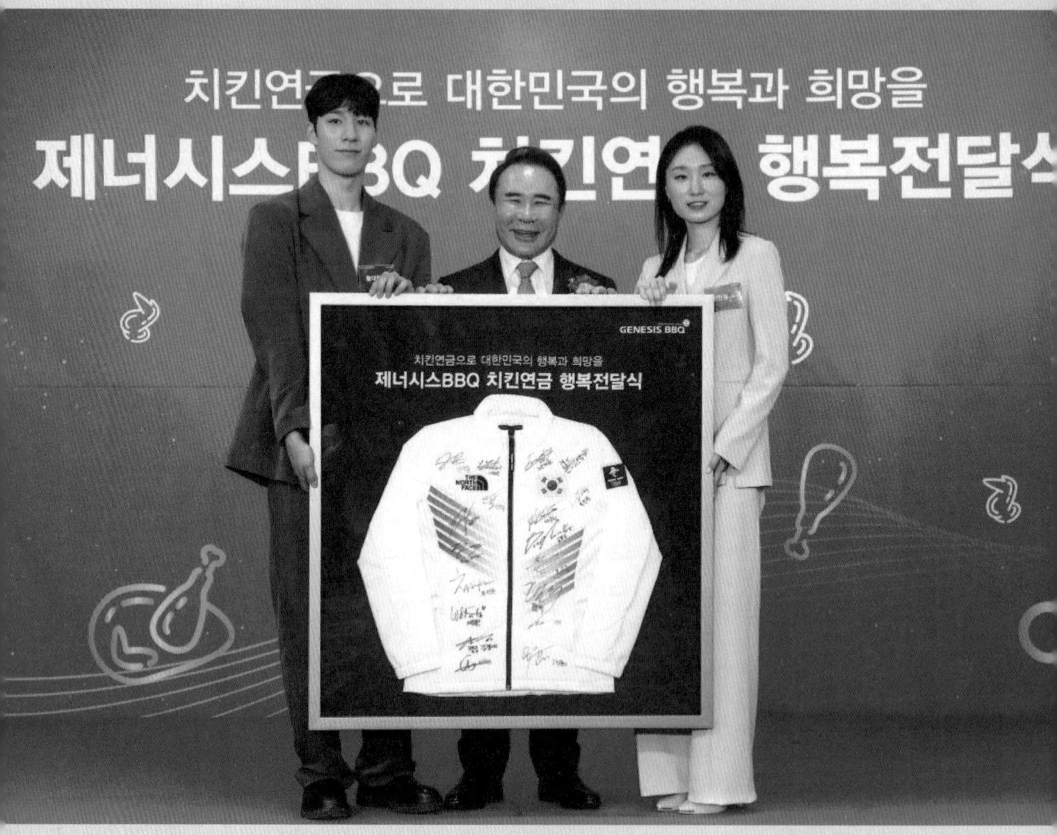
GENESIS BBQ
치킨연금으로 대한민국의 행복과 희망을
제너시스BBQ 치킨연금 행복전달식

2022년, IT 기술 혁신으로
기하급수 기업을 향해

제너시스BBQ 그룹에게 지난 2022년은 코로나19로 인한 경기 침체에 어려운 사업환경에도 고객, 패밀리와의 상생과 같은 경영 이념을 굳게 지키면서 외식업계 트렌드와 고객 니즈에 다가가기 위한 혁신적 변화를 끊임없이 시도한 한 해였다. 그리고 다가온 2021년. 제너시스BBQ 그룹이 창립한 지 27년이 되는 뜻깊은 해를 맞이한 윤홍근 회장의 마음가짐은 그 어느 때보다 다부지다. 1월 1일 신년식에서 윤 회장은 '디지털 트랜스포메이션'을 통한 '혁신성장'과 '리스크 제로화'를 성공적으로 완성해 2022년을 제너시스BBQ가 '기하급수 기업'으로 도약하는 한 해로 만들 것을 다짐했다.

제너시스BBQ는 올해 '디지털 ABC'라 일컫는 AI, Big Data 그리고 Cloud 기술을 기반으로 한 '혁신성장'에 역량을 쏟을 방침이다. 지난해 4월 업계 최초로 '닭 멤버십'을 시행하며 이를 활용한 AI 마케팅과, 빅데이터를 활용한 메뉴 기획 등 4차 산업혁명 시대에 걸맞는 IT 기술을 지속적으로 도입하기 위한 혁신적인 계획들을 세웠다. 이를 통해 제너시스BBQ는 세계 최고의 프랜차이즈 그룹, '천년기업'을 완성하기 위한 새 기반을 다지고 있다.

이와 더불어 '디지털 트랜스포메이션'을 재무, 서비스, 품질 등 실무 전 분야에 도입함으로써 정확성을 제고해 경영상의 리스크를 사전에 제거하고자 한다. 매장에는 로봇 시스템을 적극 도입해 인건비 절감은 물론 조리 과정에서 일어날 수 있는 실수나, 직원의 상해를 막아 '리스크 제로화'를 달성하기 위해 박차를 가하고 있다.

대한민국 원조에서
글로벌 프랜차이즈로 우뚝

국내 최대 규모 프랜차이즈 그룹인 제너시스BBQ 그룹은 BBQ, 올떡, 우쿠야 등 각 업종에서 국내를 대표하는 프랜차이즈 브랜드들로 3,000여 개 가맹점을 운영하고 있다.

제너시스BBQ는 1995년 설립 이후 프랜차이즈 업계의 각종 기록을 갈아치우며 비약적인 성장을 거듭해 오고 있다. 제너시스BBQ의 대표 브랜드인 'BBQ'는 1995년 11월 1호점을 오픈한 지 4년 만에 1,000호점(1999년 11월)을 돌파했으며, 현재 약 2,000

콜로라도주 오로라시 빌리지온더파크 BBQ 매장 전경.

개의 가맹점 망을 구축하며 국가대표 치킨 브랜드로 자리매김했다.

'건강한 치킨'으로
'행복한 세상'을 만드는 기업

윤홍근 제너시스BBQ 그룹 회장은 어린 시절부터 장래희망을 묻는 질문에 '기업가'라고 답했다. 윤 회장이 학교에 다니던 시절은 보자기에 책과 공책, 연필 등을 싸서 허리에 동여매고 고무신을 신고 뛰어다니던 때였다. 그러던 어느 날 여수 시내에서 경찰공무원으로 일하시던 아버지가 선물로 책가방과 운동화를 윤 회장에게 건넸다. 당시 윤 회장은 매끈한 가방과 튼튼한 운동화에 감탄하며 누가 이런 제품을 만드는지 아버지에게 여쭈었다. '기업'이라는 답을 들은 그는 그 자리에서 바로 결심했다. 어른이 되면 기업을 만들어 사람들을 행복하게 해주겠노라고.

시간이 흘러 윤 회장은 미원그룹에 입사해 평범한 샐러리맨으로 사회생활을 시작했다. 직원이었지만 뜨거운 피가 끓었고 'CEO처럼 일하는 직원'이 회사생활의 모토가 됐다. 그는 최고경영자의 눈으로 없는 일도 만들어서 했고, 동료들 사이에서 일벌레로 소문이 났다. 직장생활을 시작한 이후 밤 12시 이전에 귀가한 적이 없을 정도였다. 윤 회장은 지금도 신입사원을 채용할 때 항시 "CEO처럼 일할 준비가 되어 있는가"를 묻는다. 주인의식을 가지고 임할 때 안 될 것은 없다는 것이 그의 지론이다.

회사 생활을 하던 어느 날이었다. 윤 회장은 길을 걷던 중 담배 연기가 자욱이 밴 허름한 통닭집에서 엄마와 아이가 통닭을 먹고 있는 모습을 봤다. 그때 불현듯 어린이와 여성을 타깃으로 깨끗하고 건강에도 좋은 치킨을 만들어서 팔면 좋겠다는 생각이 그의 머릿속을 스쳤다. 지금은 누구나 생각할 수 있을지 모르지만 치킨집은 곧 호프집이었던 당시에는 획기적인 발상의 전환이었다.

블루오션을 찾아낸 윤 회장은 1995년 7월 회사에 사표를 제출하고 같은 해 9월 1일 자본금 5억 원으로 BBQ를 설립했다. 전셋집을 월셋집으로 옮기고 통장을 탈탈 털어 1억 원을 마련했지만 나머지 4억 원이 문제였다. 지인과 선후배를 찾아다니며 십시일반 투자를 받았다. 그를 믿고 당시 집 한 채에 해당하는 큰돈을 선뜻 투자해준 지인들을 생각하며 윤 회장은 악착같이 일했다. 사무실에 야전침대를 갖다 놓고 밤낮으로 일하며 시간과 비용을 절약하기 위해 라면으로 끼니를 때우기 일쑤였다. 무엇보다도 어린이와 여성이 좋아하는 깨끗하고 건강한 치킨을 만들기 위해 가장 큰 공을 들였다. 사업을 시작한 이후 하루도 닭을 먹지 않은 날이 없고 최상의 치킨 맛을 내기 위해 생닭을 먹는 일도 있었다.

'올리브유'로 치킨의
'고품격' 시대를 열다

BBQ는 2005년 '세상에서 가장 맛있고 건강한 치킨'을 고객들에게 선보이겠다는 목표로 전 세계 최초로 엑스트라 버진 올리브유를 원료로 한 BBQ 올리브 오일을 도입해 모든 치킨 메뉴를 올리브유로 조리하고 있다. 올리브유는 엑스트라 버진Extra Virgin, 퓨어Pure, 포마세Pomase 등 세 가지로 나뉜다. 그중 BBQ가 사용하고 있는 엑스트라 버진 올리브유는 세계 최고 등급인 스페인산 올리브유로 맛과 향, 지방구조 측면에서 여타 식용기름보다 월등한 품질을 자랑한다.

BBQ는 지난 2005년 3년여에 걸친 기술 개발과 실험을 거쳐 명품 올리브 오일 개발에 성공했다. 'BBQ 올리브 오일'은 토코페롤, 폴리페놀과 같은 노화방지 물질이 풍부하며, 나쁜 콜레스테롤은 낮추고 좋은 콜레스테롤을 높여주는 등 트랜스지방과는 반대의 기능을 갖고 있다.

일반적인 올리브유는 발연점이 낮아 후라잉 시 쉽게 타거나 검게 변해 튀김유로 적합하지 않다고 여겨지기도 했다. 하지만 BBQ는 자체 R&D 기관인 세계식문화과학기술원(중앙연구소)이 (주)롯데푸드와 함께 진행한 오랜 연구 끝에 물리적 방식의 여과와 원심분리 기술을 적용해 과육 찌꺼기를 걸러내 튀김 온도에 적합한 오일을 발명해 특허를 취득했다.

올리브유가 인체 건강에 유익하다는 연구 결과는 많다. 지난 3월 7일 미국 휴스턴에서 열린 미국심장학회AHA 총회에서 발표한 연구결과Eating olive oil once a week may be associated with making blood less likely to clot in obese people에 따르면 비만 단계의 사람들이라도 올리브 오일을 자주 섭취하면 심장 건강에 좋고, 뇌졸중을 막는 데에도 도움이 되는 것으로 나타났다.

꾸준한 사랑을 받아오고 있는 황금올리브 치킨과 시크릿 양념 치킨.

특히 최근에는 지중해 연안 국가 국민들의 장수의 비결이 올리
브유를 기본으로 한 '지중해식 식단'으로 알려지면서 우리나라에
서도 올리브유의 판매량이 폭발적으로 늘어나고 있다. 올리브유를
기본으로 과일과 생선, 채소, 견과류를 즐기는 지중해식 식단은 수
많은 연구에서 심장 질환과 뇌졸중 위험을 낮추는 데 도움이 되는
것으로 나타났다. 실제로 미국의 석유 재벌 존 록펠러는 97세 장수
의 비결을 "매일 한 스푼의 올리브 오일을 먹는 것"이라고 밝힌 바
있다.

실제 BBQ 올리브유는 타 치킨 업체에서 사용하고 있는 대두유,

옥수수유, 카놀라유, 해바라기유 등과 비교할 때 원가가 4~5배 이상 차이난다. 그럼에도 불구하고 엑스트라 버진 올리브유를 도입한 것은 국민 건강을 최우선으로 생각하는 제너시스BBQ 그룹의 경영철학이 담긴 결정이었다.

프랜차이즈 교육과 연구의 산실, 치킨대학

황금 올리브 치킨과 함께 BBQ의 '성공'을 견인한 다른 한 가지를 꼽으라면, 단연 '치킨대학'이다. 윤 회장은 평소 "프랜차이즈 사업은 곧 교육사업"이라 말하며 프랜차이즈 사업을 함에 있어 교육에 대한 굳은 신념을 갖고 있었다. 95년 창업 초기에도 윤 회장은 임대 건물의 2개 중 1개 층을 교육장으로 사용하는 등 초기 자본금의 60%가량을 교육에 투자했을 정도로 각별한 공을 들였다. 2003년 경기도 이천시 설봉산 자락에 세계 최초로 설립한 BBQ 치킨대학은 교육에 대한 윤 회장의 확고한 철학이 빚어낸 결과물이다.

치킨대학은 총 26만 4,462㎡ 부지에 4층 규모의 충성관, 5층 규모의 혁신관으로 조성되어 있으며, 총 7개의 강의시설과 11개의 실습시설, 40개의 숙소시설로 구성된 국내 최대의 외식 사업가 양성 시설이다. 제너시스BBQ 가맹점을 계약한 사람이라면 모두 치킨대학에서 2주간 점포 운영과 더불어 경영자적 마인드를 함양하기 위한 합숙 교육을 받아야 하며, 본사 직원들을 최고의 외식산업 전문가로 양성하기 위한 교육 역시 이곳에서 이뤄진다. 이와 더불어 학생과 일반인들을 대상으로 치킨을 직접 조리하고 맛보며 다양한 강연과 체육활동, 레크리에이션도 함께 하는 'BBQ 치킨캠프'를 운영해오며 2020년 12월엔 교육부와 대한상공회의소로부터 교육기부 진로체험 인증기관으로 선정되기도 했다.

또한 치킨대학에는 BBQ가 자랑하는 R&D 센터 '세계식문화기술원'이 함께 입주해 있다. 30여 명의 석박사급 전문 연구진들이 '최고의 맛'을 찾아 새로운 제품을 개발하기 위한 끊임없는 연구가 이뤄지고 있는 곳이다. 신메뉴로 접목 가능한 세계 각지의 음식과 재료를 찾아 프랜차이즈로서의 상품성을 판단하고 제안하며, 제품 조리에 맞는 주방설비의 개발까지 맡아 진행한다. 기업이 발전함에 있어 가장 중요한 '교육'과 '연구'를 책임지는 치킨대학은 세계 최고의 프랜차이즈 기업으로 비상을 꿈꾸는 제너시스BBQ의 든든한 두 날개 역할을 충실히 수행하고 있다.

2022년 3월 14일 패밀리와 BBQ의 동행위원회 5기 출범식.

BBQ의 '가맹점주'가 아닌,
'패밀리'인 이유

　프랜차이즈 사업에 있어서 가맹점과 본사의 신뢰는 그 무엇보다 중요하다. '가맹점이 살아야 본사가 산다'를 경영이념으로 삼는 BBQ는 가맹점주라는 말도 사용하지 않고 '패밀리'라고 칭하며 상생의 가치를 실천하고 있다.

　가장 대표적인 상생제도가 패밀리 자녀 학자금 지원이다. 10년 이상 패밀리 자녀들에게 장학금을 지급하고 있는데 현재까지 지급한 장학금 액수만 총 17억 원이 넘는다. 장학금 수여제도는 10년을 이어온 BBQ만의 전통으로, 사회 구성원으로 성장한 패밀리 자녀들이 편지나 메일을 통해 취업 및 결혼, 유학 소식 등을 전해 올 때 윤 회장은 기업가로서 가장 큰 보람을 느낀다고 한다.

또한 BBQ는 패밀리가 '동' 위원, 본사 담당자가 '행' 위원이 되어 본사 정책과 관련된 모든 것을 논의하고 토론하는 '동행위원회'를 발족했다. 동행위원회를 통해 본사와 패밀리 간 상생 및 동반성장을 실천하기 위함이다.

특히, 2020년 8월 7일부터 한 달간 '네고왕'을 통해 최단기간 내 자체앱 가입자 수가 약 8배가 증가한 250만 명을 돌파했으며, 자체앱 주문 시 7,000원 할인된 금액으로 제공했다. 할인된 7,000원은 패밀리 부담 없이 본사 전액 부담으로 하여 진행해 상생경영에 대한 윤홍근 회장의 의지도 담았다. 현재는 가입자 300만 명을 돌파하며 업계 최대 자사앱 규모를 운영하고 있으며, 자사앱 마케팅 활성화를 통해 패밀리의 수수료 부담은 절감하고 고객의 만족도를 높여 상생경영에 앞장서고 있다.

'가맹점이 살아야 본사가 산다'라는 제너시스BBQ 그룹의 경영철학을 담은 프로모션으로 패밀리의 부담 금액은 '0'으로 본사에서 할인된 금액을 전액 부담했다. 어려운 경제 환경 속에서 유례없는 매출 상승을 이룬 패밀리들은 본사와 패밀리 간 소통창구인 BBQ 내부 온라인 게시판을 통해 호평을 전하고 있으며, 향후 매출과 사업신장의 기대감을 표출하고 있다. BBQ는 이번 마케팅을 통해 전년 대비 2배 이상의 기하급수적인 매출상승을 경험하고 있다.

사회적 책임에 앞장서는
선진형 기업

BBQ는 제너시스BBQ는 2018년 9월부터 사단법인 '아이러브아프리카'와 제휴를 맺고 아프리카 지역에 우물(식수) 개발, 생활환경 개선, 아동·여성복지개선사업 등을 통해 지역 아이들과 주민들에게 안전하고 풍요로운 삶을 지원해오고 있다. 지난 1분기에 마련된 기금을 통해 케냐의 카지아도 카운티 지역에 깨끗한 식수 공급을 위한 우물 개발, 마카레슬럼가에 메인 수원을 공급하는 식수 탱크 설치를 지원했다.

또한, 경제 및 생활지원 사업으로 케냐의 수도 나이로비 샤우리 모요 지역 여성들의 경제 활동을 위한 재봉틀 지원 및 교육, 키베라·아티리버슬럼가 지역의 구호식량 지원을 후원했다. 의료지원 분야에서는 지역 초등학교의 지거Jigger 퇴치 및 치료, 지역 의료진료소의 의료보건 지원사업 등을 전개했다. 교육 지원 사업도 전개했는데 슬럼가의 고아 및 아동 교육, 청소년을 대상으로 축구공 및 유니폼 지원 등이 이에 속한다.

BBQ치킨과 아이러브아프리카 케냐 무랑가 카운티 지역의 초등학생 대상 지거Jigger 퇴치 사업.

'아이러브아프리카'의 기금은 고객이 BBQ 치킨을 주문하면 한 마리당 패밀리와 본사가 각각 10원씩 총 20원씩 기부하는 매칭펀드 방식으로 진행된다. 2018년부터 현재까지 전달한 누적 기금은 16억 7,000여 만 원에 달한다.

BBQ는 패밀리와 함께 고객이 치킨을 주문할 때마다 본사와 가맹점이 마리당 각각 10원씩, 총 20원을 적립해 기금을 모으는 매칭펀드 방식으로 아이러브아프리카와 현재까지 약 16억 원을 기부했다. 이외에도 BBQ는 다양한 사회공헌으로 지역아동센터 및 노인복지관 등에 치킨을 지원하는 치킨릴레이 나눔 행사를 매주 활발

제너시스BBQ가 아이러브아프리카와 함께 생명의 우물 개발 사업을 지원하고 있다.

히 진행하고 있다. 치킨릴레이는 패밀리에서 재능기부 및 봉사활동 형식으로 매장 인근 지역아동센터, 노인복지관, 장애인복지관 등에 치킨을 조리해 나누어 주며 본사에서는 일부 원부재료를 지원하고 있으며, 치킨대학의 '착한기부'는 치킨대학에서 교육 과정 동안 패밀리와 본사가 함께 조리한 치킨을 사회적 취약계층에게 1년 동안 매주 치킨을 직접 전달해오고 있다.

또한, 지난 해부터 올해 초 BBQ는 약 3억 5,000만 원 상당의 자사 제품을 광주중앙 푸드뱅크, 하남 푸드뱅크 등 총 13곳의 지역 푸드뱅크에 전달해오고 있으며, 대학생 봉사단 올리버스Olive Us 는 지난 1월 발대식 이후 연말을 맞아 아동양육시설 치킨 전달과 새해맞이 하여 쪽방촌 어르신들에게 제품을 전달하는 등 사회공헌 활동을 이어오고 있다.

윤홍근 선수단장, 프랜차이즈 업계 위상 높였다

윤홍근 회장이 선수단장으로 선임된 것은 대한빙상경기연맹과 서울시 스쿼시연맹 회장으로 활동하며 국내 스포츠 저변 확대에 기여한 공을 인정받은 덕이다. 선수단장 선임 이전부터 빙상경기연맹 회장을 맡아 일주일에 한 번은 꼭 진천 선수촌을 방문하여 선수들을 챙기고 스스럼없이 선수들과 이야기를 나누는 등 집안의 맏형 같은 모습이 있었기에 가능한 일이었다. 이번에 윤홍근 회장은 해외 시장에서 패밀리(가맹점주)를 아낌없이 지원하며 '글로벌 식품 기업'으로의 위상을 높였던 글로벌 경영 마인드를 바탕으로 현지에서도 선수들을 가족같이 여기며 편안하게 훈련에 임하고 기량을 마음껏 발휘할 수 있도록 선수단 안팎에서 환경 조성에 힘

쇼트트랙 여자 3,000m 계주 결승에서 은메달을 차지한 이유빈, 최민정, 서휘민, 김아랑 선수와 윤홍근 회장의 기념 사진.

썼다.

　특히, 금전적 지원뿐 아니라 선수들의 생활에 있어서도 불편함이 없도록 세심하게 챙기는 모습을 보였다. 개막식 전에 선수들의 안녕을 기원하며 지난 설 합동 차례를 시작으로, 타지에서 설을 맞이하는 선수들을 위해 세뱃돈을 전달하고 현지에서 생일 파티를 함께 하며 선물을 전하기도 했다. 또한, 선수들의 훈련에 지장이 없도록 주로 점심시간에 선수단과 점심식사를 같이 하며, 선수단의 균형 잡힌 영양 공급과 체력 증진을 돕는 식단을 체크하기도 했다.

급식지원센터가 위치한 장자커우, 옌칭 지역을 직접 방문하여 사소한 것 하나까지도 직접 챙기며 선수들의 맏형을 자처하면서 부드러운 분위기로 선수들에게 다가갔다. 또한 윤홍근 회장은 선수촌에만 머무르지 않고 박병석 국회의장 등 국내 주요 정부 인사 방문 시 현지 호스트 역할을 자처하기도 하며 바쁜 일정을 소화했다.

윤홍근 회장은 2022 베이징 동계올림픽에서 편파 판정으로 인한 선수들이 받은 부당한 대우에 두 팔을 걷고 나서는 모습을 보였다. 2월 6일, 쇼트트랙 남자 1,000m 경기에서 편파 판정 논란이 일었다. 당시 경기에서 1등으로 결승점을 통과한 황대헌 선수와 함께 출전한 이준서 선수가 레인 변경 반칙으로 실격 처리된 것이다.

윤홍근 회장은 "선수단장으로서 정당하고 공정한 경기환경을 만들지 못하여 5,000만 국민들에게 스포츠를 통한 행복과 기쁨을 지켜주지 못하고 선수들이 4년간의 젊은 청춘을 바쳐 피 땀을 흘린 노력을 지켜주지 못해 죄송합니다"라는 말을 시작으로 현지 기자단을 대상으로 긴급 기자회견을 열었다. 심판의 편파판정에 대해서 부당성을 제기했으며, "경기장에 있었던 심판이 전부가 아니라 이 경기를 지켜본 전 세계 80억 인류가 이 경기의 80억 심판은 모두 같은 마음으로 이 경기를 심판했을 것입니다. 대한민국의 승리이자 메달을 이미 획득한 것이나 다름없습니다"라고 확신에 찬 말로 선수들의 사기를 진작시켰다.

국제적인 경기에서는 스포츠맨십이 공정하게 담보되어야 하는데 담보되지 않는 경기에 대해서는 강력한 항의를 통해 CAS에 제소하고 ISU, IOC 회장 면담을 통해 공정한 스포츠맨십을 바탕으로 남은 경기를 치를 수 있도록 보장받겠다고 말했다. "경기 초반이기 때문에 철수는 안 되었습니다. 4년간 피와 땀을 흘린 우리 젊은 선수들의 청춘을 박탈할 수는 없습니다"라고 심지를 굳히며 심판의 공정성을 보장받기 위해 '강력한 항의'를 했고 다음날 분위기는 반전되었다.

통 큰 지원,
치킨연금 행복 전달식

'치킨연금'은 스포츠 분야에 대한 통 큰 지원을 이어오던 윤홍근 회장이 베이징 동계올림픽 대회 초반 개최지인 중국의 노골적인 편파 판정에 불이익을 당한 국가대표 선수들의 평정심 회복과 사기 진작을 위해 꺼내든 또 하나의 통 큰 약속이었다.

윤홍근 회장이 선수단장으로서 황대헌 등 3명의 선수를 격려하는 과정에서 "어떻게 하면 이러한 충격에서 벗어나서 평상심을 찾을 수 있겠습니까"라고 묻자 황대헌 선수가 "저는 1일 1닭을 하는

데 평생 치킨을 먹게 해주면 금메달을 딸 수 있을 것 같습니다"라
고 답해 평생 치킨을 먹게 해주겠다고 수락한 내용이 언론을 통해
알려지며 '치킨연금'이라는 신조를 만들어냈다. 다음 날 황대헌 선
수는 쇼트트랙 스피드스케이팅 남자 1,500m에서 금메달을 획득
했다.

금메달리스트인 황대헌(22)에게 38년간, 최민정(23)에게 37년
간 매월 또는 매 분기 초에 치킨연금에 해당하는 금액을 멤버십 포
인트로 지급하고 차민규, 서휘민, 이유빈, 김아랑, 이준서, 곽윤기,
박장혁, 김동욱, 정재원 등 9명의 은메달리스트와 쇼트트랙 여자
3,000m 계주 멤버로 참가한 박지윤 선수도 주 2회 20년간 치킨 연
금 혜택을 받게 됐다. 동메달리스트인 김민석, 이승훈 선수는 주 2
회 10년간 치킨연금을 받게 됐고 빙상종목을 제외한 동계올림픽 5
개 종목 각 협회에서 추천한 1명씩 5명의 국가대표 선수에게 격려
상을 통해 주 2회 1년간 치킨 제공을 약속했다.

업계 1위를 넘어 이제는
세계 1위로

2003년 BBQ는 큰 결단을 내렸다. 국내 외식프랜차이즈를 한 단

They have unique flavors for all tastes

At most American fast food fried chicken chains, you may be given a choice of whether you want your batter to be spicy or mild, but those tend to be your only options. However, at bb.q Chicken they are proud to offer a large variety of globally-inspired flavors that will appeal to any palate.

최근 BBQ는 미국에서 가장 인기 있는 음식 전문지 〈퀵서비스 레스토랑QSR, Quick Service Restaurant〉와 〈매쉬드Mashed〉에 놀라운 성장세를 보이는 K-치킨의 대표 브랜드로 소개된 바 있다.

계 발전시키고자 중국 진출을 강행했다. 여러 시행착오 끝에 현재 미국, 독일, 말레이시아, 대만, 중국, 인도네시아, 베트남 등 전 세계 57개국과 마스터프랜차이즈 계약을 체결했으며 500여 개 매장을 보유한 글로벌 외식프랜차이즈가 되었다.

BBQ는 글로벌 시장 진출 시 마스터프랜차이즈 형태로 진출한다. 제너시스 BBQ가 지향하는 마스터프랜차이즈 방식이란 글로벌 프랜차이즈 브랜드들이 공통적으로 적용하고 있는 최신 해외진출 방식으로 현지 상황에 대해 잘 알고 있고 경쟁력 있는 기업에게 상

BBQ는 미국 방송에서도 현지인들이 즐겨 찾는 'K-치킨'으로 보도되면서 미국 내 가장 빠르게 성장한 외식 브랜드로 자리매김하고 있다.

표 사용 독점권을 부여하고 사업 노하우를 전수하여 사업의 성공 가능성을 높이는 방식이다.

경우에 따라서는 직영 형태로 진출해 플래그십 스토어 역할을 하기도 한다. BBQ는 글로벌 진출 시 코벌라이제이션Kobalization, Korea+Globalization을 추구, BBQ 고유의 한국적인 콘셉트를 유지하되 국가별로 차별화된 전략을 구사하고 있다.

BBQ는 2017년 3월 미국 프랜차이즈의 본고장이자 세계 경제의 심장부인 뉴욕 맨해튼에 맨해튼 32번가점을 오픈했다. 22년간 축적된 프랜차이즈 시스템과 노하우를 전부 담아 직영점 형태로 진출했다. 이 매장은 일 매출 4만 불을 넘어서며 K푸드의 우수성 및 선진화된 대한민국 외식문화를 뉴요커 및 전 세계 관광객들에게 널리 알리는 글로벌 플래그십 스토어가 되고 있다.

최근 BBQ는 미국에서 가장 인기 있는 음식 전문지 〈퀵서비스 레스토랑_{QSR, Quick Service Restaurant}〉와 〈매쉬드_{Mashed}〉에 놀라운 성장세를 보이는 K-치킨의 대표 브랜드로 소개된 바 있다. 또한 미국 유명 방송사 폭스 뉴스의 플로리다주 'FOX 35 Orlando'에 현지인들이 즐겨 찾는 'K-치킨'으로 보도됐으며, 2021년 7월 글로벌 외식 전문지 〈네이션스 레스토랑 뉴스_{Nation's Restaurant News}〉가 발표한 '미국 내 가장 빠르게 성장한 외식 브랜드' 중 5위를 차지하며 미국 내 인기를 증명한 바 있다. 미국 성장세에 힘입어 BBQ는 지난 4월 일본은 21호점을, 대만에는 18호점을 오픈하면서 K-치킨을 통해 한국의 맛을 세계화하는 데 앞장서고 있다.

윤홍근 회장의 비전은 뚜렷하다. 2025년까지 전 세계 5만 개 가맹점을 성공적으로 오픈해 맥도날드를 추월하는 세계 최대 최고 프랜차이즈 기업으로 성장하는 것이다. 윤 회장은 말하는 대로 이루어진다는 '시크릿 법칙'과 어떤 기대나 강력한 믿음을 가지면 실제로 이루어진다는 '피그말리온 효과'를 믿는다. 지나온 시간 동안 위기도, 실패도 종종 있었지만 항상 위기는 기회가 되었고, 실패는 다시 일어서는 밑바탕이 되었다. '맥도날드를 뛰어넘는 세계 최대 최고 프랜차이즈 기업'이란 목표에 대해 누군가는 허황된 꿈이라고 할지 모르지만 오늘도 제너시스BBQ 그룹은 전 세계 5만 개 매장 개설이라는 구체적인 목표를 달성하고자 부지런히 전진하고 있다.

이경수 대표

| 세라젬

CERAGEM

● **경력**

2003   세라젬 입사
2003~2015   마케팅홍보, 해외사업, 영업전략팀장
2016   해외지원본부장
2017   중국지역사업총괄
2018   전략기획실장
2020   전략사업부문 대표 / 세라젬C&S 대표이사
2021   세라젬 대표이사 사장

● **상훈**

2021   대한민국 마케팅 대상 산업통상자원부 장관상

4년 만에 국내 홈 헬스케어
가전 업계 1위 등극

세라젬은 20여 년간 축적된 헬스케어 노하우와 기술력을 바탕으로 소비자들에게 척추 과학과 첨단 기술을 접목한 다채로운 제품을 선보이고 있는 글로벌 홈 헬스케어 혁신기업이다. 주력 제품인 세라젬 V6 등 척추 의료가전부터 파우제 안마의자, 리클라이너 소파, 건강기능식품, 물걸레 로봇 청소기 등 소비자들의 건강한 라이프스타일에 기여하는 다양한 제품을 선보이고 있다.

세라젬은 "건강하고 행복한 삶을 추구하는 전 세계 고객들에게 체험을 통해 가치를 확신할 수 있고 신뢰할 수 있는 최고의 제품과 서비스를 제공함으로써 삶의 질을 높이는 데 기여하겠다"는 설립자 이환성 회장의 설립 이념 아래 1998년 첫발을 내딛었다.

이후 2003년부터 세라젬 기술연구소, 메디컬 연구소 설립 등 적극적인 R&D 투자를 통해 우수한 제품을 지속적으로 선보이면서 그와 함께 공격적인 해외 진출을 추진했다. 현재 70여 개국에 2,500여 개의 유통 거점을 확보하는 등 전 세계 소비자들의 신뢰

속에 지속적으로 성장해왔으며 활발한 임상 연구 활동 역시 진행 중이다. 이를 바탕으로 세라젬은 국내 식약처, 미국 FDA 등에서 그 효능을 인증받기도 했다.

세라젬은 2018년을 글로벌 홈 헬스케어 혁신기업으로 도약하는 원년으로 삼고 새로운 비즈니스 모델 구축과 대규모 조직 개편 · 신설, 소비자중심경영 도입 등 과감한 경영 혁신에 나섰다. 세상에 없던 새로운 '웰라이프'를 만든다는 의미를 가진 'Create Well Life' 라는 슬로건 아래 △새로운 홈 헬스케어 솔루션 창조 △차별화된 고객 중심의 서비스 구축 △새로운 가치를 창출하는 혁신적인 디자인 제공 등을 목표로 완전히 새로운 제품과 조직 문화, 시스템 등을 대거 도입했다.

대표적인 것이 직영 브랜드 체험 공간 웰카페다. 웰카페는 고객의 일상에 보다 밀접하게 다가가기 위해 고안된 공간으로 건강한 식재료로 만든 음료를 즐기며 편안한 분위기에서 제품 체험과 휴식을 취할 수 있어 소비자들로부터 큰 호응을 얻고 있다. 2019년 초 론칭한 이후 2년이 채 되지 않은 2021년 100호점을 돌파하는 등 성장세가 가파르다. 현재 전국에 120여 곳이 운영되고 있다.

또 최근 미국 캘리포니아에 직영 체험 매장 3곳을 새롭게 오픈한 것을 시작으로 국내 성공적인 비즈니스 모델을 해외 시장에 적극 이식해 우수한 한국의 홈 헬스케어 가전을 해외에 널리 알리는

세라젬의 제품들.

데 주력할 예정이다. 특히 미국엔 연내 10곳까지 체험 매장을 늘려 본격적인 시장 공략에 나설 계획이다.

고객체험 기회 확대와 더불어 세라젬이 중점적으로 강화하고 있는 분야는 바로 고객 서비스다. 세라젬은 2020년부터 제품 설치·배송, A/S, 고객 상담 서비스에 대해 직영 체계를 도입했다. 국내 어느 지역에서 서비스를 받더라도 일관된 품질을 제공하기 위해서다. 현재는 어떤 서비스를 받더라도 대부분 전문 교육을 받은 세라젬의 서비스 직원이 직접 응대하기에 만족도가 높다.

세라젬은 지난해 의료기기 기업 최초로 '소비자중심경영' 인증을 받았으며 최고고객책임자CCO 임명, CXCustomer Experience 조직 신설, 관련 프로세스 개선 등 모든 경영활동에 있어 소비자를 최우선으로 삼고 서비스를 고도화하기 위해 다양한 활동들도 이어오고 있다.

이 같은 발 빠른 경영 혁신 덕에 세라젬은 2021년 매출 6,671억 원, 영업이익 925억 원을 기록하며 역대 최대 실적을 달성했다. 전년 대비 매출은 122.1%, 영업이익은 291.9% 증가한 수치다. 2018년 새로운 비즈니스 모델을 도입하며 시작한 국내 B2C 사업이 연 매출 208억 원 수준에서 2021년 4,964억 원까지 2,386%의 기록적인 성장을 보여준 것이 결정적이었다.

뚜렷한 성장세를 바탕으로 2021년 매출 기준 국내 홈 헬스케어 가전 업계 1위에 오른 세라젬은 올해 새로운 도약을 준비하고 있다. 우선 올해부터 3년간 연구개발과 디자인 고도화 등에 1,000억 원을 투자해 제품군을 다각화하고 주요 제품의 경쟁력을 강화할 계획이다.

지난 3월엔 세라젬 최초의 전신 안마의자 '파우제 디코어'를 출시하며 제품 라인업을 더욱 확대했다. 파우제 디코어는 '심층 마사지' 기술을 통해 결림이 주로 발생하는 근육 깊은 곳까지 풀어주는 장인의 손길을 그대로 구현한 것이 특징이다.

또 최근 미국 캘리포니아에 직영 체험 매장 3곳을 새롭게 오픈한 것을 시작으로 국내 성공적인 비즈니스 모델을 해외 시장에 적극적으로 이식해 우수한 한국의 홈 헬스케어 가전을 해외에 널리 알리는 데 주력할 예정이다.

고객 중심의 체험 서비스를 통한
'경험의 혁신'

세라젬 브랜드 전략의 핵심은 고객 중심의 체험 서비스를 통한 '경험의 혁신'이다. 소비자들에게 풍부한 체험 기회를 제공하되 부담스러운 영업활동은 일절 하지 않고 고객에게 전적으로 의사 결정을 맡기는 것이 포인트다.

전국 120여 곳이 운영되고 있는 세라젬의 브랜드 체험공간 웰카페 직원들은 체험하는 고객이 먼저 묻지 않는 한 영업 행위를 하지 않는 게 원칙이다. 고객이 방해 없이 체험에 집중하도록 하기 위해서다. 제품에 대한 설명도 최대한 간단하게 진행되며 상세한 내용은 고객 문의 시에만 안내하고 있다. 이는 제품설치, 정기 점검 등도 마찬가지로 서비스 만족도 설문에 '직원이 고객님께 부담스러운 영업 활동을 했나요?'라는 질문이 포함돼 있을 정도다. 이처럼 영업 활동을 제한하는 건 소비자가 제품을 충분히 체험해보고 합당

세라젬 시그니처 웰카페 '메타포레스트'

한 가치를 느낀 상태에서 구매가 이뤄져야 제품에 대한 만족도가 그만큼 높아진다는 판단에서다.

양질의 제품을 개발하고 다양한 마케팅 활동과 체험 서비스 운영을 통해 고객들이 제품을 충분히 체험해볼 수 있도록 도울 뿐 이후 가치 판단과 구매 결정은 온전히 고객의 몫으로 남겨 놓는다는 게 세라젬 측 설명이다.

세라젬이 2019년부터 진행하고 있는 홈 체험 서비스 역시 같은 맥락이다. 홈 체험 서비스는 세라젬 V6 등 척추 의료가전을 구매 전 10일 동안 집에서 마음껏 체험해볼 수 있는 서비스로 방해받지 않고 온전히 제품을 체험해볼 수 있도록 돕는 게 목적이다. 지난해 대비 올해 신청자 수가 60% 늘어나는 등 지속적으로 좋은 반응을 얻고 있다.

또 하나의 전략은 '사후 지원 차별화'다. 구매가 일어난 후에는 확실한 고객 지원과 투자를 통해 소비자가 제대로 제품을 이용할 수 있도록 지원하고 있다.

대표적인 프로그램으로 '세라케어' 서비스가 있다. 세라케어는 척추 의료가전 구매 · 렌탈 고객 대상으로 최대 3년간 '헬스 큐레이터'가 일정 주기로 방문해 △제품 점검 및 사용 가이드 △가죽 클리닝과 UV자외선 살균 △겉천 교체(6개월 주기) △건강관리 프로그램(세라체크) 등을 무료로 제공하는 서비스다.

세라케어는 2020년 처음 론칭한 이후 3개월 만에 고객 계정 1만 개를 돌파한 데 이어 지난해엔 12만 개를 넘어서는 등 가파르게 성장하고 있다. 론칭 후 전문 헬스케어 기기를 이용해 뇌파, 맥파, 체성분, 혈압 등 건강 상태를 정기적으로 셀프 체크하고 스마트폰으로 스트레스, 두뇌피로, 근육량, BMI 지수 등이 포함된 결과를 언제든 확인할 수 있는 '세라체크'를 기본 서비스로 추가하는 등 서비스 질도 지속적으로 고도화하고 있다.

최근 고객센터를 직영화하는 등 A/S는 물론 배송, 설치, 상담에 이르기까지 전반적인 서비스를 자체적으로 운영하고 있는 것도 눈에 띈다. 서비스를 외주화할 경우 상대적으로 비용이 절감될 수도 있지만 처리 실적에 초점을 맞추게 돼 서비스 질 저하 우려가 있다는 게 세라젬 측 설명이다.

세라젬이 최근 소비자중심경영CCM을 추진하며 설정한 캐치프레이즈는 '우리는 고객에게 고맙다는 말을 가장 많이 듣는 파트너가 된다'이다. 응대에 많은 시간과 비용이 발생하더라도 고객 개개인이 '고맙다'고 얘기할 수 있도록 양질의 서비스를 제공하겠다는 것이다.

세라젬은 지난해 900여 명의 신규 직원을 채용했는데 서비스 인력 비중이 약 60%로 500명 이상이다. 올해 역시 약 700명 규모 신규 채용 계획 중 절반 이상을 서비스 인력으로 채울 예정이다. 외연이 급속도로 확장되고 있는 상황에서 서비스 품질에 집중하기 위한 복안이다.

또 소비자중심경영CCM 내재화를 위해 직원들의 일하는 방식을 정의한 '세라제머십'을 발표하고 고객 중심 기업으로 도약하기 위한 작업도 꾸준히 진행하고 있다. '세라제머십'은 "우리는 세상에서 고객에게 '고맙다'라는 말을 가장 많이 듣는 파트너가 된다"라는 뜻의 "Thank you, CERAGEM!"이라는 캐치프레이즈 아래 고객들에게 차별화된 가치와 서비스를 제공하고 세상에서 가장 고객 중심적인 기업으로 도약하자는 세라젬 임직원들의 마음가짐과 포부를 담고 있다.

세라젬은 이를 바탕으로 차별화된 고객 가치 실현을 위한 인재 양성과 기업문화 내재화에도 본격적으로 나서고 있다. '세라제머십'의 핵심을 담은 첫 번째 행동 원칙 역시 "우리는 모든 업무를 수행함에 있어 철저하게 고객의 관점에서 생각하고 판단하고 행동한다"로 고객을 중심에 두겠다는 의지를 담았다. 세라제머십은 인사 고과에 비중 있게 적용된다. 업무수행 시 고객 중심 가치를 실천하고 있는지 다면평가를 통해 파악하고 충실히 수행한 직원들에게 혜택을 주는 방식이다.

이경수 대표이사는 "제품을 많이 구매하는 것보다 고객이 만족하고 잘 활용하는 것이 브랜드 가치를 높이는 데 있어서는 더 중요하다고 본다"며 "더 많은 고객들이 세라젬에 긍정적인 인상을 받을 수 있도록 체험 마케팅과 서비스 질 강화에 집중할 계획"이라고 말했다.

세계로 K-헬스케어 전파 앞장…
국내 생산 제품 70여 개국 수출

세라젬은 현재 전 세계 70여 개국에 2,500여 개의 체험 매장을

세라젬 V6.

운영하고 있다. 1999년 미국 시장을 시작으로 2001년엔 중국에 진출하고 이후로도 인도 등 해외 곳곳에서 성과를 거뒀다. 현재는 아시아는 물론 북미, 유럽, 중동, 아프리카까지 모든 대륙에 진출해 있으며 안정적인 포트폴리오 구축을 통해 2020년까지 글로벌 누적 매출 3조 3,000억 원을 달성하기도 했다.

　세라젬이 이처럼 글로벌 시장에서 좋은 성과를 얻을 수 있었던 비결은 24년 이상 축적해온 헬스케어 노하우가 담긴 우수한 제품 덕분이다. 세라젬 척추 의료가전은 미국식품의약국FDA를 비롯해 중국 약감국CFDA, 유럽인증CE, 국내 식약처 등에서 의료기기로서 효능을 입증받았다. 특히, 주력 제품인 척추 의료가전 세라젬 V6는 식품의약품안전처로부터 △추간판(디스크) 탈출증 치료 △퇴행성 협착증 치료 △근육통 완화 △혈액순환 개선 등 4가지 사용 목적을 인증받기도 했다.

이 같은 전문성을 바탕으로 미국과 중국, 유럽 등 주요 시장뿐 아니라 인도, 베트남, 멕시코 등 주요 신흥국 시장에서도 빠르게 안착했으며 중견기업으로서는 이례적으로 70여 개국에 글로벌 네트워크를 확보하는 데 성공했다.

적극적인 해외시장 공략 성과 등을 통해 세라젬은 2018년 한국 헬스케어 가전의 위상을 높이고 수출 확대에 기여한 공로를 인정받아 '월드클래스 300'에 선정됐으며 2021년엔 산업부로부터 한국 산업을 이끌 핵심 중견기업인 '등대기업'에 선정되기도 했다. 이처럼 빠르게 늘어나는 홈 헬스케어 가전의 수요에도 세라젬은 세계 시장에 한국산 의료가전의 우수성을 널리 알리기 위해 창립 이후부터 국내 중심의 생산 전략을 고수하고 있다.

최근 출시한 세라젬 V6를 포함해 세라젬 척추 의료가전은 한국을 포함 미국, 인도, 유럽 등 전 세계 70여 개국에 판매되는 제품이 100% 국내에서 생산되며 중국에서 유통되는 제품만 자체 생산되고 있다. 세라젬은 최근 의료가전의 수요 증가에도 해외에 생산 기지를 추가로 확보하는 대신 국내 생산 설비 확대를 통해 20년 이상 이어져온 견고한 고객 신뢰를 지속 강화한다는 방침이다.

세라젬은 지난해부터 진행한 130억 원 규모 생산 설비 투자를 통해 올해 한국 공장의 척추 의료가전 생산 능력을 2020년 대비 4배 수준으로 확대할 예정이다. 자동화 라인 확대와 스마트 공장 시스템 도입을 통해 생산 효율성을 높이고 의료기기 제조품질관리기준GMP 등에 기반해 개발부터 출하까지 품질 관리도 한층 강화하고 있다.

세라젬은 세라젬 V6 등 신제품 수요 증가 대응을 위해 지난해 자동화 라인 등을 증설하는 1단계 생산 설비 투자를 이미 완료한 상태다. 이번 증설로 전년 대비 생산 능력이 2배 수준으로 확대됐으며 올해엔 스마트라인 신설을 통해 4배 수준까지 대폭 늘어난다. 세라젬의 국내 척추의료가전 생산량은 2018년부터 지난해까지 연평균 20%가량 늘었으며 앞으로도 국내 중심의 생산설비 투자를 지속적으로 이어나갈 계획이다.

척추 의료가전이 한국의 차별화된 생산 품질과 기술력을 바탕으로 20년 이상 소비자들에게 큰 사랑을 받아온 만큼 세라젬은 국내 생산 설비에 대한 과감한 투자를 바탕으로 한 '메이드 인 코리아' 중심 전략으로 고객 신뢰를 견고하게 유지할 예정이다.

과감한 연구개발 투자로
홈 헬스케어 가전 시장 리더십 강화

세라젬은 2000년 기술연구소 설립해 연구 기반을 확보했으며 2010년엔 전문 임상 연구기관인 웰라이프 메디컬 연구센터를 설립해 척추를 비롯한 다양한 분야의 헬스케어 연구를 진행하고 제품에 접목해왔다. 특히 올해부터 2024년까지 3년간 연구개발과 디자인 강화, 공동 연구를 위한 지분 출자 등에 1,000억 원을 신규 투자하면서 시장 리더십 확보에 더욱 적극적으로 나설 예정이다.

세라젬은 몇 년 전부터 꾸준히 연구개발과 디자인 등에 대한 투자를 지속 늘려왔다. 지난해엔 R&D와 디자인 개발, 공동 연구개발을 위한 지분 출자 등에 총 150억 원을 투자했다. 연구개발비는 2019년 대비 2배 이상 증액하고 임상 연구 투자도 늘렸다. 올해엔 230억 원 규모로 투자에 더욱 속도를 낼 계획이다. 또 지난해에만 기술연구소와 임상 연구기관인 웰라이프 메디컬 연구센터 인력을 60% 증원하는 등 핵심 인재 영입에도 적극 나서고 있다.

세라젬 기술연구소는 세라젬 V6 등 척추 의료가전의 내부 온열 도자, 체형 스캔, IoT 시스템 등 핵심 기능을 개발·접목하는 역할을 수행하고 있다. 2019년부터 지난해까지 3년간 188건의 국내외 특허를 출원하는 등 홈 헬스케어 가전의 핵심 기술을 발굴하는 데 크게 기여해왔다. 올해는 증원된 연구 인력을 바탕으로 새로운 제품군이나 서비스를 개발하기 위한 선행기술 투자를 늘리고 IoT 등 핵심 기술 고도화를 통해 소비자들에게 보다 다양한 가치를 제공하는 데 주력한다는 방침이다. 2020년 파우제 안마의자를 성공적으로 론칭한 것을 시작으로 개인 맞춤형 건강기능식품 관리 프로그램 세라메이트, 살균 물걸레 로봇청소기 세라봇, 파우제 리클라이너 소파 등 소비자들의 홈 라이프스타일과 관련된 다양한 제품군을 계속해서 선보이고 있다.

웰라이프 메디컬 연구센터는 척추·의과학을 연구하는 전문기관으로 주요 임상 연구를 통해 시너지를 내는 데 주력하고 있다. 설립 후 SCIE급 논문에 등재된 6건을 포함 19개의 논문을 게재했으며 세라젬 V6의 핵심 기능 중 하나인 '인체 견인' 연구를 통해 식약처로부터 추간판탈출증·퇴행성협착증 치료 등 주요 적응증을 확보하는 데 결정적인 역할을 하기도 했다.

이곳은 임상연구 외에도 주요 제품에 의과학을 접목하는 역할도 하고 있다. 척추 과학 연구를 통해 휴식을 위한 최적의 리클라이닝 각도를 접목한 파우제 안마의자, 리클라이너 소파 등이 대표적이다. 또 임상·과학 분야 등 연구를 위해 국내 8개 병원 및 대학, 글로벌 병원 및 의대 4곳과 협업 프로젝트도 진행 중이다.

올해엔 핵심 제품들의 작용 원리에 대한 과학적 근거를 확립하고, 글로벌 임상·학술 역량 내재화 및 강화, 의료기기 재택임상 시스템 구축 등에 힘쓸 예정이다. 또 지난해 KAIST와 공동 개소한 '미래 헬스케어 연구센터'의 연구 과제를 확대하고 한국세라믹기술원, 한국생산기술연구원, 한국전자기술연구원과도 지속 협력하는 등 외부 기관과의 협업도 강화한다. 최근엔 사내 '오픈이노베이션 TF'를 새롭게 구성하고 스타트업 발굴과 협업에도 힘을 쏟고 있다. 뇌 과학 분야 전문 기업인 '와이브레인'에 전략적 투자자(SI)로서 40억 원을 투자하기도 했다.

희귀병 환우 지원,
희망학교 설립 등 사회적 책임 이행 노력

사회적 책임을 이행하기 위한 대표적인 프로젝트는 희귀병 환우들을 위한 지원이다. 세라젬은 올해 초 원인 파악이 불가능하고 뾰족한 치료방법이 없어 투병에 어려움을 겪고 있는 루게릭 환우들을 위해 승일희망재단에 의료가전을 기부했다. 또 2018년부터 한국척추측만증 재단과 기부 협약을 맺고 정기 후원을 이어오고 있으며 척추 의료가전을 지원하기도 했다.

지난해 10월엔 사회복지공동모금회와 함께 코로나19 팬데믹의

세라젬은 기업의 사회적 책임을 다하기 위해서 국내외를 막론하고 다양한 사회공헌 활동을 펼치고 있다.

최전선에서 분투 중인 간호사들을 위해 의료가전을 기부했으며 7월엔 서울시 의사회 소속 병원에 제품을 지원했다. 두 차례에 걸쳐 지원된 3억 4,000만 원 상당의 의료가전은 서울대병원, 카톨릭대학교 성모병원, 명지의료재단 명지병원, 성심병원 등 100여 곳에 전달됐다.

세라젬은 국내뿐 아니라 중국이나 인도, 동남아 등 비교적 교육 여건이 열악한 지역 학생들을 지원하는 데도 힘을 쏟고 있다. 중국의 희망 초등학교 건립 프로젝트, 인도의 학교 리모델링 사업 드림스쿨, 장학금 지원 사업 등 건강한 사회 분위기 조성을 위한 사업들을 꾸준히 이어가는 중이다. 이밖에도 저소득층 가정, 독거노인, 다문화 가정 등 천안, 아산지역 소외계층을 대상으로 한 김장나눔 행사와 한국초록어린이 재단 정기 후원 등 다양한 활동들을 진행하고 있으며 앞으로도 기업의 사회적 책임 이행을 위한 활동들을 지속 확대해 나갈 계획이다.

이동재 회장

| 알파

- 학력

  1996 　　중앙대학교 경영대학원 중소기업 경영자과정 수료

- 경력

  1971 　　　알파문구사 설립
  1987 　　　알파문구센터(주) 법인 전환 대표이사
  1992 　　　전국문구협동조합 이사
  1997 　　　알파 전국 체인점 협회 회장
  1998 　　　남원고 장학재단 이사
  2006 　　　상공의 날 대통령 표창(노무현)
  2006~현재 　연필장학재단 이사장
  2010~현재 　한국문구인연합회 이사장

- 상훈

  2000 　한국능률협회 프랜차이즈 우수업체 선정
  2001 　한국 프랜차이즈대상 우수브랜드상
  2002 　산업자원부 장관상
  2004 　우수납세자 국세청장상
  2009 　제36회 상공의날 산업포장 수훈
  2011 　한국유통대상 지식경제부장관상(유통효율혁신 부문)
  2013 　세종대왕 나눔 대상 서울특별시장상
  2018 　한국유통대상 산업자원부장관상
  2021 　대한민국 글로벌리더 8년 연속 선정
  　　　 대한민국 100대 프랜차이즈 기업 10년 연속 선정

미래는
교육이다

미래는 교육이 주도하는 신환경체제로 흘러갈 것이다. 따라서 문구인 모두 하나가 되어 소통과 지혜를 모아 문구 산업을 개척해 나가는 신역량을 함께 만들어야 한다. "문구를 많이 쓰면 쓸수록 이 시대의 리더가 된다"라는 교훈을 되새겨 보며, 가치 있는 '문구'를 소비자가 많이 활용할 수 있도록 모든 문구인이 함께 노력해야 할 것이다. 특히 사단법인문구인연합회를 비롯하여 문구공업과 문구유통업조합 등 3개 단체가 하나가 되어 매년 5월 14일(문구의날)과 10월 9일(한글날)을 '문구사랑데이'로 선포하여 매년 10월 문구전시회 및 교육을 통한 문구에 대한 가치 창출을 해나갈 것이다.

문구에 가치를 더하면 '작품'이 되고 'Art'가 된다. 알파는 이러한 문구 산업의 미래 비전을 재조명함과 동시에 창립 52주년을 기점으로 '문구는 Art다'라는 미래 100년 경영철학을 새롭게 정립하고 차별화된 상품 전략으로 문구의 가치를 높여 나가고 있다.

문구는 인간의 꿈과 희망을 실현하는 매개체이자 미래를 선도하

고급 연필(기로쉐).

는 리더의 필수용품이다. 우리는 문구를 통해 과거의 기록을 접하고 현재를 표현하며 미래로 이어질 지식과 꿈을 키워나간다. 또한 그 자체로 하나의 '작품', 즉 Art로서 삶의 질을 높이고 윤택하게 만드는 요소이기도 하다. 대표적인 지식기반 산업으로서 숱한 변화와 혁신을 이끌며 발전해온 문구의 역사는 디지털 혁명과 같은 대전환 속에서도 흔들림 없이 이어지고 있다.

알파(주) 이동재 회장은 읽고 쓰고 말하는 과정에서 창의력과 소양을 쌓는 토대로서 문구의 기본 가치를 지켜 나가는 동시에, 문구의 문화적 확장성에 주목하여 예술과 생활편의 영역으로까지 그 가치를 넓혀가고 있다.

이 회장은 문구의 미래 가치를 조망해볼 때, '도구'적인 측면에서는 '언어표현의 완성체'가 될 것이고, '산업'적인 측면에서는 사회지식의 기반으로 자리 잡을 것이며, '생활'적인 면에서는 라이프 스테이션을 완성해 나가는 기폭제가 될 것이고, '개발'적인 면에서는 자신의 완성도를 높여 나가는 가치 있는 매개체가 될 것이라고 힘주어 말한다. 즉, 과거 학습 위주의 '연필'은 진화 과정을 거쳐 IT기기를 컨트롤하는 '스마트펜'으로 변모해 첨단산업의 초석이 되었다. 또한 쓰고, 읽고, 메모하는 문구의 기능은 산업의 발달과 함께 변화 과정을 거치며 '스마트폰'이라는 최첨단 문구를 만들어내게 된 것이다. 이처럼 문구는 산업의 격동 속에서도 변화와 혁신을 통해 가치를 만들며 사회 깊숙이 뿌리내리고 있다.

최근 문구가 사양 산업이라고 말하는 이들도 있지만, 이것은 잘못된 생각이다. 문구는 격동기를 거치는 가운데 변화와 혁신을 통해 그 범위를 확장해 왔고 사회적 역할을 키워왔다. 그 과정에서 문구 프랜차이즈가 생겨났고 대형 문구점과 전문적인 형태의 차별화된 문구점들도 새롭게 탄생했다. 다만, 코로나19 팬데믹을 겪으며 더욱 빠른 속도로 변화하고 있는 소비 트렌드와 점점 치열해지는 경쟁에서 '생존'하기 위해서는 실질적이고 지속가능한 가치 창출과 성장 전략이 필요하다.

첫째, 개개인의 자발적인 자기개발 학습이 이루어져야 한다. 그

중에서도 일간지 필독을 통해 견문을 넓히는 것은 가장 기본적인 자기개발 학습 방법이다.

둘째, 회사 이익률 개선을 위한 뚜렷한 목표와 노력이 전제되어야 한다. 이제 무조건 매출만 우선시하는 시대는 지났다. 기업의 진정한 목표인 이익률을 높이기 위해서는 매출과 투자비용에 대한 분석을 기반으로 한 스마트한 경영전략이 뒷받침되어야 한다.

셋째, 차별화된 상품 개발과 창의적인 디자인 전략이 필요하다. 최근 MZ세대가 소비 주체로 떠오르면서 퍼스트$_{First}$와 베스트$_{Best}$ 상품, 즉 독특하고 개성 넘치는 디자인과 차별화된 가치를 담은 상품이 시장을 지배하고 있다. 이러한 트렌드에 부응하지 못하면 시장 경쟁에서 밀릴 수밖에 없다.

넷째, 물류와 사업부 간의 정보 공유와 시스템 연결이다. '마켓컬리' 등 식품 유통업계에서 시작된 퀄리티를 동반한 빠른 배송 서비스는 코로나19 이후 전 분야로 확산되며 뉴노멀 시대의 새로운 기준이 되고 있다. 따라서 문구 유통에서도 사업부와 물류시스템 간의 체계적인 네트워크를 통해 빠르고 정확한 배송 서비스 역량을 갖추는 것이 무엇보다 중요하다.

다섯째는 홍보마케팅 전략이다. 이제 광고에 홍보마케팅 역량의 대부분을 쏟아 붓던 시대는 지나갔다. 좀 더 친밀하고 개별적인 매체를 통해 소비자의 공감과 감성을 끌어낼 수 있어야 한다. 따라서

SNS를 통해 소비자와 지속적으로 연결되는 커뮤니티 구축이 필요하다. 이러한 지속성장 정책을 실천하고 현실화한다면 문구 산업의 밝은 미래를 만들어갈 수 있다.

역사를 변화시킨
최고의 작품

문구는 인간의 창의력과 미래를 열어가는 도구이자 삶의 기록이다. 그만큼 문구는 식탁 위의 간장과 소금처럼 우리의 삶 속에 녹아 있으며 지식을 쌓아가는 밑거름이 되었다. 따라서 "미래는 교육이다"라는 확고한 신념 속에서 "문구를 많이 쓰면 쓸수록 이 시대의 리더가 된다"라는 교훈을 되새겨 보며, 가치 있는 '문구'를 소비자가 많이 활용할 수 있도록 모든 문구인이 노력해야 할 것이다.

문구 프랜차이즈를 도입하여 문구 산업의 패러다임을 견고하게 구축한 것은 알파 이동재 회장이 이룩한 가장 큰 업적 중의 하나다. 이 회장은 1971년 남대문에 알파 본점을 설립하고, 1987년 국내 최초로 문구프랜차이즈를 도입했다. 현재 알파는 전국 750여 가맹점을 보유한 대한민국 대표 문구프랜차이즈 기업으로서 7만여 품목의 다양한 상품을 온·오프라인 시장에 유통하며 국내 최초, 최

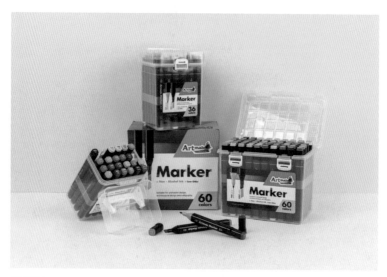

마키세트.

고, 최대의 문구생활 종합유통 프랜차이즈로 성장해 왔다.

이 회장이 문구프랜차이즈 가맹사업을 시작할 당시, 시장상황은 하루가 다르게 변화하고 있었다. 대형할인점과 대형서점의 등장으로 동네 완구점과 서점 등이 생존을 위협받고 있었고, 문구업계 역시 불확실성에 노출돼 있었다. 이 회장은 "문구점이라 해서 결코 안정적이라고 장담할 수 없고, 언제 사양 산업으로 내리막길을 걷게 될지 알 수 없다고 판단, 생존을 위한 차별화 전략으로 '문구프랜차이즈'를 도입했다"고 설명한다.

프랜차이즈 도입 초창기에는 알파가 구축해온 신뢰 하나만으로도 살아남을 수 있었다. 제품에 이상이 있을 때 영수증만 있으면 전액 현금으로 환불해 주었고, 주문한 상품을 빠른 시간 안에 받을 수 있도록 직접 발로 뛰며 배송을 해줬기 때문이다. 하지만 그마저도 눈에 띄게 변화하는 시장 상황 속에서 더 이상의 안전장치가 되어 주진 못했다. 온·오프라인을 막론하고 서점부터 마트까지 문구를 취급하는 유통 채널이 급속히 늘어났다. 특히 저가 생활용품점의 가격 공세는 문구 가맹점의 어려움을 더욱 가중시켰다.

이 회장은 급변하는 유통환경에 대응하기 위해 다시 한 번 혁신을 시도했다. 이번엔 '시장통합' 전략을 세워 문구에서부터 전산, IT, 생활용품, 식음료를 망라하는 '문구편의숍' 모델을 구축하며 정면승부를 띄웠다. 문구와 오피스, 그리고 생활 영역을 하나로 연결하는 새로운 모델을 제시한 것이다. 또 모든 가맹점 매장에 포스POS를 도입하며 시스템의 혁신도 꾀했다. 소비자 대응력을 높일 수 있도록 포스시스템을 기반으로 전국의 체인점과 본사 간의 네트워크를 연결시켜 가격 오차를 줄이고 운영의 투명성을 증대시킨 것이다.

이러한 '창조적 변화와 혁신'은 알파가 수년간 대한민국을 대표하는 문구 산업의 대명사로 장수하는 원동력이 됐다. 이 회장은 "어떠한 환경 속에서도 문구가 롱런할 수 있도록 문구 산업의 체질개선에 힘썼다"며 "그것이 국내 문구 산업을 위해 알파가 해나가야 할 중요한 사명이라고 말한다.

인류문화
혁신의 아이콘

코로나19 팬데믹 이후 시장 환경의 변화는 비대면 환경으로 인해 한 번도 경험하지 못한 경험들을 축적해 가고 있으며, 온라인 시장의 확산세에 가속도를 높이는 결과를 초래하였다. 소비자 구매 트렌드에 있어서, 향후 예측되는 주요한 변화 키워드는 '개인', '가족', '위생'이라고 할 수 있다. 코로나19로 인해 개인적인 삶, 가정에서 보내는 시간 증대에 따른 가족과 관련된 산업의 증대, 그리고 위생과 관련된 건강에 대한 관심 증가가 변화되는 시장 환경 변화의 주요 요인이다.

이러한 언택트 소비 트렌드가 빠르게 확산되는 가운데, 알파는 오랜 기간 다져온 온라인몰 운영 노하우와 전국적인 오프라인 유통망을 토대로 온·오프라인 통합서비스를 제공하며 주도적으로 시장의 변화에 대응하고 있다. 또한 가맹점주도 온라인 독립 쇼핑몰을 운영할 수 있도록, 소상공인에게 다소 부담이 될 수 있는 온라인몰 관련 기술 및 디자인 지원을 제공하는 제도도 운영 중이다.

엠스포지M-POSGY.

소비자의 다양한 수요접근에 부합하도록 업계 최초로 모바일서비스를 구축, 문구 스마트 쇼핑 시대를 연 것도 알파다. 이밖에 B2B와 MRO 시스템을 도입해 전반적인 문구유통의 혁신을 꾀한 것, 문구업계 최대 물류인프라를 구축해 당일 및 익일 배송 체제를 확립한 것도 이 회장이 알파의 이름으로 이룩한 괄목할 만한 성과다.

알파는 경쟁력 제고를 위해 자체브랜드, PB 상품 개발에도 주력해 3,000여 가지에 이르는 PB 상품 라인업을 구축하는 성과를 이룩해냈다. 특히 품질과 디자인이 우수한 제품을 고객에게 저렴하게 제공하기 위해 상품개발에도 적극적으로 나섰으며, 그 결과 점착메모지인 엠스포지M-POSGY와 엠테이프M-TAPE, 성능 좋고 오래 가는 알파워Alpower 건전지, 미술용품 브랜드 아트메이트Artmate, 럭셔리 브랜드 네쎄NeCe, 지능학습 개발 브랜드 토이 알파Toy Alpha, 몸이 사랑하

문구Art편의Shop.

는 물 알파水 등 다채로운 브랜드와 상품이 출시됐다.

특히, 엠스포지와 엠테이프는 2017년 한국산업진흥원에서 선정한 '서울시 우수중소기업상품'으로도 선정되어 '우수상품 인증마크'와 '혁신상품'으로 소비자에게 선보이고 있다. 현재 알파는 매월 15개가량의 제품을 선보이고 있는데, 이러한 PB상품 개발은 영세한 국내 문구제조사업자에게 생산 기회를 제공해 안정된 수급과 자금회전에 기여한다는 점에서도 높이 평가받고 있다.

이렇듯 이 회장은 제조와 유통이 유기적으로 결합된 독특한 경영 전략을 통해 문구 산업 전반에 걸쳐 긍정적인 영향을 미치고 있다.

또 이러한 막강한 브랜드 파워를 토대로 해외시장 진출에도 박차를 가할 계획이다. 현재 알파는 베트남, 미얀마, 몽골과 아프리카 등에 제품을 수출하고 있으며 점차 그 지역을 확대해 나갈 예정이다.

상상하는 모든 것

알파는 미술재료 종합유통 브랜드인 아트메이트의 영역을 확장해 미술재료와 모형재료, DIY, 인테리어 용품 등을 포함한 온·오프라인 종합 미술용품 브랜드를 확대해 나가고 있다. 아트메이트는 국내뿐 아니라 글로벌 시장을 타깃으로, 'K-문구'를 대표하는 미술 전문 브랜드 상품을 비롯해 국내외 유명 제품 5만여 품목을 한곳에 모았다.

특히 화방 제품에만 국한되어 있던 기존의 시스템을 혁신하여 일상 속 예술 활동에 필요한 미술재료와 취미, 힐링 상품 등을 보강했다. 또한 다양하고 섬세한 소비 패턴에 맞추어 유형별 카테고리 상품을 구성하면서 복잡하고 어려웠던 구매시스템에도 편의성을 더했다. 최근 장기간 지속되는 사회적 거리두기로 '집'이 소비의 중심으로 떠오른 가운데 취미 미술에 대한 관심이 높아지면서, 취미 영역까지 상품 카테고리를 확장한 아트메이트의 선택이 빛을

2020 아트메이트.

발하고 있다.

알파의 차별화 시도는 이뿐만이 아니다. 종합 미술용품 브랜드 전문 카탈로그를 만들어 B2B, B2C 고객을 비롯하여 예술계 학교, 단체, 마니아 등 다양한 업계에서 온·오프라인으로 편리하게 이용할 수 있도록 하면서 위축된 화방 시장에 새로운 활기를 불어넣는 동시에 생산과 유통이 함께 성장하는 상생의 장을 마련했다. 아트메이트 브랜드는 전문 브랜드의 신뢰도와 상품의 우수성을 인정받아 2021년 신제품 경진대회에서 중소기업중앙회 회장상(스쿨 브러쉬세트)을 수상했다.

문구의 역사와 가치 재조명, '문구ART박물관'

옛날 어른들이 사용하던 학용품부터 연필이 만들어지는 과정까지 문구에 대한 궁금증을 해결하고, 국내 문구 산업의 변천사와 주요 문구업체들의 역사도 한 눈에 볼 수 있는 문구Art박물관이 서울 남대문에 정식으로 개관한 지 3년이 흘렀다. 문구Art박물관은 국내 최초의 공식 문구박물관으로, 귀중한 문구 관련 자료와 다양한 전시품을 통해 문구의 과거와 현재, 미래를 연결하며 문구에 담긴 소중한 가치와 메시지를 되새겨볼 수 있는 장소다.

문구Art박물관은 오래된 빈티지 문구와 희귀한 한정판 문구, 생활과 관련된 다양한 전시물을 통해 문구의 역사와 가치를 재조명하고 문구업계 종사자를 비롯해 문구를 아끼고 사랑하는 일반인들과 함께 문구의 과거, 현재, 미래를 공유하기 위해 개관한 국내 최초의 문구 전문 박물관이다. 메인 전시실과 갤러리에 마련된 제2전시실 두 개의 전시실로 이루어진 박물관에는 개인 기증자와 문구 공업협동조합, 주요 문구업체 등에서 기증받은 1,000여 점의 소장

문구Art박물관.

품이 빼곡히 전시되어 있다.

　1950년대부터 현재까지 문구 역사의 흐름을 한눈에 볼 수 있는 귀중한 문구자료들이 가득하며, 옛날 타자기, 주판, 악기 등 추억을 불러일으키는 소품들이 전시되어 있다. 특히 모나미, 알파, 동아연필 등 오랜 전통을 지닌 문구업체들과 콜라보로 제작된 전시대에는 각 업체의 대표 제품과 브랜드 히스토리를 확인할 수 있는 자료가 충실히 갖춰져 있으며, 한정판 문구나 각종 스페셜 에디션을 만나보는 귀한 체험도 할 수 있다.

문구Art박물관은 단순히 옛날 문구제품을 모아놓은 박물관이 아니다. 시대적 의미를 담고 있는 독특하고 특징적인 소장품과 다양한 상품 전시를 통해 문구 가치의 본질을 조명하고, 현대 사회에서 요구되는 차별화된 경험 제공에 일조하는 '문화콘텐츠 박물관'으로서의 기능을 충실히 갖추고 있다는 점이 여느 박물관과 차별화되는 가장 큰 특징이다. 아이들에게는 신기한 옛날 문구를 구경하는 기회를, 어른들에게는 옛 향수를 떠올리며 추억에 잠길 수 있는 시간을 주는 문구Art박물관은 재미와 의미를 모두 갖춘 문화명소로 자리매김하고 있다.

문구업계 홍보 대사, 문구Art매거진

이동재 회장은 안으로는 알파의 내실을 다지고 밖으로는 문구인의 권익 향상을 위해 공헌해 왔다. 1992년 전국문구협동조합 이사를 시작으로, 2010년부터 현재까지 한국 문구업계를 대변하는 (사)한국문구인연합회 이사장으로서 문구 전문 월간지 〈문구Art매거진〉 발행을 통해 최신 문구시장 동향 등 문구 산업을 홍보하는 데 앞장서 왔다. 국내 문구소매점, 문구유통업체, 문구도매업체, 문구

생산업체를 비롯한 관공서, 학교, 기업 등에 매월 1만 부가 무상배포 되고 있는 〈문구Art매거진〉은 문구 업계 최고의 대변지로 평가받고 있다.

나눌수록 커지는 행복, 연필장학재단

이 회장은 "나눔의 실천은 인류가 발전하는 길이다"라고 늘 강조한다. 이 회장의 나눔 정신은 알파의 역사 속에도 고스란히 녹아 있다. 현재의 알파를 있게 한 알파 남대문본점은 70년대 남대문 주변 상인들에게 수돗물과와 화장실을 개방한 것을 시작으로 상생의 정도를 걸어 왔다. 10여 년 전부터는 본점 내에 '알파갤러리'를 오픈해 어려운 환경 속에 작품 활동을 하는 신진작가들에게 무료 전시 기회를, 매장을 방문하는 고객에게 무료 관람의 기회를 제공했다. 현재는 문구Art박물관 내 제2전시실을 작가들의 무료 전시 공간으로 개방하고 있다.

2006년 설립한 '연필장학재단'은 그가 일궈낸 사회공헌활동의 집약체이다. 자신의 몸을 깎아 더 나은 미래를 열어주는 연필의 희생과 봉사 정신을 담는다는 취지로 연필장학재단 초기에는 직원들

연필장학재단.

이 점심 한 끼를 줄이고 후원금을 마련하는 것으로 출발했다. 현재는 체인점, 협력체, 고객들이 보탠 작은 정성을 모아 중고등학생을 대상으로 연간 3억 원가량의 장학금을 지원하고 있다. 2007년부터는 지원 대상을 확대해 외국인 유학생들에게도 장학금의 기회를 제공한다. 현재까지 500여 명이 지원을 받은 상황으로, 앞으로 10만 회원 모집을 목표로 하고 있다.

이동재 회장은 이처럼 다채로운 사회 나눔 활동을 지속하고 있으며, 그러한 공로를 인정받아 2005년 중소기업유공자 국무총리표창, 2006년 대통령표창, 2009년 산업포장훈장을 수여받았다. 하지만 이동재 회장은 이에 안주하지 않고 앞으로도 문구인으로서 더 큰 그림을 그려 나가겠다고 말한다. 뿌리가 튼튼해야 제대로 가지를 뻗고 많은 과실을 기대할 수 있는 것처럼, 생산과 유통 전반이 화합·상생하는 방안을 강구함으로써 문구 산업 발전의 시너지를 배가하겠다는 계획이다.

함께한 50년,
함께 갈 100년

문구는 단순한 상품이 아닌 '미래를 열어갈 Art작품'으로서의 가치를 담아야 한다고 생각한다. 따라서 상품에 대한 특징적이고도 차별화된 전략이 필요하며, 특히 시장을 주도하고 있는 MZ세대들의 요구에 부합하는 온. 오프라인 통합마케팅과 새로운 서비스 체계가 필요하다고 본다. 또한 인구 고령화에 따른 실버영역 상품 보강이 시장의 폭을 확대해 나갈 것이다.

미래는 교육이 주도하는 신환경체제로 흘러갈 것이다. 문구인 모두 하나가 되어 소통과 지혜를 모아 문구 산업을 개척해 나가는 신역량을 함께 만들어 나갈 것이다. 이제 앞으로의 100년을 향한 출발점에 선 알파는 미래를 향한 불꽃처럼 타오를 세계인의 기업으로 발돋움하기 위해, 단순한 상품이 아닌 인류의 미래를 열어갈 작품으로서 문구Art시대를 펼쳐나갈 것이다.

최영권 대표

| 우리자산운용

● **학력**

1983~1987	서강대학교 경제학과 학사
2007~2009	서강대학교 경영전문대학원(MBA) 경영학과 석사
2010~2014	숭실대학교 경영학과(재무) 박사

● **경력**

1989~1999	한국투자신탁 주식운용부
1999~2002	동양투자신탁 주식운용부장
2002~2004	제일투자신탁 주식운용본부장
2004~2009	국민은행 신탁부장
2009~2013	플러스자산운용 전무
2014~2017	공무원연금공단 자금운용단장(CIO)
2017~2019	하이자산운용 대표이사
2019~현재	우리자산운용 대표이사

● **활동**

2015~2016	경찰공제회 자산운용위원회 위원
2015~2017	한국거래소 주가지수운영위원회 위원
2015~2019	과학기술인공제회 자산운용위원회 위원
2017~현재	한국은행 외화자산운용 자문위원
2020~현재	한국거래소 ESG 자문위원회 위원
2021~현재	한국애널리스트회 이사

종합자산운용사로 순항 중인
우리자산운용

우리자산운용은 2019년 우리금융지주에 편입된 이후 2021년 10월 프랭클린템플턴 공모펀드를 인수하는 등 종합자산운용사로 성장하고 있는 기업이다. 확고한 경쟁력을 자랑하는 채권형 상품과 더불어 앞으로 다양한 투자상품을 개발해 현재 30조 원 수준인 전체 운용자산을 2025년에는 50조 원으로 늘리겠다는 목표를 갖고 있다.

최영권 대표는 우리자산운용과 개인적으로도 인연이 깊은 곳인데, 우리자산운용의 전신인 동양자산운용 시절 주식운용부장으로 3년간 근무했다. 그러다 20년이 지나 회사의 대표이사로 취임하게 되었다. 약 30년 동안 자산운용 분야에서 다양한 경험을 쌓아왔고, 이를 토대로 ESG 관련 ETF와 해외펀드 상품 등 투자자산을 다변화하는 데 힘을 쏟고 있다.

완전 민영화의 원년을 맞아 우리금융의 원팀 시너지를 기대하는 목소리가 안팎에서 들려오고 있다. 실제로 올해 초 있었던 인사 및

우리금융그룹 본사 전경.

조직개편만 보더라도 미래성장과 디지털, ESG 역량강화 그리고 그룹 시너지 확대에 방점이 찍혀 있다는 걸 알 수 있다. 또 향후 우리금융지주가 보험사와 증권사 등을 인수하게 된다면, 은행과 더불어 다양한 투자상품을 투자자에게 제공할 수 있을 것이다.

자체적으로도 운용 역량을 넓혀가기 위해 전통적으로 강점을 갖고 있는 채권형 상품뿐만 아니라 ESG투자펀드와 글로벌 자산배분 펀드로도 상품군을 다변화할 계획이다. 이를 통해 그룹사의 성장에 발맞춰 운용역량을 높이고, 투자자들에게도 선택의 폭을 넓혀갈 계획이다.

주식운용 전문가
최영권 대표

최영권 대표는 금융회사에서 주식운용 업무를 시작으로 30년 이상 채권, 대체투자 등 다양한 자산을 운용한 자산운용 전문가로 꼽힌다. 2014년 7월 공무원연금공단 자금운용단장에 선임된 뒤 주식·채권 운용뿐만 아니라 글로벌, 부동산 등 대체투자에서도 성과를 거둬 임기를 1년 연장하기도 했다.

자산운용 모든 분야에 폭넓은 경험을 갖추었다. 우리금융지주는 우리자산운용을 지주사 규모에 맞는 정통 종합자산운용사로 키우기 위해 모든 자산군에서 고른 성장을 기대하고 있다. ESG투자 분야에서 국내 최고 전문가로 금융회사의 윤리경영을 강조해왔다. 하이자산운용 대표 시절에 국내 자산운용업계 최초로 책임투자 리서치팀을 만든 것을 시작으로 ESG(환경, 사회, 지배구조) 지수를 따르는 상장지수펀드를 만들기도 했다.

대체투자, ESG투자 등 새로운 분야에 도전을 즐기는 진취적 성격으로 직원들과 소통에 적극적이며 우리운용의 자산배분 솔루션을 선보이기 위해 여러 기업들과 접점을 늘려가며 관련 교육도 진행하고 있다.

2022년 1월 우리자산운용의 첫 번째 ETF로 'WOORI AI ESG액티브 ETF'가 유가증권시장에 상장했다.

ESG투자
ESG경영으로…

　지주사 및 그룹 전반의 확장으로 우리자산운용 역시 성장동력을 키우기 위해 다양한 상품군을 운용하고 있다. 하지만 그 못지않게 ESG투자 분야와 윤리경영을 강조하고 있다.

　ESG를 말하면서 'E', 환경적인 부분에만 치중하는 경우가 있는데, 그에 못지않게 'G', 거버넌스 및 윤리경영도 중요하다. 윤리경영 및 준법경영이 뒷받침되지 않으면 금융권의 기반이 흔들릴 수

환경부가 실시하는 친환경 캠페인 '고고챌린지'에 최영권 대표와 직원들이 함께 참여했다.

도 있기 때문이다.

기업이 수익을 내는 것도 물론 중요하지만 이와 동시에 수익자와 운용자 그리고 투자대상기업이 모두 상생할 수 있는 방안을 계속 고민하고 있다. G에 기반한 E야말로 ESG를 실현할 수 있는 기업이라고 판단해 해당 기업을 발굴하는 데도 힘쓰고 있다.

ESG에 AI를
접목했다

우리자산운용의 첫 번째 ETF인 'WOORI AI ESG액티브 ETF'

는 단순히 기초지수를 추종하는 패시브 방식이 아닌 액티브 방식으로, 완벽한 지수 추종이 아닌 지수 대비 '초과 성과' 달성을 목표로 한다. 또, ESG 기업을 선정하는 과정에서 애널리스트의 편향을 배제하고 수치화된 객관적 평가를 할 수 있도록 AI를 활용했다. 더불어 ESG 이슈를 실시간으로 탐색해 반영할 수 있다는 장점도 있다. 이 AI를 이용해 ESG 종목을 평가분석하고 이를 토대로 종목의 편출입을 결정한다. 이 부분이 기존의 ESG 관련 ETF 상품들과 가장 큰 차별점이다.

'WOORI AI ESG 액티브 ETF'를 시작으로 앞으로도 UN 지속가능발전목표와 연계한 ETF 상품 라인업을 강화할 계획이다. 또한 ESG 투자를 선도하는 자산운용사로서 국내 ESG 투자 활성화에도 기여할 수 있도록 새로운 투자 패러다임을 만들어갈 것이다.

우리자산운용의
전략을 말한다

한국경제가 고령화와 저성장 시대로 접어들면서 국내자산에 대한 운용만으로는 한계가 있다. 또 투자자들의 기대수익률을 만족시키기 위해서는 해외투자에 대한 비중이 커질 수밖에 없다. 실제

'2022 Korea Wealth Management Awards'에서 올해의 채권형 펀드 운용사로 우리자산 운용이 선정됐다.

로 2019년부터 글로벌솔루션운용본부를 신설해 글로벌 자산배분 솔루션 상품들을 출시하고 있다.

미국, 일본, 영국, 중국, 프랑스 등 글로벌 주식시장을 추종하는 다양한 ETF로 포트폴리오를 구성한 '우리올인원월드 EMP 펀드' 도 출시했는데, 고객의 투자 성향이나 목적에 따라 채권형, 주식형, 혼합형 등으로 상품을 선택할 수 있다.

시장의 변동성이 확대되다 보니 실제로 미국이나 중국 증시의 우량주를 중심으로 투자를 하려는 수요가 늘고 있다. 이런 수요에 대응하기 위해 우리자산운용은 지난해 프랭클린템플턴운용 공모펀드를 인수했는데, 이를 통해 해외상품 포트폴리오를 다변화할 수 있을 뿐만 아니라, 프랭클린템플턴 그리고 계열사인 레그메이슨 자산운용과도 시너지를 낼 수 있을 거라 기대하고 있다.

또 과창판은 중국이 첨단기업을 육성하기 위해 마련한 시장으로 종목구성이 성장성이 높은 업종을 중심으로 되어 있다. 최근 중국의 경기부양책들이 발표되면서 중국 성장기업들에 대한 관심도 다시 커지고 있는데, '우리과창판50바스켓펀드'는 그중에서도 시가총액이 크고 유동성이 좋은 50개 종목을 선별해서 투자하는 상품이다. 중국 본토 과창판 상장주식에 60% 이상 투자하고, 중국 본토 증시를 추종하는 ETF에도 40% 미만을 투자함으로써 우량종목에 대한 분산투자를 기반으로 하고 있다.

타겟데이트펀드TDF는 투자자의 은퇴시점을 목표시점으로 설정해서 생애주기별로 포트폴리오를 조정해주는 자산배분펀드이다. 특히 우리자산운용의 '우리다같이TDF'는 한국인의 기대수명과 시장 기대치, 소득패턴까지 고려해 국내 개인투자자들에게 최적화된 상품을 만들기 위해 노력했고, 실제로 좋은 반응을 얻으며 시장에 안착해가고 있다. 특히 글로벌 최대 운용사인 블랙록과 제휴를 맺으면서 글로벌 리딩 TDF 운용사의 운용 노하우까지 반영할 수 있는 상품이기 때문에 장기적이고 체계적인 대응이 어려운 투자자에게 맞춤형 솔루션을 제공할 수 있는 상품이기도 하다.

디지털뉴딜과
우리자산운용의 디지털화

2020년 K-뉴딜위원회 간담회에서 최영권 대표는 데이터센터를 기초자산으로 삼는 '코로케이션 데이터센터 인프라펀드'와 디지털뉴딜펀드의 기반이 될 '5G망 통신3사 공동 네트워크 인프라펀드' 등 2가지를 제시했었다. 당시에는 디지털뉴딜의 초석이 될 수 있는 인프라 구축에 중점을 두었다면, 이제는 이를 어떻게 활용하고 시너지를 극대화할 것인가에 대한 고민들을 하고 있다.

실제로 지난 2020년 11월에 '우리스마트뉴딜 공모펀드'를 출시했는데, 바이오, 배터리, 인터넷, 게임 같은 혁신성장기업과 친환경기업들을 포트폴리오에 담고 있다. 또 뉴딜과 관련된 약 250개 키워드를 검색엔진에 대입하고 이를 지수화해 투자시점을 결정하고 있다. 앞으로도 정책자금과 기업자금이 꾸준히 증가할 것으로 예상되는 만큼 관련한 투자시장 역시 성장이 기대된다.

한편, 우리자산운용에서는 디지털영업 인프라를 확충함과 동시

디지털 역량 강화를 위한
RPA 구축 사업 공동 협력 업무협약식
2021.12.22(수) ● 우리자산운용 ●　　　프아이에스

우리자산운용과 우리에프아이에스가 '디지털 역량 확대를 위한 RPA 구축사업 공동협력 업무협약'을 체결했다.

에 업무자동화 시스템을 구축하고 있다. 이를 통해 투자자들은 비대면으로도 손쉽게 금융상품을 접할 수 있고, 자사 역시 이러한 수요에 대응할 수 있다. 이외에도 디지털플랫폼을 강화하기 위해 자체 유튜브채널과 SNS를 활용하여 투자자와의 접점을 넓혀가고 있다.

최현수 대표

┃ 깨끗한나라

깨끗한나라

● **학력**

| 2002 | 미국 보스턴대학 졸업 |
| 2005 | 게이오기주쿠대학 졸업 |

● **경력**

2003	제일기획/스포츠마케팅
2006	깨끗한나라 생활용품사업부 마케팅/제품개발팀장
2013	깨끗한나라 경영기획실장
2014	깨끗한나라 생활용품사업부장
2015	깨끗한나라 총괄사업본부장
2019~	깨끗한나라 대표이사

● **상훈**

2017	제지산업 발전 유공자 산업통상자원부장관 표창
2018	제52회 납세자의 날 국무총리 표창
2020	제21회 사회복지의 날 사회복지분야 유공 표창
2021	대한적십자사 회원유공장 명예장
	대한민국 글로벌리더 혁신경영 부문
	대한민국환경대상 산업-온실가스 저감 부문
	제56회 잡지의날 독서출판인쇄진흥유공
	문화체육관광부장관 표창

ESG 경영,
과감한 혁신과 친환경 사업

2022년 창립 56주년을 맞은 종합제지기업 깨끗한나라㈜ KleanNara Co.,Ltd.는 산업용 포장재로 사용되는 백판지, 종이컵 원지를 생산 및 판매하는 제지사업과 화장지, 기저귀, 생리대 등을 제조 판매하는 생활용품사업을 영위하고 있는 국내 유일 종합제지기업이다. 깨끗한나라가 탄생하고 성장할 수 있었던 배경은 시대의 변화에 맞는 과감한 혁신과 지속가능성을 위한 노력 덕분이었다. 2019년부터 깨끗한나라를 이끌게 된 최현수 대표는 취임 인사에서 '2019년을 턴어라운드 Turn-Around'의 원년으로 삼고 변화하는 환경에서 기업의 경쟁력을 높이기 위해 다방면에서 혁신할 것'이라고 밝혔다.

코로나19는 전 세계인들에게 미래에 대한 불확실성과 동시에 지속가능에 대한 필요성을 각인시켰다. 최현수 대표는 100년 기업으로 발돋움하기 위한 중요한 과제로 2021 ESG 경영 강화를 핵심 경영과제로 선정했다. 사업의 강점을 살려 자원순환 촉진에 기여하고 친환경 제품 생산 및 고효율의 친환경 에너지 사업에 대한 의

깨끗한나라 ESG 경영 선포식.

지를 밝혔다.

　자원순환은 깨끗한나라 그 자체라고 말할 수 있다. 깨끗한나라
는 자원순환 근간의 제지 리사이클을 통해 판지를 생산 및 판매하
는 제조업 기반으로 1966년 창립 당시 '대한펄프'라는 사명으로 출
범했다. 1977년 종이컵 원지 국산화에 성공했는데, 사용 후 폐기
된 것은 종이원료로 재사용이 가능해 환경 측면에서 고무적이었다.
또, 1991년에는 기존의 컵라면용 스티로폼을 대체할 수 있는 컵라
면 포장용 종이용지 개발에 성공해 사용 후 재생이 가능하도록 했
다. 1999년 환경오염 논란을 빚은 폐종이컵을 회수하는 재활용 시

스템을 구축하여 4개 패스트푸드점을 대상으로 시범 실시하고 관공서, 학교, 고속도로 휴게소 등으로 확대했다.

깨끗한나라의 판지 사업은 국내뿐만 아니라 해외에서도 통했다. 설립 초기부터 수출품 생산 지정업체 인가와 수출입업 허가를 받는 등 수출을 염두에 두고 사업을 펼쳤다. 1975년 자체 브랜드인 'WHITE HORSE'를 앞세워 무역 중심지인 홍콩에 진출해 큰 인기를 얻었다. 이후 'WHITE HORSE' 제품은 동남아시아와 중동 지역으로 수출 시장을 개척하며 1993년 제지업체 최초로 5천만 불 수출의 탑과 철탑산업훈장을 수상했다.

이후 꾸준한 품질개선 및 환경친화적 신제품 개발을 통해 수출 제품의 질적 고도화로 대만, 홍콩, 중국의 중화권과 동남아시아 시장을 넘어 중남미, 러시아, 아프리카 등에 진출했다. 그 결과 2000년 11월 30일 무역의 날에 1억불 수출탑과 최병민 사장이 은탑산업훈장을 수상하는 영예를 안았다.

현재는 56년의 생산 노하우와 세계 최고 수준의 생산라인으로 백판지 생산량의 절반 가량을 미국, 일본, 중국 등 40여 개국에 수출하며 제지의 자원순환에 꾸준히 기여하고 있다.

지속가능한 성장 비결은
'고객만족'

2021년 최현수 대표는 지속가능한 성장의 첫 단추를 '고객'에서 찾고 전사의 경영활동이 고객을 중심으로 움직이도록 자원과 노력을 투입했다. 그 결과 2021년 12월 3일 소비자중심경영$_{CCM}$ 인증을 획득하는 쾌거를 이뤘다.

소비자중심경영이 전사에 녹아들고, CS활동이 사후처리를 넘어 사전예방까지 나아가도록 CCM 사무국을 신설했으며, 홈앤라이프 사업부 사업부장을 최고고객책임자$_{CCO}$로 임명해 고객만족을 위한 전사의 긴밀한 협력을 주도하도록 했다. 기존 고객상담실도 고객만족팀으로 승격해 고객서비스에 만전을 기했다.

깨끗한나라의 역사에서 '고객만족', '품질'은 놓칠 수 없는 핵심 가치였다. 깨끗한나라는 1990년대 후반 천억 원이 넘는 자금을 과감히 투자하여 제지 최신 설비를 도입하였고 신제품을 위한 연구개발에도 투자를 아끼지 않았다. 2011년 사명 변경 후 깨끗한나라는 성장성 둔화에 직면한 제지사업 한계를 극복하기 위해 축적된 기술과 노하우를 바탕으로 고부가가치인 식품용지와 특수지 개발을 적극적으로 추진했다. 그 결과 2014년 깨끗한나라의 고급포장원지 아이보리 지종이 미국식품의약국$_{FDA}$ 식품안전성 검사를 통과

최현수 대표 소비자중심경영ccm 인증 수여식 참석.

하는 쾌거를 이뤘다.

깨끗한나라는 품질과 고객만족을 위한 한발 앞선 노력들로 다양한 '최초' 수식어를 탄생시켰다. 생산 제품의 신뢰도를 높이고 수출 경쟁력 확보를 위해 1995년 한국품질인증센터로부터 ISO 9002 인증을 획득했다. 화장지, 패드 부문에서 국내 최초의 일이었다. 이어 2003년에 ISO 9001 인증을 획득해 품질경영의 입지를 굳건히 했다. 1997년 순수 국산 브랜드로는 최초로 여성의 사회 참여가 활발해지던 시대의 니즈를 반영해 '매직스 팬티라이너'를 출시했다.

국내 생리대 제품 중 처음으로 최고 품질의 면제품에 부착되는 미국 코튼 마크를 취득한 '순수한면', 국내 최초 천연코튼 섬유를 적용한 '보솜이 천연코튼', 글로벌 트렌드에 부합한 국내 최초 라이크라 팬티형 설비 도입 등 고객만족을 위해 끊임없이 노력해왔다.

나아가 깨끗한나라는 한층 더 높은 수준의 고객만족을 위해 고객의 알 권리 보장, 삶의 질 향상을 위해서도 노력하고 있다. 물티슈를 생산하는 자회사 보노아는 CGMP 인증을 획득함으로써 원료 구매부터 제조, 포장, 보관, 출하에 이르기까지 전 공정이 표준화된 기준에 적합하다는 사실을 입증했다. 또, '보솜이 리얼코튼', '촉앤감' 브랜드가 LOHAS 인증을 획득하며 친환경과 사회공헌을 최우선 가치로 삼아 삶의 질 향상에 기여하는 브랜드라는 사실을 인정받은 바 있다.

환경에 '진심'인
깨끗한나라

깨끗한나라는 경영 전반에서 지속가능성을 위한 꾸준한 투자와 노력을 아끼지 않았다. 청주공장에 에너지저장장치ESS를 설치해 탄소 배출량을 저감하고 에너지 소비효율을 향상시키는 등 총 512억 원에 달하는 대규모 설비투자로 '탈석탄화'를 달성했다. 그 결과

최현수 대표 대한민국환경대상 수상.

2019년 대비 2021년에는 대기오염물질 배출량 32%, 온실가스배출량 7%를 저감하여 친환경 경영에 있어 괄목할 만한 성과를 기록했다.

　깨끗한나라의 자원순환 노력은 제지생산뿐만 아니라 수자원 순환까지 포괄한다. 제지를 생산하는 공정의 특성상 많은 양의 물을 필요로 한다. 물에 대한 환경영향을 최소화하기 위해 글로벌 환경 경영 전문 기업과의 MOU 및 설비투자를 통해 용수재활용율은 63%에 달한다.

　깨끗한나라 최현수 대표는 환경팀을 별도로 운영해 환경오염

SPC팩 김창대 대표, 깨끗한나라 최현수 대표, SK종합화학 장남훈 패키징 본부장의 친환경 패키징 업무협약.

물질 관리 및 환경 안전사고 대응체계를 구축해 환경영향을 최소화하기 위한 노력을 이어나가고 있으며 지속가능성을 위한 노력을 인정받아 '2021대한민국환경대상'을 수상한 바 있다. 또, 최현수 대표는 한국잡지협회와 협력해 폐잡지를 판지의 원료로 사용함으로써 잡지업계가 직면한 환경이슈 해결에 기여한 점을 인정받아 '제56회 잡지의 날' 기념식에서 독서출판인쇄진흥유공 분야 문화체육관광부장관 표창을 수상했다.

해당 성과를 달성할 수 있었던 이유는 2019년부터 자체 R&D

깨끗한나라 '올그린 물티슈'와 '자연에게 순수한면'

센터에서 코팅, 잉크 등 폐잡지의 재활용을 제약하는 요인을 극복하기 위한 꾸준한 연구 덕분이다. 깨끗한나라는 2021년 6월 기준 연간 4,800톤에 달하는 잡지를 재활용하고 있으며 이는 국내 연간 발행 총 잡지 규모의 22% 수준에 달한다. 깨끗한나라 최현수 대

표는 제지뿐만 아니라 생활용품을 생산 및 판매하는 홈앤라이프

사업부 측면에서도 업의 강점인 자원순환을 확대하고, 친환경 제품 연구개발을 강화하고 있다.

깨끗한나라는 두루마리 화장지, 미용티슈 등의 외포장재를 자원순환을 통한 친환경 외포장재로 대체해 나가기 위해 깨끗한나라, SPC팩, SK종합화학 3사간 업무협약을 체결했다. 이를 통해 자원순환을 촉진하고, 탄소 저감에 기여하는 등 지속가능성을 더욱 강화해나갈 예정이다. 또, 해당 협력을 통해 물티슈 캡, 손소독제 용기 등을 대상으로 재생 플라스틱 적용 및 단일 소재 사용을 위한 노력을 계속할 것이다. 사용빈도가 많고 널리 쓰이는 제품의 친환경성을 강화해 고객이 제품을 소비하는 과정에서도 환경친화적인 접근이 가능하도록 돕는 데 연구개발 노력을 아끼지 않고 있다.

사용량이 많은 물티슈의 경우 티슈부터 뚜껑, 포장재까지 모두 환경친화적 소재를 적용한 '깨끗한나라 올그린 물티슈'를 출시했다. 티슈 부분은 식물에서 유래한 원사로 만든 100% 레이온 원단을 적용해 친환경성을 강화했으며, 물티슈 캡은 업계 최초 재생 플라스틱 50%를 적용해 플라스틱 사용량 저감에 기여했다. 포장재의 경우 탄소 배출량 저감 녹색기술로 만든 친환경 포장재를 사용해 생산과정에서도 친환경을 생각한 제품이다.

또, 생분해 소재를 적용한 '자연에게 순수한면'도 개발했다. '자

연에게 순수한면'은 지속가능한 환경을 위해 제품에 PLA, PBAT 성분의 생분해 방수층을 적용했다. PLA는 옥수수 전분에서 추출한 원료를 사용한 자연유래 소재이며, PBAT는 산소, 열, 빛과 효소 반응에 의해 빠르게 분해되는 대표적인 생분해 소재이다.

최현수 대표는 이러한 노력에 멈추지 않고 ESG경영 선포식에서도 밝혔듯이 향후에도 환경영향을 최소화하기 위한 전사적 차원의 환경경영을 계속해 나갈 방침이다. 이를 위해 친환경 제품 및 소재 개발, 친환경에너지 운영을 위해 박차를 가하고, 자재부터 친환경 소재를 사용하여 제품을 개발하고 태양광, 신재생에너지 등 고효율의 친환경 사업을 확대할 예정이다.

기업 내외부로 퍼지는
상생과 동반성장

최현수 대표는 디지털 전환(DX)을 통해 기존에는 해결하기 힘들었던 협력업체와의 상생, 동반성장의 과제를 극복해오고 있다. 2021년 5월 한정애 환경부장관은 해당 동반성장 사례를 모니터링하기 위해 깨끗한나라 청주공장을 방문하기도 했다.

최현수 대표는 협력업체와의 상생과 동반성장을 강화하기 위해

한경애 환경부장관 깨끗한나라 청주공장 방문.

제지업계에서는 선제적으로 고지 수분측정기를 도입했다. 이를 통해 정확한 수분값 측정으로 수율이 향상돼 원료의 품질이 향상되고 신뢰에 기반한 거래가 가능해져 거래 당사자 간 장기적인 상생을 가능하게 했다.

또, 코로나19 확산 이후 본사-대리점 간 비대면 소통의 한 방법으로써 사용하던 화상회의의 장점을 활용해 실시간으로 대리점주의 의견을 경청해 고객사와 상생할 수 있는 방법을 지속 모색하고, 나아가 현장의 목소리가 신속하게 고객만족으로 이어질 수 있는 선순환 구조를 확립했다.

전국 대리점주 화상회의는 고객의 목소리 청취, 영업현장 애로 사항 수렴, 제품 개발 아이디어 등의 아젠다를 시공간 제약 없이 논의하자는 취지에서 마련됐다. 지난 달 시범운영 이후 본사–대리 점주 간 소통 측면에서 긍정적인 평가를 받아 매달 진행하기로 결 정했다. 그리고 제품의 개발 및 리뉴얼 단계에서 대리점주의 의견 이 신속하게 반영되는 긍정적인 사례가 도출됐다.

2022년 2월에는 상생결제 시스템을 도입한다. 코로나19 장기화 로 자금 유동성이 약해진 협력업체의 구매력이 저하될 위험을 줄 이고, 장기적으로 협력업체와 동반성장할 수 있는 발판을 마련하 기 위해 상생결제 도입을 결정했다.

상생결제 시스템 도입과 동시에 기존 60일 어음 대금 지급일을 30일로 변경함으로써 협력업체가 조기에 판매대금을 회수할 수 있 도록 도와 협력업체의 자금 유동성이 월 최대 30억 원까지 개선될 수 있을 것으로 예상된다. 이를 통해 1차 협력기업뿐만 아니라 그 하위 판매기업까지도 결제환경이 개선될 것으로 기대된다.

한편, 최현수 대표는 디지털 전환을 통해 업무 환경 혁신을 주 도하고, 활기차고 건강한 조직문화를 구축함으로써 임직원 가치 제고에도 힘썼다. 업무 환경 개선을 위해 스마트 커뮤니케이션 시 스템을 도입해 외부에서도 애플리케이션으로 간편하게 업무 수행이 가능하도록 했으며, 화상회의 시스템을 구축해 시간과 장소에 제한 없이 신속한 의사결정을 내릴 수 있도록 했다. RPA_{Robotic Process} _{Automation}를 통해 반복·수작업 업무시간을 절감하고, 그룹웨어, 무전표시스템_{UAS}, Next HR 등을 도입해 전사의 업무 효율성을 향상시켰다. 또, 제지업계 최초로 열화상 카메라를 탑재한 초경량 비행장치인 드론을 도입해 사업장 외부의 안전사고, 화재, 환경오염 여부를 사각지대 없이 실시간으로 모니터링하는 스마트 관리체계를 도입했다.

활기차고 유연한 조직문화 조성에도 힘썼다. 애자일_{Agile} 조직 체계를 도입해 부서 간 경계를 허물고 필요에 맞게 소규모 팀을 구성하면서 업무를 수행해 급변하는 경영환경에 대응할 수 있도록 했다. 수평적 관계에서 소통을 이끌어내기 위해 직급단계를 기존 7단계에서 사원, 선임, 책임의 3단계로 조정하고 중요한 의사결정 시에는 전 직원이 참여할 수 있는 사내공모전을 통해 의견을 수렴했다. 또, 임직원 개인의 일과 삶의 균형을 보장하고 시간과 장소에 구애 없이 효율적으로 업무를 수행할 수 있도록 PC-off, 유연근로제 등을 도입해 조직 내 건강한 문화적 토대를 구축했다.

아동학대 예방 및 긍정 양육 문화 확산을 위한
보건복지부 – 깨끗한나라 업무 협약식
2021년 9월 15일

양성일 보건복지부차관과 아동학대 예방을 위한 MOU 체결.

'클린사이클' 건강하고
깨끗한 세상을 위한 '선순환'

　최현수 대표는 ESG 경영 강화라는 목표 아래 2021년 깨끗한나라의 대표 사회공헌 브랜드 '클린사이클KleanCycle'을 론칭했다. 클린사이클KleanCycle은 깨끗한나라의 사명을 의미하는 'Klean'과 순환을 의미하는 'Cycle'의 합성어로 건강하고 깨끗한 세상을 위한 선순환을 만들어나간다는 의미다.

대표적으로 2021년 보건복지부와 MOU를 체결하고 아동학대 예방을 위한 캠페인을 진행했다. 보호종료아동이 직접 디자인한 미용티슈의 판매 매출 일부를 기부하는 캠페인이다. 해당 캠페인으로 아동학대 예방 메시지는 총 150만 명 고객에게 전달됐으며 판매 매출액의 5.5%는 보호종료아동 자립 지원금으로 사용됐다.

또한 코로나19 장기화에 따른 국가 혈액 수급 위기상황 극복에 보탬이 되고자, 본사에서 청주공장, 음성공장으로 이어지는 임직원 릴레이 헌혈 캠페인을 실시했다. 2021년도 3월 이후, 정기 캠페인으로 자리 잡은 릴레이 헌혈의 누적 인원수는 2022년 5월 현재 173명에 달한다.

캠페인 외에도 최현수 대표는 코로나19 극복을 위해 의료진 및 확진자 발생지역에 마스크와 물티슈, 손소독제 등을 전달했다. 대구시에 마스크와 물티슈 등 위생용품을 기부했고, 청주시 피해주민과 의료진에게 1억 원 상당의 위생용품과 기부금을 전달했다. 코로나19 전담병원인 서울의료원 소속 서남병원에 성인용 기저귀와 물티슈 등을 기탁했다.

2020년 한 해 동안 깨끗한나라가 후원한 물품을 금액으로 환산하면 3억 3,000만 원에 달했다. 깨끗한나라는 지역사회 복지 증진에 기여한 공로를 인정받아 제21회 사회복지의 날에 사회복지분야

최현수 대표가 동참한 환경부 릴레인 캠페인 '고고챌린지'

유공 표창을 수상했다. 2021년 지역사회 후원물품 및 기부금액은 4억 3,000만 원 상당이다. 코로나 19가 장기화되고 오미크론 여파로 저소득 계층의 경제적 어려움과 돌봄공백을 해소하기 위해 2022년 1월 3억 원 상당의 기저귀 100만 개를 기부하기도 했다.

이밖에 깨끗한나라는 라이프사이클 전반에 해당하는 생활용품을 생산, 판매하는 회사로 다양한 계층을 대상으로 사회공헌을 실시해왔다. 1사 1보육원 결연과 1사 1다자녀가정 결연 활동, 서울시청과 대한적십자, 비영리 단체를 통해 소외계층 여성과 청소년들 대상 생리대를 지원했다. 생리대 이외에도 청주시, 대전시, 충청남도 등 저소득층 가정의 영유아 및 장애인과 사회복지시설 등에 아기 기저귀를 기탁했다.

특히 1988년 공장 준공 이후 현재에 이르기까지 30년 이상을 터전으로 삼아온 청주에서는 관내 불우이웃 및 독거노인에게 정기적으로 생활용품을 기부하고 사회복지관에서 자원봉사활동을 펼쳤다. 2021년 2월 최현수 대표는 환경부 릴레이 친환경 캠페인 '고고챌린지'에 참여해 생활 속 친환경 노력을 약속하고, 회사 차원의 친환경 활동 강화 의지를 밝혔다.

실제 2021년 깨끗한나라가 지역사회 환경정화활동에 참여한 총 시간은 541시간에 달한다. 본사, 청주 및 음성공장 임직원은 서울숲, 미호천, 은적산 등 본사와 공장이 위치한 지역사회 내 산, 하천, 근린공원 등에서 환경정화 및 생태계 보존을 위한 활동을 꾸준히 실천했다. 그중 '깨끗한 정원Klean-Garden 가꾸기' 프로젝트는 깨끗한나라의 대표적인 녹지조성 프로젝트이다. 깨끗한나라는 전사 임직원이 일상에서 환경·사회적 가치를 실천해 나갈 수 있도록 정기적인 사내 봉사활동 프로그램을 운영 중이며, 자발적인 신청자를 대상으로 철저한 방역수칙하에서 지역사회를 위한 나눔과 봉사를 실천하고 있다.

이러한 환경정화 활동은 사업 초기부터 시작됐다. 초기에는 사업장이 위치한 지역의 환경정화활동으로 출발해 이후 사람들이 즐겨 찾는 산이나 하천으로 활동지역을 넓혀 나갔다. 남산야외식물원, 북한산 둘레길, 안양천, 한강공원, 청주 미호천 등에서 쓰레기 및 오물을 수거하는 등의 환경정화활동을 수행했으며, 특히 녹색기업으로서 국립관리공단과 금강유역환경청 등과 생태계 보전관리 협약을 체결하고 국립공원의 생태계를 교란하는 생물을 제거하고 쾌적한 공원을 조성하기 위해 노력한 바 있다.

하춘욱 대표

| 씨앤투스성진

- **학력**

  1995   성균관대학교 기계공학과 졸업
  2021   AIP 서울대학교 최고경영자과정 수료

- **경력**

  2005~현재   (주)씨앤투스성진 대표이사

- **상훈**

  2009   천만불 수출의 탑 국무총리 표창
  2014   칠천만불 수출의 탑 대통령 표창
  2020   공영홈쇼핑 사회공헌상
  2020   브랜드 K 인증서 보건용 마스크(KF94) 부문(중소벤처기업부)
  2021   프리미엄브랜드지수(KS-PBI) 황사방역 마스크 부문(한국표준협회)
  2022   대한민국 브랜드 명예의전당 보건용 마스크 부문(산업정책연구원) 2년 연속 수상

2022 대한민국 브랜드 명예의전당
6th Korea Brand Hall of Fame

IPS 산업정책연구원
The Institute for Industrial Policy Studies

aSSIST 경영전문대학원
Business School

중앙일보

프리미엄 라이프 케어 전문 기업,
씨앤투스성진

2003년 5월 설립되어 2023년 20주년을 앞두고 있는 씨앤투스성진은 고성능 소재 전문 기술을 기반으로 삶의 기본을 높이는 프리미엄 라이프 케어 전문 기업이다. 고성능 헤파필터(HEPA)가 적용된 산업용 마스크를 생산했던 씨앤투스는, 국내 최초 헤파필터(HEPA)를 개발한 국내 기업 '㈜성진'을 2015년 합병하며 고성능 집진필터 원천기술을 확실하게 갖추었다. 본격적으로 MB$_{Melt Blown}$ 필터를 적용한 소재로 필터 마스크 생산을 시작하여 현재 세계 최고 수준의 고성능·고효율 필터 기술과 원단에서 완제품까지 자체 생산 가능한 글로벌 생산 시스템을 구축하여 다양한 제품을 제조하며 시장을 선도하고 있다.

씨앤투스성진은 서울 사무소를 중심으로 부산과 이천, 울산 3곳의 국내 생산 센터와 중국 동관, 베트남 빈즈엉성 두 곳의 해외 법인 등 국내외 생산 인프라를 구축해 안정적인 공급망을 확보하고 필터, 마스크 원단 소재 개발부터 제품개발 및 생산, 유통까지 효

에어케어(마스크-KF94 어드밴스드 일러스트 마스크).

율적이고 체계화된 시스템을 통해 우수한 제품을 원활히 공급하고 있다.

2021년 1월 코스닥 상장 이후, 필터 기술을 기반으로 다양한 신규 사업을 추진해 새로운 성장 동력을 확보하고 있다. 특히 2016년 론칭한 프리미엄 브랜드 '아에르Aer'를 통해 라이프 케어 전문 기업으로 사업 영역을 확대해 나가고 있다. 나아가 '친환경 글로벌 소재 전문 기업'으로 한 단계 도약하기 위해 2021년 국책과제로 선정된 첨단 친환경 소재 연구개발과 같은 원천소재 기술 개발을 위한 중장기 사업전략을 동시에 진행 중이다.

씨앤투스성진은 기존에 주력하던 B2B 사업에서 최근 프리미엄 브랜드 '아에르$_{Aer}$'의 제품군을 확장하며 본격적으로 B2C 시장에 진출하여 기업 경쟁력을 강화하고, 2022년 2월, 소비자의 접점에서 소통할 수 있는 D2C 자사몰 '더아에르$_{The\ Aer}$'를 공식 오픈하며 지속적인 성장세를 이어가고 있다. 새롭게 시작한 라이프 케어 솔루션 사업은 기존 마스크 시장에서 확보한 아에르$_{Aer}$의 브랜드 파워를 기반으로 신규 마스크 제품과 MB필터 기술력을 활용한 차량용 에어컨 필터, 필터 샤워기와 세면대 및 싱크대 수전 필터, 친환경 교체형 베개커버 등 다양한 신제품을 잇달아 출시하며 브랜드 파워와 시장 경쟁력을 강화하고 있다.

MB 필터 원천기술과
대량 생산 시스템을 기반으로 성장

이미 탄탄하게 자리 잡은 B2B 사업 역시 지속적으로 성장 중이다. 자사의 핵심 경쟁력인 MB 필터 원천기술과 대량 생산 시스템을 기반으로 공기청정기, 진공청소기, 자동차 에어컨 등에 들어가는 에어필터 100여 종을 개발했으며 국내외 대기업 브랜드 제품에 에어필터를 공급하고 있다. 이에 힘입어 매출액은 2020년 기준 1,579억 원으로 전년 대비 332% 증가했으며, 2021년은 필터 생산 확대와 함께 워터케어, 슬립케어 등 신규 사업에 진출하며 전년 대비 8.2% 증가한 1,709억 원의 매출액을 기록했다. 또한 베트남과 울산 등 생산 센터 신설 투자로 2022년 하반기에는 생산시스템을 확대하여 신규 사업의 본격적인 추가 수익 실현을 기대하고 있다.

씨앤투스성진의 대표적인 성과라고 한다면, 글로벌 선진국의 대기업만 독점하던 기술인 MB~Melt Blown~ 필터 원천 기술을 국내 최초로 개발하여 선도적으로 도입함으로써 필터 산업의 새로운 바람을 불러일으킨 것이다. 2019년 말 세계적인 팬데믹 코로나 시기에 국민들에게 안전한 마스크를 보급하며 범국가적인 방역활동에 일조할 수 있었던 것도 우리 일상의 필터의 중요성을 인지하고 선재적으로 대응함으로써 가능했던 성과라 할 수 있다.

2016년 '공기 담은 마스크'로 소비자 시장에 첫발을 내딛은 아에르~Aer~ 는 지속적인 연구 개발을 통해 2019년 KF인증 보건용 마스크 생산시스템을 증설하며 본격적으로 보건용 마스크 생산에 박차를 가했다. 스탠다드 베이직 마스크를 시작으로 2020년 말에는 저차압 MB 원단을 적용하여 미세먼지 차단율은 그대로이면서 숨쉬기 편해진 프리미엄 마스크 '아에르 어드밴스드'를 런칭하였다. 마스크가 일상이 된 코로나19 시대에 소비자들의 불편과 니즈에 맞춰 "산소는 30% 더 잘 통하고 KF94의 안전은 그대로"라는 카피 광고로 필터사이언스 기술력과 제품의 우수성을 전달한 바 있고 2021년 여름을 맞아 남녀노소가 쓸 수 있는 KF80 신제품 '어드밴스드V 라이트핏' 마스크를 보이면서 프리미엄 마스크 브랜드로서 자리를 굳힐 수 있었다.

2021 프리미엄 브랜드 지수
황사/방역 마스크 부문 1위

아에르 마스크는 '2021 프리미엄 브랜드 지수' 황사/방역 마스크 부문에서 1위를 차지했다. 브랜드인지, 이미지, 편익, 애호도, 사회적 책임 항목에서 타사 대비 높은 수준으로 나타났으며, 아울러 코로나19 사태 지속으로 소비자의 안전한 마스크 구매 경향이 지속되면서 프리미엄 마스크로서 '아에르' 브랜드 인지도는 더욱 상승하고 있으며 시장 지배력도 확대되고 있다. 마스크 외에도 에어필터 제품인 차량용 에어컨 필터, 워터필터 제품인 필터샤워기 등이 있으며 메인 포털 내 온라인몰에서 120만 명의 '찜' 고객을 유지하며 강력한 B2C 브랜드 파워를 구축하였다. 이에 더해, 2022년

1월에는 중소벤처기업부가 주관하는 '2021 벤처천억기업'에도 선정된 바 있다.

또한 아에르 마스크는 2020년 중소벤처기업부가 선정하는 중소기업 우수 제품 공동 브랜드 '브랜드K'에 선정되었고, 2021년과 2022년에는 산업정책연구원의 '대한민국 브랜드 명예의 전당' 보건용 마스크 부문에 2년 연속 선정되면서 브랜드 마스크로서 자리매김했고 소비자들로 하여금 지속적인 사랑을 받고 있다. 2020년 월평균 약 1,200만 장 판매에 이어 2022년에도 월평균 약 1,300만 장을 판매하고 있다.

씨앤투스성진은 턴키 형태로 자동차 공장을 지어주는 토탈 플랜트 엔지니어링 기업에서 시작하여 러시아, 이집트 등 해외 플랜트 엔지니어링을 통해 사업 기반을 안정화하고, 성진을 인수하며 본격적으로 필터 사업을 확장해 나갔다. 양사의 출발점이나 사업 분야는 달랐지만 도전적인 DNA를 갖고 있다는 점은 동일하며, 이 도전정신을 원동력으로 사업을 이끌어나가며 글로벌 수준의 경쟁력을 갖출 수 있었다.

MB고효율 집진필터,
에어 플러스 필터™ 기술

아에르의 제품 경쟁력은 국내 최초로 개발한 고성능·고효율 집진필터 원단을 자체 제작할 수 있는 MB~Melt Blown~ 필터 원천기술에 있다. MB필터는 폴리프로필렌~PP~과 같은 열가소성 고분자를 용융 ~melting~(고체가 가열되어 액체가 되는 현상)한 후 미세한 노즐을 통해 압출 방사하는 방법으로 만든 부직포 필터로, 외부 미세입자나 바이러스를 효과적으로 걸러내어 마스크, 공기청정기 등에 들어가는 에어필터의 차단 효율을 결정하는 핵심 원자재다. 2020년 출시한 아에르 어드밴스드 마스크는 한층 더 발전한 신기술 에어 플러스 필터™ ~Air Plus Filtering™~ 기술을 적용해 안면부 흡기 저항을 기존 자사 제품 대비 30%, 식약처 기준 대비 1/3 이하로 낮추는 데 성공했다. 이처럼 아에르는 지속적인 기술 연구와 투자를 통해 KF94 효율을 유지하면서 한층 더 편안한 호흡이 가능한 마스크 소재를 개발하며 코로나 팬데믹 시기에 소비자들의 삶의 질을 높이고 있다.

에어케어(자동차 에어컨 필터).

마스크를 시작으로
에어케어, 슬립케어, 워터케어로 확대

씨앤투스성진은 라이프 케어 솔루션을 제공하는 프리미엄 브랜드 아에르Aer를 중심으로, 고성능 에어필터 제품인 공기청정기 필터부터 진공청소기 필터, 차량용 에어컨 필터, 마스크까지 '에어케어'를 시작으로, 고성능 필터기술이 적용된 '2in1 샤워기'와 세면대 및

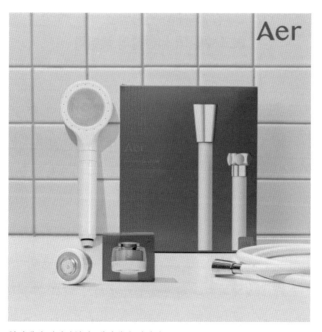

워터케어(필터샤워기, 세면대 수전필터).

싱크대 수전필터의 '워터케어' 라인과 수면의 질을 높이기 위한 '슬립케어' 라인의 딥 슬립 아로마 부스터 2종과 딥슬립 바디워시&로션, 순한 베개커버를 잇달아 출시하며 제품의 포트폴리오를 다각화하고 있다.

이처럼 씨앤투스성진은 원자재 개발에서 더 나아가 핵심 기술을 적용한 완제품을 100% 국내에서 제작하여 유통함으로써 브랜드의 인지도를 높이며 새로운 성장동력을 확보해 나가고 있다.

해외에서 인증받은
최고 수준의 생산성과 품질력

아에르_{Aer}의 우수한 품질력은 국내에서뿐만 아니라 해외에서도 인정받고 있다. 지난 2021년 8월, 산업용 마스크 '아에르 아이'와 보건용 마스크 '아에르 스탠다드핏'은 유럽 CE 마스크 인증 테스트를 통과하고 스페인 인증기관으로부터 'FFP2 NR' CE 인증을 획득했다. CE 인증은 안전, 건강, 환경 및 소비자보호와 관련해 EU 이사회 지침의 요구사항을 모두 만족한다는 의미의 통합규격인증마크로 유럽 시장에 KF94 마스크를 수출하기 위한 필수 절차이다. 유럽 CE 마스크 인증 테스트는 국가별 마스크 등급 인증 중에서도 가장 까다로운 테스트 중 하나로 유럽 개인보호 장비 규정과 유럽연합 지침 등에 따라 매우 엄격한 과정을 통과해야 한다. 그중 FFP2 등급은 국내 식약처 KF94와 유사한 등급으로 품질과 안전성 등 높은 수준의 테스트 과정을 모두 통과한 제품에만 부여된다. 이번 인증으로 '아에르 아이'와 '아에르 스탠다드핏'은 유럽과 유럽 자유 무역 연합_{EFTA} 국가 지역 내에서 자유롭게 유통할 수 있게 되었다.

씨앤투스성진은 지난 2021년 10월 독일 뒤셀도르프에서 개최된 세계 최대 산업안전보건 전시회 'A+A 2021'에 참가해 해외 시

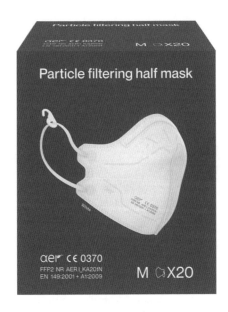

유럽 CE인증 획득 마스크
Aer KA201N.

장에서도 우수한 필터 기술력을 입증했다. 독일 A+A 전시회는 1,100개 이상의 기업체가 참가해 기업 유지 발전에 필수인 인적 자원의 중요성을 강조하며 직장에서의 건강과 안전을 위한 산업안전 분야 제품과 다양한 솔루션을 선보이는 자리이다. 아에르는 전시회에서 산업용 마스크 '아에르 아이_{Aer I}'와 보건용 마스크 '아에르 스탠다드핏_{Aer Standard Fit}' 등을 선보였다. 두 제품은 모두 유럽 CE 인증을 기반으로 이 전시회를 통해 뛰어난 필터 기술력을 보유한 아에르의 브랜드 파워를 전 세계에 널리 알렸다.

이외에도 미국 FDA 인증, 아시아 HALAL 인증 승인을 받았으며 2022년 본격적으로 해외 시장 공략을 위해 계획한 것들을 하나씩 선보일 예정이다.

글로벌 기업으로서
도약과 성장

씨앤투스성진은 안정적인 글로벌 시장 진출과 신규 거래처 확보를 위해 유럽 지사 설립뿐만 아니라 북미법인 설립을 본격적으로 검토하고 있다. 글로벌 공급망 확대를 위해 2022년에는 기존 베트남생산기지를 확장, 신공장을 설립하여 해외 현지 맞춤 솔루션 제공을 위한 다양한 제품 개발에 박차를 가하고 있다. 씨앤투스성진은 그동안 국내외에서 검증받은 우수한 필터 기술력과 생산 및 품질력을 기반으로 글로벌 플레이어로서의 도약을 본격적으로 추진하고 있다.

씨앤투스성진은 신新필터 소재 개발, 신新섬유 소재 개발을 통해 라이프 솔루션 필터 기술을 고도화하고 있다. 필터 기술은 점차 진화하고 있으며, 실내외 공기의 질을 개선할 수 있는 환경가전의 수요도 증가하고 있는 추세이다. 이에 따라 씨앤투스성진의 기술력과 융합할 수 있는 유해 물질 감지 기술과 전용센서 인식을 통한 휴먼 인터페이스 기술을 전면 도입하여 미래 생활을 더 편리하고 안전하게 영위할 수 있도록 전략적인 접근을 구상하고 있다.

인류 문명이 발전하고 지속화되려면 도시와 인구의 밀집이 불가피한 상황이다. 따라서 우리 문명을 지속 가능하게 하고 사람들이 행복한 삶을 살기 위해서는 공기, 물 같은 필수적인 요소의 필터 기술이 필수불가결하다. 씨앤투스성진은 사람이 살아가는 데 필요한 기본을 높이는 솔루션으로 생활 방역을 넘어 일상 전반을 아우르는 라이프 케어 솔루션을 제공하는 기업으로서 인류 문명의 핵심 요소를 제공하며 일상을 함께 할 수 있도록 자리매김할 것이다. 지속 가능한 일상을 위한 주요 공공재로서 기업의 존재가치를 확대해 나갈 것이다.

씨앤투스성진의 경영철학은 정직과 도전정신이다. 정직은 경영에서뿐만 아니라 우리 삶을 살아가는 태도와도 연관된 것으로, 반드시 추구해야 할 가치라 할 수 있다. 두 번째로는 멈추지 않는 도전정신이 있어야 한다. 모든 것은 작은 시도에서 시작한다. 작은 생각이 큰 아이디어가 되고, 제품으로 탄생하여 우리 삶의 질을 변화시킨다. 삶은 지속되어야 하며, 멈추지 않고 끊임없이 연구하고 창의적으로 도전할 때 살아있음을 느낄 수 있다고 생각한다. 그 작은 도전이 도약의 발판으로 이어져 성장할 수 있으며, 더불어 열정으로 확산되어 인류 발전에 기여할 수 있다.

코로나 극복 기원 마스크 기부.

씨앤투스성진은 강인한 도전정신과 창의력을 중시한다. 현재의 기술에 국한되지 않고 한계를 뛰어넘어 타 산업 분야와의 융합을 통해 새로운 시너지 효과를 창출하고 사업 영역을 확대해 나아가며 지속적으로 발전하고 있다. 개인의 성장이 곧 기업의 성장이고, 사회의 발전으로 이어진다. 또한 무엇보다 중요한 것은 사람이다. 사람을 위한 라이프 케어 솔루션의 가치를 추구하는 기업에서 함께 그 문화를 만들어가는 직원들이 즐길 수 있어야 조직이 건재할 수 있다. 직원들이 주도적인 자기개발을 통해 즐거움과 성취감을 얻고, 회사에 자부심을 가지며 함께 동반 성장하는 것이 우리 기업이 추구하는 문화이자 지향점이다. 버려야 할 것은 제조기반의 사고방식과 그에 따른 조직의 행동방식이다. B2B 제조업으로 시작하여 이제 B2C 영역으로 확장하며 과거 생산자 마인드에서 소비자 중심의 사고방식으로 변화하여 라이프 케어 솔루션의 가치를 실현하는 기업이 되어야 한다.

씨앤투스성진은 지속가능한 인류 문명을 위해 국내는 물론 해외의 열악한 환경의 어려움에 처해 있는 국가들을 위한 사회공헌 활동을 확대하려고 한다. 향후 아프리카 주요국을 대상으로 그들의 자원과 우리의 기술을 접목시켜 협력하고 지원할 수 있는 고민과 노력이 필요하다고 생각한다.

씨앤투스성진은 보건용 아에르 마스크의 기부를 통해 지역 사회의 시민들의 건강과 안녕을 돕고자 노력하고 있다. 2019년 4월 방한 및 미세먼지 차단을 위한 마스크 6만여 장을 서울시 복지시설(노숙인시설협회, 지역재활센터협회, 재가노인복지협회 등)에 기부, 코로나19가 퍼진 2020년에는 코로나 예방 및 방역을 위해 2월 장호원읍에 1만 장, 5월 이천 장호원고등학교 3,000장, 8월에는 충청남도와 순천향대에 총 3만 장 등을 기부했다.

지난 2021년 11월에는 코로나19 장기화로 어려움을 겪고 있는 지역 주민들을 위해 28만 4,000장의 마스크를 기부했는데 국내 생산 센터가 위치한 이천시와 여주시를 비롯한 경기 지역단체에 세

차례에 걸쳐 프리미엄 마스크 '아에르 어드밴스드(KF94)'와 '아에르 어드밴스드 라이트핏(KF80)' 등 KF마스크를 기부해 지역주민을 위한 나눔을 이어갔다.

안성연화마을 푸드뱅크에 5만 9,000장, 이천시청과 여주시청에 각각 12만 4,000장, 10만 1,000장의 마스크를 전달해 지역 주민들의 마스크 구매 부담을 덜고, 건강과 안전을 지키는 데 기여했다. 또 12월에는 '사랑의열매 사회복지공동모금회'에 1억 원을 기부하며 '나눔명문기업'에 가입하였고, 대구광역시 척수장애인협회에 마스크 9만 7,000여 장을 기부하며 사회적 가치를 실천하였다.

긍정적인 마인드의
호기심과 창의력

현재는 초불확실성의 시대이다. 그 어떤 것도 섣불리 예측할 수 없다고 생각한다. 2019년 전 세계를 팬데믹으로 휩쓸어버린 코로나 바이러스의 등장에 많은 것들이 우리 삶을 변화시켰다. 하지만 그 변화된 삶 속에서 우리는 계속해서 살아가고 미래를 꿈꾼다. 어려운 환경 속에서 새로운 희망을 발견하듯이 우리 대한민국 모두가 긍정적인 마인드로 호기심과 창의력을 잃지 않고 생활했으면

한다.

  우리 직원들은 물론 대한민국 국민 모두가 급변하는 환경에 스스로 대응력을 높여 자생할 수 있는 능력이 무엇보다 중요하다. 이런 사람들이 존중받는 사회가 기업, 산업, 문화 예술 등 다양한 부가가치를 만들어낼 수 있을 것이라 생각한다. 대한민국이 이런 기반을 갖춘다면 미래가 밝을 것이며, 그 어떤 어려움이 닥쳐와도 이겨나갈 것이라 생각한다.

홍성열 회장

| 마리오아울렛

MARIO Outlet

• 학력

2001	서울대학교 경영대학 최고경영자 과정 수료(50기)
2015	서강대학교 경제학 명예박사
2018	고려대학교 미래성장 최고지도자과정(FELP) 수료
2018	INSEAD The Business school for the World(프랑스 파리) 수료

• 경력

1980	마리오상사 설립(현 마리오쇼핑 주식회사)
1984	여성니트정장 '까르뜨니트(CARTE KNIT)' 론칭
1997	㈜마리오 법인전환(대표이사)
1998	대한 패션 디자이너협회 이사
2001	국내 최초 정통패션 아웃렛 '마리오아울렛(Mario outlet)' 오픈
2003	한국패션협회(KOFA) 부회장
2003	아시아 패션 연합회(AFF) 한국위원회 부회장
2004	'마리오 패션타워' 개관 및 팩토리 아웃렛 '마리오아울렛 2관' 오픈
2005	서울이업종교류연합회 제8대 회장
2006	서강대 경제대학원 오피니언리더스 클럽(OLC) 회장
2008	전경련 국제경영원 이사
2011	서울 금천구상공회 제4대 회장
2012	복합 쇼핑몰 마리오아울렛 3관 오픈
2013	마리오아울렛 1관 증축 및 리뉴얼 오픈 '15년간 준비한 마리오패션타운 완성'
2013	사단법인 한국유통학회 고문
2015	대한상공회의소 유통위원회 부위원장
2015	연천 허브빌리지 인수 및 농업회사법인 마리오허브빌리지 대표이사
2016	마리오아울렛 공식 온라인몰 '마리오아울렛 닷컴' 오픈
2018	평창 동계올림픽 범국민운동본부 자문위원
2018	법무부 법사랑위원 서울 남부지역연합회 의원

• 상훈

1989	서울특별시장 표창(지역사회봉사공로)
1994	상공자원부장관 표창(기술개발 및 경영합리화)
1999	국무총리 표창(자기상표개발 유공업체)
2002	대통령 표창(모범 중소기업인)
2007	법무부 장관 표창(지역사회 범죄예방 기여공로)
2010	행정안전부장관 표창(개인정보보호 우수기업)
2011	문화체육관광부, 한국관광공사 주관 '우수쇼핑점 퍼스트(1st)' 인증
2012	행정안전부장관 표창(제50주년 소방의 날 기념 유공민간인 단체 부문 선정)
2012	제17회 한국유통대상 지식경제부장관 표창
2013	국무총리 표창 코리아패션 대상
2015	제20회 한국유통대상 대통령 표창
2018	제21회 자랑스러운 서강인상
2019	여성가족부 장관상(육아지원 부문)
2019	사랑나눔 사회공헌 대상
2019	제24회 한국유통대상 국무총리 표창
2021	한국 소비자 포럼 올해의브랜드 대상(17년 연속 수상)
2022	포브스코리아 소비자선정 최고의 브랜드 대상(10년 연속 수상)

홍성열 마리오아울렛 회장은 1980년 친척에게 빌린 200만원으로 편물기 4대를 구입하여 직원 4명과 함께 마리오상사를 창업하였다. 홍성열 회장은 창의적인 사고와 끊임없는 도전 정신으로 패션업을 창업할 때도, 유통업을 시작했을 때도 그에게는 늘 '최초', '개척자', '선구자'라는 수식어가 따라 왔다. 그는 창업 이후 42년이 지난 지금은 주말에 20만 명이 방문하는 마리오아울렛의 최고 경영자이다.

브랜드 가치의 중요성을 깨닫고 시작한
패션사업

홍성열 회장은 1980년 8월에 서울 대방동에 작은 니트공장을 창업하였다. 대한민국의 대변혁기였던 1980년대에 국내 의류업체들은 자사 브랜드가 없이 대부분 외국 바이어들의 주문에 따라 정해진 디자인을 OEM방식으로 생산을 하던 시기였지만 홍 회장은 창업 초기에 브랜드의 가치를 일찍이 깨닫고 독창적인 제품을 만들

까르뜨니트 매장 전경.

기 위해 패션 디자이너를 고용하여 브랜드를 만들었다. 갖은 노력
끝에 1984년 여성 니트 패션 브랜드 '까르뜨니트'를 출시하여 패션
사업의 성장기에 돌입하였다. 니트는 겨울에만 입는다는 고정관념
을 깨뜨리고 발상의 전환으로 여름에도 입을 수 있는 사계절용 니
트를 대한민국 최초로 개발하였다.

까르뜨니트는 우수한 품질과 아름다운 디자인을 인정받았고, 게
다가 여름에도 입을 수 있는 혁신적인 니트 상품이 있다는 소문이
바다 건너 일본까지 전해져서 일본의 게이오 백화점에 입점을 하
였다. 홍 회장은 생산 납품 약속은 반드시 지키고, 작은 문제가 생

겨도 직접 일본으로 찾아가 해결하여 일본 백화점 바이어들에게 성실함과 믿음을 얻었으며, 까르뜨니트 제품은 다 팔 수 있다는 호평을 받으며 일본 바이어들 사이에 '슈퍼 마리오'라는 별명이 붙었다.

까르뜨니트는 1980년대 후반에 국내 25개 매장을 오픈하였으며 국내 니트시장에서 점유율 50% 이상을 차지하게 되었다. 홍 회장의 까르뜨니트는 순항만 있었던 것은 아니었다. 1987년 7월 태풍 '셀마'가 우리나라를 지나갔을 때 대방동 공장 창고가 침수를 당했다. 며칠 뒤에 일본으로 납품을 해야 하는 상품이 죄다 피해를 보았던 것이다. 이 상황을 정직하게 일본 바이어들에게 설명하고 납품 기한을 연장받는 데 성공하였다. 일본 바이어들은 그동안 홍 회장이 정직으로 쌓아올린 신뢰로 아무런 패널티 없이 납기 연장을 해주었던 것이다. 1997년 IMF 외환 위기에 또 한 번의 위기가 찾아왔다. 전체 60개 매장 중 12개 매장이 부도를 맞았다. 홍 회장은 판매상품의 대금을 못 받는 어려운 상황이었지만 직원의 월급과 거래처의 원단 및 부자재 구매 대금을 미루지 않고 지급하는 뚝심을 보였던 것이다.

2008년 마리오아울렛 정문에 운집한 쇼핑객.

IMF 외환위기의 직격탄을 맞은 구로공단에
대한민국 최초 정통패션 아웃렛을

1990년대 말 대한민국은 IMF 외환위기로 혼란스러운 시기를 보내고 있었다. 기업은 부도를 맞고 구조조정으로 대량의 실업자가 발생하여 온 나라가 난리가 났다. 공장에는 판매를 못한 재고들이 쌓이기 시작하였고, 생활이 궁핍해진 국민들은 싸고 좋은 제품을 찾고 있었다. 이때 홍 회장은 새로운 사업을 구상하기 시작하였다. 패션사업을 하면서 일본과 미국, 유럽으로 출장을 다니며 눈여겨 본 사업이 있었던 그것이 바로 아웃렛 사업이다. 그때는 '아웃렛'이라는 단어조차 생소하던 시절이었지만 홍 회장은 기업의 상품과 고객을 연결해 줄 새로운 유통채널로써 아웃렛이 정답이라고 생각하였던 것이다. 홍 회장의 지인들은 아웃렛 사업을 하겠다는 홍 회장의 결정에 찬성했지만 아웃렛 사업을 펼칠 장소에 대하여 다들 반대했다. 그 장소가 바로 구로공단 한 가운데였던 것이다. 그 당시에 구로공단은 IMF 외환 위기로 공장이 문을 닫거나 임금이 싼 저임금 국가인 중국과 동남아로 공장이 이전하여 한낮에도 거리를 다니는 사람이 안 보일 정도로 황폐한 곳으로 변하고 있었다. 하지만 홍 회장은 공장이나 창고 옆에 아웃렛이 있어야 물류비용을 줄일 수 있고 그것을 가격에 반영하면 보다 저렴한 상품을 소비자에게 공급할 수 있다고 생각했으며 선진국의 아웃렛 사업의 성공사례를 보면서 더욱 확신을 갖게 되었다.

2001년 7월 5일 홍 회장은 구로공단 중심에 대한민국 정통 패션 아웃렛인 마리오아울렛을 그랜드오픈하였다. 지하1층에서 지상8층 규모로 당시 주변에서 제일 높은 건물이었다. 건물 디자인도 주변 공장에 비해 매우 세련된 건물 디자인으로 지나가는 사람의 이목을 집중시켰다.

많은 사람들의 걱정과는 달리 마리오아울렛이 오픈한 첫날부터 고객들이 모여들기 시작하였다. 백화점에서나 살 수 있는 유명 브

2012년 마리오아울렛 3관 오픈

랜드의 질 좋은 상품을 최대 70%을 싼 값에 살 수 있다는 사실에 많은 고객들이 몰려왔다. 홍 회장의 주변의 반대에도 불구하고 자신의 확실한 신념을 믿고 미래 성공 사업에 과감하게 투자하였으며 사람이 없는 황량한 구로공단에 아웃렛을 짓는 역발상을 실행하여 대성공을 이룬 것이다. 그 후 홍성열 마리오아울렛 회장은 또 하나의 별명이 생겼다. 바로 '미스터 아웃렛'이다.

마리오아울렛 3관 내부

홍성열 회장의 마리오아울렛
성공 신화는 계속 이어진다

홍 회장은 마리오아울렛 1관의 대성공에 이어 마리오아울렛 2관 프로젝트를 바로 실행하였다. 마리오아울렛 1관 하나론 패션업체의 입점 요청을 다 받아주기에 부족했고, 고객들도 더 많은 브랜드와 상품을 마리오아울렛에서 쇼핑하길 원했기 때문이다. 마리오아울렛 2관의 콘셉트는 팩토리아웃렛이다. 1층부터 3층까지는 매장이 입점되어 있고, 4층 이상부터는 의류봉제공장을 입주시켜 공장에서 생산한 의류를 매장에서 판매하는 형태이다.

마리오아울렛 2관 오픈도 역시 1관의 성공을 이어나갔다. 1관만 있을 때보다 더 많은 고객이 몰려와 유명 브랜드의 의류 상품을 합리적인 가격에 구매하였고 매출은 매일 매일 경신되었다. 주말에는 마리오아울렛 주차장으로 진입하기 위해 긴 주차 대기 줄이 형성되었고 그 여파로 마리오아울렛 사거리는 항상 통행이 어려웠다.

홍 회장은 3관 프로젝트를 진행하면서 1관과 2관 오픈 때와 달리 더 많은 연구와 고민을 하였다. 대한민국 대표 아울렛을 만들기 위해서였다. 직원의 절반은 홍콩으로, 나머지 절반은 일본으로 출장을 보내고 세계적으로 유명한 쇼핑의 도시에 있는 쇼핑몰을 직접 방문하고 연구하여 3관 건립에 반영하기 위한 것이다.

2012년 9월에 오픈한 마리오아울렛 3관은 쇼핑몰의 장점과 백화점의 장점을 한곳에 모아 쇼핑의 즐거움을 최대한 선사하려고 했다. 지하 1층부터 3층은 쇼핑몰의 장점을 반영하여 스파이럴(나선형)구조로 층간 이동 시 매장을 살짝 돌면서 올라가는 구조이고 4층부터 13층까지는 백화점의 장점을 반영하여 빠르고 편리하게 층간 이동을 할 수 있는 구조이다. 3관은 1관과 2관에 없는 다양한 상품군과 대형 매장을 입점시켰다. 해외 명품 브랜드, 아동을 위한 키즈테마파크와 토이아웃렛, 생활 및 주방용품을 한자리에 모은 리

마리오아울렛의 신규 문화공간 영풍문고

빙아웃렛을 새로운 상품군으로 입점시켰다.

　3관 프로젝트를 진행하는 동시에 1관 증축 프로젝트도 진행하였다. 3관이 오픈했을 때 1관이 상대적으로 노후되어 보일 것으로 예상한 홍 회장은 이를 극복하기 위해 동시에 두 가지 프로젝트를 실행하였다. 1관의 시설 노후화의 개선과 매장의 개방감과 쾌적한 쇼핑 공간을 만들기 위해 홍 회장은 수직 증축이 아닌 수평 증축을 선택하였다. 1관 주차장 부지에 지하 5층부터 지상 6층 건물을 신축하였는데 지상 1층부터 6층까지 매장을 만들고 지하에는 주차장을 건축하였다.

2013년 9월 1관 증축 프로젝트까지 마친 홍 회장은 1관 신축을 위해 첫 삽을 뜬 1999년부터 2관과 3관을 차례대로 오픈하고 1관 증축을 마친 2013년까지 장장 15년에 걸친 마리오패션타운의 원대한 프로젝트를 완성하였다.

치열한 경쟁이 펼쳐지고 있는
아웃렛 사업에서 홍 회장의 차별화 전략

홍 회장은 마리오아울렛이 타 아웃렛 또는 쇼핑몰에 없는 차별화 전략으로 고객을 유치하려 했다. 그 첫 번째가 선별된 유명 브랜드의 유치이다. 아웃렛은 본래 유명 브랜드 상품을 할인된 가격에 판매하는 곳이다. 그래서 홍 회장은 입점 브랜드 선정에 대하여 많은 노력을 하였다. 백화점에 입점되어 있는 유명 브랜드를 집중적으로 유치하였고 고객의 통행량이 많고 좋은 위치에 배치하여 고객들이 쉽게 찾아가서 쇼핑할 수 있도록 했다.

두 번째는 누구나 쉽게 대중교통으로 갈 수 있는 접근성을 갖춘 것이다. 마리오아울렛은 지하철 1호선과 7호선이 만나는 가산디지털단지(마리오아울렛)역의 인근에 위치하고 있다. 지하철역 4번 출구로 나와서 300미터만 걸으면 마리오아울렛에 도착할 수 있다. 시내버스 12개 노선이 마리오아울렛을 경유하고 있어 누구나 적은 교통비로 쉽게 마리오아울렛을 방문할 수 있다. 또한 마리오아울렛 인근에는 남부순환도로와 서부간선도로, 시흥대로가 있어 자동차로도 빠르고 쉽게 접근 할 수 있다.

세 번째 쇼핑몰 내부와 외부에 조성되어 있는 휴게공간이다. 마리오아울렛은 1관부터 3관까지 쇼핑 면적이 2만㎡의 매우 넓은 면적을 가지고 있다. 마리오아울렛 전체를 다 쇼핑하려면 하루는 필요하다. 그래서 홍 회장은 고객 휴게 공간의 필요성을 강조하며 많은 투자를 하였다. 마리오아울렛 각 층의 여러 장소에 고객이 편히 쉴 수 있는 여러 형태의 의자와 테이블을 비치하였다. 동시에 10명이 앉아서 쉴 수 있는 긴 나무 의자도 배치하고 혼자 조용히 쉬길 원하는 고객을 위해 1인용 의자와 테이블을 설치하였다. 또한 마리오 광장에는 100여 그루의 나무를 배치하여 도심 속 생활에 지친 고객을 위해 푸른 녹음을 즐길 수 있도록 하였으며 그 나무 그늘에서 쇼핑에 지친 고객이 쉴 수 있도록 테이블과 의자를 배치하였다.

네 번째 다양한 볼거리 제공이다. 홍 회장은 마리오아울렛 1관 1층에 초대형 나무 테이블을 설치하여 전시하고 있다. 이 초대형 나무 테이블은 지금으로부터 약 4만 5천 년 전에 뉴질랜드 늪 속에 있던 카우리나무를 건져 올려 만든 테이블이다. 늪 속에서 공기와의 접촉이 없어 썩지 않고 긴 세월 동안 잘 보전될 수 있었다. 이런 가치를 측정할 수 없는 나무 테이블을 누구나 쉽게 만져 볼 수 있도록 공개적인 장소에 설치하여 고객들에게 볼거리를 제공하고 있다. 그리고 각 건물의 조형물이 있는데 각 조형물에 홍 회장이 표현하고 싶은 깊은 의미를 담았다. 1관에는 대형 셔츠 조형물을 설치하였다. 홍 회장이 맨 처음 시작한 것이 패션사업이었기에, 그 패션사업의 의미를 담아 노란색 대형 셔츠 조형물을 설치했다. 이 대형 셔츠 조형물은 특히 중국인 관광객에 인기가 있었는데 중국인들은 이 노란색 대형 셔츠 조형물을 배경으로 사진을 찍으면 부자가 되고 행운이 올 것 같다고 생각했다. 이 때문에 중국인 관광객에게는 이곳이 필수 포토존이 되었다. 2관과 3관 사이에는 빨간색 단추모형으로 사과를 형상화한 조형물이 있는데 빨간색은 마리오아울렛의 아이덴티티 컬러이다. 단추는 패션을 상징하는 것이고, 사과는 많은 사람에게 인기가 있고 누구나 싼 가격에 맛있게 먹을 수 있는 대중적인 과일이다. 바로 정통 패션 아웃렛인 마리오아울렛을 표현한 조형물인 것이다. 3관 정문과 3관 옥상에는 굴뚝 모양의 조형물이 있는데 이 조형물은 과거 1960년대부터 조성된 구로공단의 역사성을 상징하기 위해 설치하였다. 높이 10여 미터가 넘는 긴 굴뚝 조형물은 미래 세대에게 대한민국의 부흥의 시초를 알리기 위해 설치하였다. 구로공단을 표현한 것이 하나 더 있는데 3관 정문 왼쪽에 위치한 벽돌이다. 이 벽돌에 1960년대부터 70년대에 구로

마리오아울렛의 야경

공단에 입주한 기업명과 창립연도, 창업주의 이름을 새겨서 구로 공단의 역사적 의미를 한 번 더 표현하였다.

멈추지 않고 지속적으로 변화하려는
홍 회장의 사업 전략

홍 회장은 마리오아울렛을 지속적으로 변화시키기 위해 많은 노력을 했다. 고인 물은 썩고, 움직이지 않는 기계는 녹이 쓸 듯이 변화가 없으면 쇼핑몰은 망한다고 생각했다. 그래서 2013년 마리오 패션타운을 완성하고 5년 뒤 2018년에 대대적인 리뉴얼을 실시하였다. 그간 혼재되어 있던 상품군을 한곳으로 모았고 대형 콘텐츠를 입점시켰으며 각 관별 콘셉트를 재정립하였다.

1관은 패션 전문관이다. 여성과 남성 그리고 잡화 상품군을 집중하여 라코스테, 미샤, 모조에스핀, 로가디스, 지이크, 탠디, 닥스 등 국내 유명 브랜드와 제일모직, LF 등 패션 전문 기업을 배치하였다.

2관은 레저 전문관으로 아웃도어, 골프 상품군을 배치했다. 노스페이스, K2, 디스커버리, 내셔널지오그래픽 등 아웃도어의 유명 브랜드와 데상트 골프, 르꼬끄 골프, 잭니클라우스 등 골프웨어의 대표 브랜드가 있다.

3관은 라이프스타일 몰의 콘셉트를 적용하여 최신 유통 트랜드를 반영하여 리뉴얼을 실시하였다. 쇼핑을 하면서 문화를 즐길 수 있도록 영풍문고, 키즈테마파크 닥터밸런스, 신나는 음악속에 볼링을 즐기는 락볼링장과 게임존 등 체험형 콘텐츠와 노브랜드, 모던하우스, 다이소 등 라이프스타일 콘텐츠도 배치하였으며, 100평이 넘는 대형 SPA 브랜드인 유니클로와 에잇세컨즈도 입점시켰다.

이렇게 변화하는 최신 유통 트랜드를 반영하고 쇼핑의 니즈를

마리오아울렛 어린이집 아동들과 함께.

충족시켜 더 많은 신규 고객이 마리오아울렛을 찾을 수 있도록 하였다.

지역 사회의 상생과
사회 공헌의 노력

홍 회장은 지역 사회의 상생과 공헌을 위해 많은 노력을 했다. 지역 사회의 상생의 대표적인 것이 '마리오아울렛 어린이집' 운영이다. 마리오아울렛은 직장 어린이집 의무 설치 기준에 해당되지 않지만 홍 회장은 지역 사회의 유아 부담을 덜어 주기 위해 자발적으로 2012년부터 어린이집을 설치하고 운영하고 있다. '마리오아울렛 어린이집'은 지역 내 주민은 물론 인근 직장인들도 모두 이용할 수 있다. 최고 시설의 어린이집은 물론 어린아이들이 신나게 뛰어 놀 수 있도록 야외 테라스에 놀이터를 조성하여 최고 수준의 보육 시설을 제공하고 있다.

또한 홍 회장은 사회 공헌을 위해 많은 나눔 활동을 실천하였다. 아웃렛의 특성을 살려서 '행복나눔 바자회' 활동을 했다. 이 '행복나눔 바자회'는 수익금의 일부를 금천구와 구로구에 거주하는 농아인들을 위해 농아인협회에 기부하였다. 또한 금천구에 거주하는 저소득층 주민들의 자립 기반 마련을 위해 금천구 '희망플러스 꿈나래 통장사업'에도 적극 참여 하였으며, 장애우를 후원하는 금천구 여성 합창단 '금나래 합창단'의 정기 연주회도 지원하고, 마리오 아울렛 인근 노인종합복지관과 복지 협의체에 후원하여 사회 공헌에도 많은 노력을 하였다. 이 밖에도 대한적십자사에 후원금을 기부하고, 대학생들이 학업에 집중할 수 있도록 서강대학교와 고려대학교에 장학금을 기부하였다.

황해령 회장

ㅣ 루트로닉

● 학력

1982 미국 예일 대학교 졸업(경제학 전공, 전자공학 부전공)

● 경력

1988~1991 Laser System 아시아지역 마케팅 담당 부사장
1997~현재 (주)루트로닉 회장/대표이사
          현 코스닥협회 고문
          현 한국공학한림원 정회원 기술경영정책분과
          현 ATC(우수제조기술연구센터) 협회 이사
          현 한국의료기기산업협회 이사
          현 한국의료기기공업협동조합 이사
          현 동국대학교 의료기기산업학과 겸임교수

● 상훈

2003 대통령 표창 수상(무역 진흥 공로)
2008 대통령 표창 수상(벤처산업 진흥 공로)
2009 보건복지가족부장관 표창(국민보건의료 향상 공로)
2010 지식경제부장관 표창 수상(IT산업 발전 공로)
2011 지식경제부장관 표창 수상(생산성 향상 선도 공로)
2012 보건산업대상 보건복지부장관 표창 수상
2013 산업포장 수상 (벤처 활성화 공로)
2014 산업통상자원부 장관 표창(수출확대 우수기업)
2015 산업통상자원부 장관 표창(월드클래스 300 유공자 기술 확보)
2018 미국 '2018 Aesthetic and Cosmetic Medicine Award' Top CEO 수상
2019 '2019 대한민국 일자리 으뜸기업' 대통령 표창
2020 보건복지부 혁신형 의료기기기업 인증

뛰어난 기술력으로 국내 1위,
해외 80개국에 제품수출

루트로닉은 의료용 레이저 기기의 개발, 생산, 판매를 영위하는 기업이다. 뛰어난 기술력을 기반으로 국내 1위는 물론 해외 65개국에 제품을 수출하며 세계 의료용 레이저기기 시장에서의 우수한 경쟁력을 보유하고 있다.

1997년 창업 당시 100% 외산 레이저 의료기기가 석권했던 불모지 대한민국에서 현재는 국내 피부과 10곳 중 8곳이 루트로닉의 의료용 레이저 기기를 사용하고 있으며 대부분의 국내 대학병원을 고객으로 두고 있을 정도로 성장하였다. 레이저 의료기기의 국산화를 넘어 새로운 수출시장을 개척한 점도 괄목할 만한 성과다. 2001년 최초로 의료용 레이저 기기를 대만에 수출한 이후 2003년 국내 레이저 기기로는 최초로 미국 식품의약국(FDA) 승인을 받았다. 현재는 세계 80개국에 각종 기기를 수출하며 판매의 주요 거점인 미국, 독일, 중국, 일본에 총 4개의 현지법인을 운영하고 있으며, 2021년 말 기준 697건의 국내외 지적재산권을 보유하고 있다.

루트로닉 회사 전경.

루트로닉은 국내 의료기기기업체의 해외시장 수출 일선을 앞장서며 길을 닦아가고 있는 것이다.

　루트로닉은 코스닥 상장사로 설립 이래 한 번도 매출이 역성장한 적이 없는 성장기업이다. 2021년 1,736억 원을 기록했으며, 이 중 수출이 83%로 글로벌 포션이 크게 차지한다. 지난 25년간 크고 작은 대외 변수에도 매년 매출이 성장할 수 있었던 배경에는 매년 경쟁력 있는 신제품을 시장에 출시하고 있는 꾸준함을 그 원동력으로 꼽을 수 있다. 또한, 2021년 말 기준으로 미국 33%, 유럽 31%, 아시아 19%, 한국 17%이며 미국, 유럽을 주축으로 한 선진국 시장에서 경쟁력을 보이고 있다.

루트로닉은 2022년 새로운 비전을 선포했다. "우리는 세계를 선도하는 의료 및 피부 치료기기를 개발한다", "우리의 기술은 인텔리전트하고 혁신적이며 뛰어난 효과를 낸다", "우리의 우수한 제품으로 안전한 치료를 함으로서 병원의 부가가치를 높여준다"의 비전에 전 임직원이 동참하고 있다. 새로운 비전은 루트로닉의 창업 초기부터의 지금까지 그리고 미래 정신을 대변한다. 매년 매출액의 15% 이상을 R&D에 투자하고 있으며 전체 임직원의 30% 규모를 R&D 인력으로 구성하며 연구·개발$_{R\&D}$에 꾸준히 투자해왔다. 루트로닉이 의료용 레이저 의료기기 시장에서 선두를 지키고 있는 비결이다. 그 결과 타사와 비교되는 특허를 보유하고 있기도 하다. 지난해 12월 기준 국내외 특허등록은 187건으로, 국내 중소기업을 통틀어 이만큼의 특허 건수를 보유하고 있는 회사는 극히 드물다. 의료용 레이저는 정확하고 안정적으로 발사되는 것이 그 기술의 핵심이 된다. 루트로닉 제품은 어느 회사의 제품보다 안정적이고 효과적으로 필요한 부위에 필요한 양을 적절하게 조절할 수 있다.

의료용 레이저는 안정적으로,
에스테틱용 레이저는 드라마틱하게

레이저는 전자공학, 전산공학, 기계공학, 물리학, 의학 등이 결합된 첨단 융·복합 기술로, 일명 마법의 총알이라고 부른다. 레이저는 다른 부위는 건들지 않고 우리가 원하는 부위에만 쏠 수 있다. 어떤 조직이냐에 따라 흡수되는 레이저 파장대가 다르다. 어떤 파장대는 헤모글로빈에, 어떤 파장대는 멜라닌에 작용한다. 예를 들어, 하얀색 물질 뒤에 검은색 물질이 있는데 검은색에만 흡수되는 레이저 빛을 쏘면 하얀색 물질에는 영향을 끼치지 않고 투과해 검은색 물질만 없앨 수 있는 원리이다.

의료용 레이저는 정확하고 안정적으로, 선택적 치료를 해야 한다. 에너지의 세기, 펄스 폭, 스팟 사이즈 등의 세부적인 조정을 통해 다양한 임상에 적용한다. 이런 컨트롤을 얼마나 세밀하게 잘할 수 있는지가 경쟁력이 될 수 있으며, 루트로닉은 안전하고 효과적으로 치료된 임상 결과를 바탕으로 현재까지 사업을 영위하고 있다.

에스테틱 분야에서 루트로닉은 총 15종의 피부 성형 치료를 목적으로 하는 제품을 제조·판매하고 있다. 기미, 점 빼기, 제모 등 흔히 생각하는 레이저 시술은 굉장히 기초 단계다. 켈로이드 환자의 경우 교통사고로 인해 얼굴에 유리가 박혀 상처가 남아 허벅지

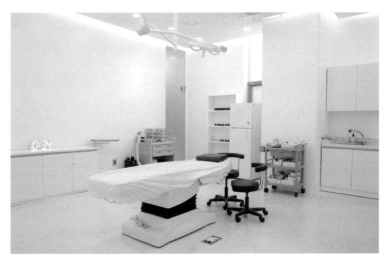

해외 대리점 및 의사들이 루트로닉 본사에 방문하여 제품교육을 받거나 임상테스트를 진행하는 스튜디오를 운영 중이다.

살을 떼 피부를 이식해야 하는 대형 수술이 필요한 환자였으나 레이저 시술로 드라마틱하게 변화했다. 눈에 띄는 부위에 있는 갑상선 수술 자국도 연하게 만들 수 있다. 자외선의 영향을 받은 피부의 색조 개선도 가능하다. 특히 자외선 영향을 많이 받는 백인종은 자외선으로 인해 붉은 색조가 피부에 올라오는데, 붉은 색을 타깃하는 레이저 파장을 조사해 원래의 피부색으로 돌릴 수 있다.

성형 장비를 활용해 얼굴에 작은 구멍을 뚫고 레이저 파이버를 삽입해 지방을 타깃하는 레이저를 쏘면 주름 개선, 피부 탄력 개선도 가능하다. 성형외과에서 하는 안면거상술을 할 경우 압박붕대를 감고 한 달 이상 병원에 누워 있어야 하는데, 루트로닉 장비를 통해 치료할 경우 수일 내에 정상 생활이 가능하다. 피부 전체를 이식하는 것 외에는 치료법이 없었던 오타모반의 경우, 레이저로 피부에 올라온 검은색 색소를 타깃해 없앨 수 있다. 레이저로 인해 의료의 패러다임이 변화하고 있는 것이다.

루트로닉은 세계 의료용 레이저기기 시장에서 기술적으로 1위를 차지하는 기기 4대를 갖고 있다. 이 제품들은 모두 인텔리전트케어 시스템 콘셉트에 입각하여 제조되었는데 인텔리전트케어 시스템은 루트로닉 제품들에 반영되어 있는 스마트 제어 시스템 개념으로 혁신적INNOVATIVE, 직관적INTUITIVE, 신뢰적DEPENDABLE, 효과적EFFECTIVE 제품 구현 철학을 말한다.

인텔리전트 케어시스템을 탑재한 제품 중 하나인 '지니어스'는 오랜 기간 연구한 끝에 지난 2020년 1월 출시하였다. 지니어스는 실시간으로 피부상태를 측정하며 에너지를 정교하게 전달함으로써 피부조직 재생을 유도하여 피부의 층을 두껍게 만들어 탄력과 주름개선에 도움을 주는 세계시장에서 경쟁력이 있는 제품이다. 섬세한 실시간 미세조절 센서 및 실시간 피드백 기능을 통해 보다 안정적인 에너지 조절 구현이 가능하도록 했다. 이는 사용자인 의사로 하여금 사용 편리성을 높여 장비 사용 피로도를 경감시키고, 원하는 치료 효과를 구현할 수 있도록 한다. 그 외에도 '클라리티

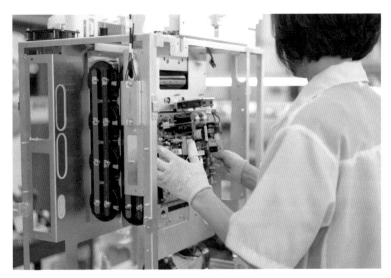

루트로닉은 본사에서 연구·개발부터 제조까지 하는 업체이다.

2', '피코플러스', '울트라', '헐리우드스펙트라', '더마브이' 등의 혁신 제품을 개발·출시하여 해외 시장 공략을 통해 세계 1위 의료용 레이저기기 제조 기업으로 도약하고 있다.

에너지 디바이스, 스킨 타이트닝, 바디 쉐이핑 등 루트로닉의 직접적 시장은 세계적으로 3조 원 정도다. 경쟁사들은 나스닥에 상장돼 있으며 2016년 에스테틱 시장의 활발한 M&A환경으로 유수의 경쟁사 여러 곳이 인수합병된 상태이다. 하지만 루트로닉은 글로벌 대기업의 계열사가 되기보다 글로벌 기업과 경쟁하여 최고의 자리에 오르겠다는 목표로 에스테틱뿐만 아니라 안과까지 그 사업

영역을 확대하는 전략으로 경쟁 우위를 가져가고 있다.

루트로닉의 미래 핵심 사업 분야,
안과

안과는 루트로닉이 준비하고 있는 미래 핵심 사업 분야이다. 안과의 경우도 레이저의 기본 원리를 바탕으로 하고 있으며, 국내 최초 망막 치료 레이저 'R:GEN'이 있다. R:GEN은 망막의 다양한 질병을 치료한다.

우리 눈의 구조를 보면 가장 바깥층에 눈의 형태를 유지시켜주는 공막이 있고, 공막의 앞쪽에 투명한 각막이 위치하며, 안구의 가장 안쪽에 시신경이 분포하는 망막이 있다. 망막 중에서도 가운데 쪽 들어가 있는 부분이 황반이며, 이 부분을 확대해서 보면 더 많은 빛을 흡수하기 위해 무혈관층이 있는 것을 알 수 있다. 이 황반을 포함한 망막을 각 층으로 나누어 보면 가장 위에 광수용체 Photoreceptor가 있고 그 아래에 망막색소상피층 Retinal Pigment Epithelium, PRE이 있다.

광수용체는 빛을 받아들여 밝음, 어두움 및 색상 등을 구별해주는데 정상상태에서 10일에 걸쳐 재생을 반복한다. 광수용체가 새

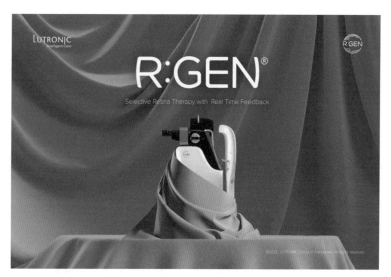

루트로닉 R:GEN

로 자라기 위한 영양분을 공급하고 죽은 광수용체 찌꺼기 밖으로 빼내는 역할을 해주는 게 바로 망막색소상피층이다. 후방 지원을 하는 역할로 볼 수 있다. 그런데 이 망막색소상피층이 제 역할을 못하면 눈에 문제가 생기게 된다. 즉, 시세포의 50%가 밀집되어 시각을 형성하는 데 중요한 역할을 하는 황반 부위에 문제가 생기면 시력저하는 물론 중심 시야에 암점이 생기거나 변형이 생기게 된다.

루트로닉의 'R:GEN'은 이렇게 노화나 질병에 의해 문제가 생긴 망막색소상피층을 치료한다. 문제가 되는 망막색소상피층만을 타깃으로 하는 레이저를 눈에 쏴 선택적으로 손상을 시키고, 이후 망막색소상피층이 재생을 하면서 건강한 세포들로 채워지게 되는 원리이다. 이 과정에서 이전에 상용화된 타사의 망막 치료 레이저와는 달리 망막의 다른 층에는 전혀 손상을 주지 않아 황반에 가까운 병변을 안전하게 치료할 수 있고 시술 시 통증이 전혀 없음은 물론, 회복 뒤에도 암점 등 부작용을 남기지 않는다는 장점이 있다.

관련 질환으로는 중심성장액맥락망막병증Central Serous Chorioretinopathy, CSC, 당뇨병성 황반부종Diabetic Macula Edema, DME, 연령관련황반변성Age-related Macular Degeneration, AMD 등이 있으며 이 중 CSC로 한국MFDS, 유럽CE, DME로 한국MFDS, 유럽CE, 미국FDA, AMD로 유럽CE에서 허가를 받았다. 이 허가로 유럽에서 CSC, DME, AMD 등 세 가지 모두 치료가 가능한 의료기기로서 판매 승인을 받아 판매가 가능하다. 나아가 AMD에 대해 미국에서 판매 승인을 받기 위해 미국에서 전임상을 진행하였고, 호주에서 탐색임상(2상)을 진행하고 있다. 아울러 지속적으로 CSC와 DME에 대한 새로운 논문이 출간되고 있다.

루트로닉은 국내 1위에 안주하지 않는다. 다년간의 기술개발을 끝내고 상용화를 앞둔 국내 최초 망막 치료 레이저 'R:GEN'으로 다시 한 번 세상을 놀라게 할 기회를 준비하며 황반 질환의 치료를 기다리고 있는 환자들에게 희망을 전달하고 있다.

처음 미국에서 자리잡았던
황해령 회장

미국 예일대학교 경제학과 출신인 황해령 회장은 대학을 졸업하고 처음에는 미국에서 자리를 잡았다. 발명가인 할아버지의 영향을 받아 유년시절부터 만드는 것을 좋아하고 한국을 사랑하는 이민자 1세대로 자란 그가 처음에 전자공학을 전공하다 경제학으로 전공을 바꾼 것은 기술자에서 사업가로 성장한 전환점이 되었다. 황 회장은 대학 생활 당시 학교 기숙사에 태극기를 걸어 놓고 지냈고, 세계 선진국과 어깨를 나란히 하는 대한민국을 꿈꿨다.

대학 졸업 후 레이저사업을 영위하는 기업에 입사하여 의료용 레이저기기 시장에 눈을 뜬 그는 미국 레이저기기 기업 아시아 지역 마케팅 담당 부사장까지 올랐으나 돌연 귀국을 결정하게 되었다. 학창시절부터 가지고 있던 꿈을 이루기 위해서였다. 그 꿈은 많은 사람들에게 아름다움과 기쁨을 줄 수 있는 기기를 만들고, 자신의 경험과 노하우를 한국에서 발휘하는 것이었다.

한국에서의 창업 시작은 쉽지 않았다. 1997년 창업 직후 IMF 외환위기가 찾아 왔고, 급격하게 위축된 경기는 회사의 부담으로 돌아왔다. 결국 자본금이 바닥나 아파트를 팔고 기술보증기금의 지원을 받아 기사회생(1997년)하여 처음 신제품 출시에 성공하였다.

루트로닉은 미국, 독일, 일본, 중국에 해외 지사를 보유하고 있다.

하지만 제품의 생산만으로 사업이 본 궤도에 오르지 않았다. 당시에는 국산 장비를 구매하는 의사가 없었다. 어쩌면 당연한 현상이었다. 이를 타개하기 위해 2인승 지프차를 타고 제품 시연과 A/S를 직접 다니는 뚝심으로 결국 국내 의사들의 마음을 얻을 수 있었다.

그렇게 국내 의료용 레이저 기기 시장 1등이 되었고, 이에 그치지 않고 글로벌 시장으로 진출을 동시에 진행했다. 처음 수출을 시도한 곳은 대만이었다. 한국 제품이라니 이메일을 보내도 답변도 없던 상태였지만 멈추지 않는 적극적 연락 끝에 "한 번 보자"라는 답변을 받을 수 있었고, 실제로 장비를 본 의사의 만족스러운 반응으로 수출에 대한 자신감을 가질 수 있었다. 그렇게 수출이 시작되었고, 지금은 전 세계 80개국에 루트로닉의 장비가 수출되고 있다. 또한 세계시장의 절반을 차지하는 미국에서도 유명 피부과 원장들이 루트로닉 장비를 애용하고 있다.

루트로닉은 그간 주문자상표부착생산(OEM) 요청이 여러 차례 있었지만 글로벌 기업에 종속될 우려로 자체 브랜드를 고집해왔다. 개발한 루트로닉의 제품들은 국내외적으로 치료 효능을 인정받아 현재까지 2021년 말 기준 관련 논문 400여 편이 임상 발표되었고, 학회도 매년 평균 40여 회 이상 진행하고 있다. 세계적으로 저명한 전문의들과의 다양하고 탄탄한 네트워크를 보유하고 있다고 할 수 있다.

직원과 함께 성장하는 루트로닉

루트로닉은 직원들에게 함께 성장할 수 있는 회사, 개개인의 가치를 높이는 회사, 최고의 사람들이 함께 일하는 회사를 미션으로 삼고 있다. "모든 것은 결국 사람이 만들어낸다"는 이념으로 직원 행복을 위해 노력하는 철학이 회사의 곳곳에 묻어난다.

옥상 바베큐파티 시설(좌)과 CAFÉ-L(우).

루트로닉 사옥의 전망 좋은 최상층에는 식당 'CAFÉ-L' 이 있다. 회장의 집무실은 한 층 아래에 있다. 대표가 직원들을 받든다는 철학으로 가장 좋은 뷰에서 전 직원이 식사를 즐길 수 있도록 세심하게 배려한 부분이다. 또한 임직원의 건강을 위해 유기농 현미밥과 로컬푸드 저염식의 식단을 제공한다. 전 직원에게 삼시세끼를 제공하여 식사를 거르지 않도록 하고 있다. 아울러 사내에 헬스클럽을 운영하고 있다. 옥상에는 바베큐파티 시설이 갖춰져 있는데, 직원들의 단합과 화합을 위한 장소로 사용된다. 그뿐만이 아니다. 루트로닉은 미화, 조리, 시설관리 등 대부분의 기업들이 용역 형태로 두고 있는 직군의 경우에도 직원들을 직접 고용하여 직원들의 고용 안정에도 힘쓰고 있다. 이와 같은 노력으로 2019년에는 대통령 표창의 대한민국 일자리 으뜸기업에 선정된 바 있다.

황해령 회장은 목표는 높아야 하고 매일 한 걸음 한 걸음 그 목표를 위해 꾸준하게 걷다 보면 어느새 그 목표에 도달하게 된다는 철학을 가지고 있다. 또한 목표에 도달하는 데 그치지 않고 지속 가능해야 한다고 강조한다. 100년이 지나도 훌륭한 기업이 좋은 기업이며, 루트로닉이 미국의 존슨앤존슨처럼 나아가고자 한다고 생각한다. 그래서 세계 최고의 제품을 가지고 있어야 하며, 그런 제품을 만들기 위해서는 일하기 좋은 회사여야 하고 기술력 있는 제품이 뒷받침되어야 하고, 이를 통해 새로운 치료법을 많은 환자에게 제공할 수 있어야 한다고 생각한다. 현재 루트로닉은 레이저 의료기기 분야 세계 1등 기술력을 보유한 기업이라 자부한다.

세계를 품다 2022

초판 1쇄　2022년 6월 17일

지은이　　글로벌 리더 선정자 20인
출판 기획 및 엮은이　　서희철
펴낸이　　서정희
펴낸곳　　매경출판㈜
책임편집　정혜재
마케팅　　김익겸 장하라
디자인　　김보현 김신아

매경출판㈜
등록　2003년 4월 24일(No. 2-3759)
주소　(04557) 서울시 중구 충무로 2(필동1가) 매일경제 별관 2층 매경출판㈜
홈페이지　www.mkbook.co.kr
전화　02)2000-2641(기획편집)　02)2000-2636(마케팅)　02)2000-2606(구입 문의)
팩스　02)2000-2609　**이메일**　publish@mk.co.kr
인쇄 · 제본　㈜M-print　031)8071-0961
ISBN　979-11-6484-430-2(03320)